KB072490

부동산 경매 단기투자의 기적

부동산 경매 단기투자의 기적

초판 발행 | 2023년 3월 2일
초판 3쇄 발행 | 2024년 3월 15일

지은이 · 엠제이(장재호)
발행인 · 이종원
발행처 · (주) 도서출판 길벗
주소 · 서울시 마포구 월드컵로 10길 56(서교동)
대표전화 · 02) 332 – 0931 | **팩스** · 02) 322 – 0586
출판사 등록일 · 1990년 12월 24일
홈페이지 · www.gilbut.co.kr | **이메일** · gilbut@ gilbut.co.kr

책임편집 · 이재인(jlee@gilbut.co.kr)
제작 · 이준호, 손일순, 이진혁, 김우식 | **마케팅** · 정경원, 김진영, 김선영, 최명주, 이지현, 류효정
유통혁신 · 한준희 | **영업관리** · 김명자, 심선숙, 정경화 | **독자지원** · 윤정아

교정교열 · 김혜영 | **디자인** · 섬세한곰 | **전산편집** · 김정미
CTP 출력 및 인쇄 · 금강인쇄 | **제본** · 금강제본

- 이 책은 저작권법에 따라 보호받는 저작물이므로 무단전재와 무단복제를 금합니다.
  이 책의 전부 또는 일부를 이용하려면 반드시 사전에 저작권자와 길벗출판사의 서면 동의를 받아야 합니다.
- 잘못 만든 책은 구입한 서점에서 바꿔 드립니다.

©엠제이(장재호), 2023

ISBN 979 – 11-407-0338-8 13320
(길벗 도서번호 070512)

정가 22,000원

독자의 1초까지 아껴주는 길벗출판사
(주)도서출판 길벗 | IT교육서, IT단행본, 경제경영, 교양, 성인어학, 자녀교육, 취미실용 www.gilbut.co.kr
길벗스쿨 | 국어학습, 수학학습, 어린이교양, 주니어 어학학습, 학습단행본 www.gilbutschool.co.kr

월급 200만원 직장인에서
월 수익 2억원 경매의 신이 된 비법

부동산 경매 단기투자의 기적

엠제이(장재호) 지음

길벗

투자법을 알고 더 나은 미래를 설계한다는 것은 이제는 선택이 아닌 필수입니다. 엠제이님을 처음 만났던 때가 저도 '하베의 꿈꾸는 부자들'을 막 시작하던 때였는데, 젊은 분이저리 열심히 공부하고 여러 각도에서 분석하는 걸 보며 대단하다 생각했습니다.

엠제이님의 투자법은 부동산 시장이 어떤 방향으로 흘러도 그 시장을 이기는 투자법이라는 말에 수긍이 됩니다. 저도 경매 공부를 시작했을 때 나무가 아닌 숲을 보는 법을 좀 더일찍 알았더라면 더 영리하게 투자하지 않았을까 하는 안타까움이 있습니다. 여러분은 이책으로 그러한 안타까움을 겪지 않기를 바랍니다. 이 책이 깊이 있는 경매 공부 시작이 되어줄 것입니다. 이 책을 읽는 모든 분들에게 축복이 함께하시기를 바랍니다.

– '하베의 꿈꾸는 부자들'의 하베

그 어느 때보다 부동산 관련 투자가 망설여지는 현재, 반가운 재테크 책이 나왔다. 종목별단기 접근 방법과 최소한의 자본을 투입하는 장재호 대표만의 다양한 투자법이 눈길을 끈다. 소액으로 틈새시장을 찾아내는 투자 고수의 시각과 리스크 헤지 방법을 알고 싶은 분들에게 적극 추천한다.

–《부동산 경매의 기술》,《실전 부동산 경매》저자 달천

그의 실력은 대한민국에서 가장 믿을 만하다. 특히 이번 엠제이님의 책은 실제 사례가 정말 많은데, 12년 동안 실제 낙찰받고 매도한 물건을 소개해줌으로써 독자들이 전국의 부동산 물건들을 간접 체험하게 해준다. 경매와 공매를 공부하는 사람이라면 내 집 마련으로 만족하기보다 본격적인 부동산 투자를 해보고자 하는 사람이 많을 것이다. 이러한 사람들이 갖추어야 할 필요한 지식이 이 책에 모두 있다. 냉장고에서 고등어, 갈치, 김치 등을 꺼내먹는 것처럼 이 책의 수많은 에피소드 중에서 필요한 지식을 꺼내 쓰기를 바란다.

– 《부의 나침반》, 《지식산업센터 투자의 정서》 저자, 나눔부자

경매의 고수! 장재호 작가! 낙찰 경험이 압도적인 실전 투자자다. 경매, 부동산 흐름, 리스크 처리 방법, 매도 방법 등을 제대로 알고 싶다면 이 책이 진리다. 경매는 상승기든 하락기든 언제나 진입 가능한 스킬이다. 고금리로 인한 경매가 많이 쏟아질 것으로 예상되는 지금 시점에 이 책대로 실행에 옮긴다면 부동산 시장에서 살아남는 도구를 얻을 거라 확신한다.

– 《닥치고 현장! 부동산에 미치다》 저자, 남호 이성주

3,000건 이상을 낙찰받은 경매의 신(神)! 지방 소액 경매투자의 바이블이 드디어 나왔다! 아무도 관심없는 물건에 투자하여 수익을 내는 저자만의 특별한 시크릿은 타의 추종을 불허하는 저자만의 생생한 투자 노하우다. 거기에 더해 현금흐름을 창출하는 구체적인 노하우까지 담겨 있으니 읽지 않을 수 없다. 경매에 도전하는 분이라면 이 책은 필수도서다. 적극 추천한다!

– 길목부동산연구소 대표 김세호(길목)

2018년 3월 29일《부동산경매 소액투자의 기적》이라는 책을 낸지 약 6년 만인 2023년에 다시 펜을 잡았다.

이 책은 나의 경매투자 사례들 중 2018년 하반기부터 2022년 하반기까지 5년간 직접 낙찰받아 임대/매도한 약 500개 물건의 투자사례들 중 일부를 간추려 투자자의 심리/종목/하자/지역별로 정리한 책으로, 투자를 전업으로 하는 전업투자자나 부동산 투자를 처음 시작하는 초보투자자들도 충분히 이해하기 쉬운 내용으로 구성했다. 많은 사람들이 부동산 투자는 부동산 가격이 상승해야만 돈을 벌 수 있다고 생각하지만 이 책에서는 부동산 가격이 오르지 않아도 단기간에 돈을 벌었던 다양한 단기투자 사례들을 다루고 있으며, 이전 책에서 부족했던 경·공매투자의 상세한 투자방법과 투자 마인드, 루틴 등 내가 직접 실행 중인 투자노하우를 아낌없이 쏟아부었다.

나는 부동산 투자를 처음 시작할 때부터 부동산 투자를 사업화하고 싶었다. 투자의 불확실한 수익성 문제를 해결하여 사업의 확실한 수익구조로 정립하고 싶었다. 20대 시절 직장생활을 잠깐 쉬며 한식당을 운영하여 정식 1인 가격을 1만원에 판매한 경험이 있었는데 그때 수익률이 대략 30%였다. 즉, 1만원짜리 정식 1인분을 팔면 3,000원의 마진을 낼 수 있었는데, 식당 인근에 점심식사 수요가 많아 안전한 수익을 낼 수는 있었지만 아무리 노력해도 단위가 작아 큰돈을 벌기 힘든 구조적 한계가 있었다. 그러나 부동산 투자를 시작하며 예전에 겪었던 사업방식을 부동산에 대입하니 수익구조가 완전히 달라졌다. 식당을 운영할 때 1만원 기준 30% 마진은 3,000원이었지만 경매로 부동산 물건을 팔아보니 1억원 기준 30% 마진은 3,000만원으로 약 1만 배 차이가 났던 것이다. 나는 이 3,000만원의 단기투자 수익구조를 조금 더 다듬어 월 10건 정도의 안전한 매도수익(3억원)을 내는 사업이 될 수 있을 것으로 판단하고, 꾸준히 실행해 지난 12년간 경매 단기투자를 사업화하여 경매투자회사의 안전한 월 매출을 만들어낼 수 있었다.

부동산 투자자는 절대 완벽한 성공 투자를 할 수 없다. 이번 2020~2022년 상승장과 하락장을 겪으면서 다들 느꼈겠지만 상승장에는 수많은 투자 전문가들이 나와서 부동산 강의나 투자 조언을 한다. 하지만 부동산 시장이 하락장으로 접어들면 소리소문없이 없어지는 게 전문가들의 특징이다. 나는 이때까지 약 3,000개의 경매물건을 낙찰받아 매도하였는데, 투자횟수가 그리 많지 않던 초보시절에 투자결과가 수익이 아닌 손실로 나타날 때면 정말 세상을 다 잃은 것 같은 무기력함과 쉽게 회복되지 않는 우울함을 느끼곤 했다. 그러나 그런 시행착오를 거치며 현재 1년 기준으로 100~150개가 넘는 물건을 낙찰받고 매도하는 시기가 되니 일정비율의 손실을 인정해야만 더 많은 수익을 내는 투자자가 될 수 있음을 깨닫게 되었다.

2018~2022년 약 5년간 지방 부동산 하락장에서 시작하여 수도권 상승장을 거쳐 다시 전국 하락장으로 접어들기까지 약 500개의 경매물건을 낙찰받아 250개 정도의 물건을 매도하였다. 정리하면 약 절반의 물건은 보유하고 절반의 물건은 매도하였는데, 주로 매도한 물건들은 공동주택 공시가격 1억원 이상의 준신축아파트와 분양권(명의 제약으로 인해 매도할 수밖에 없었음)들이고, 보유한 물건들은 가격이 많이 하락한 지역의 공동주택 공시가격 1억원 이하의 구축아파트들이었다. 2020년 본격적인 정부의 부동산규제로 인해 공동주택 공시가격 1억원 이상의 준신축 부동산들이 계속 상승하는 걸 알면서도 그 많은 물건들을 매도할 수밖에 없었지만, 어떻게 보면 그때의 매도전략이 지금과 같은 부동산 하락장에서 많은 손실을 보지 않게 해준 보호막이 돼주었다. 엠제이경매스쿨에서 가장 많은 투자사례를 공개한 경·공매 단기투자 전략이 하락장에서 방어전략으로서 나의 자산을 지키는 역할을 한 것이다.

그러니 어떤 시장에서든 돈을 벌 수 있는 본인만의 투자방법을 만들어야 한다. 이번 하락장이 지나면 또다시 상승장이 오겠지만 본인에게 돈을 벌 수 있는 투자방법이 가격상승으로 인한 가치투자 방법밖에 없다면 상승과 하락을 반복하는 혼란스러운 투자시장에서 계속 끌려가는 불안한 투자를 할 수밖에 없을 것이다. 조금만 더 버티면 오른다, 기다리면 끝내 회복한다는 일부 투자 전문가들의 일차원적인 투자방법이 아닌 아파트 가격상승 투자 외에 다양한 단기투자 방법을 배우고 습득해서 지속적으로 돈을 벌 수 있는 투자 사업을 만들기를 바란다.

이 책을 내기 위해 물심양면으로 많은 도움을 주신 길벗출판사 이지현 차장님께 다시 한번 감사의 말씀을 전하며 이 책에서 다룬 다양한 투자사례를 만들어준 우리 엠제이옥션 식구(경매팀/학원팀/매도팀/인테리어팀/총무팀)분들에게도 무한한 감사의 말씀을 전하고 싶다. 내가 가진 부동산 경매투자 경험을 이 책에 100% 다 담지 못해 약간의 아쉬움은 있다. 그러나 누구보다 간절히 돈을 벌고 싶은, 돈을 벌어야만 하는 대한민국의 많은 초보 부동산 투자자분들에게 이 책이 투자의 기반을 다시 다져 안전하고 지속적으로 투자수익을 낼 수 있도록 실력을 쌓는 데 도움을 주는 좋은 지침서가 되었으면 하는 작은 바람이다.

겨울이 지나면 또다시 봄이 온다. 꽁꽁 얼어 있던 부동산 시장의 각종 규제들이 눈 녹듯 다 녹아내려 세금/대출/금리가 정상화되면 예전의 활기찬 부동산 시장으로 다시 돌아갈 것이다. 그러나 항상 따뜻하고 편안한 상황에선 많은 돈을 벌 수 없다. 나는 항상 불편하고 어려운 시장에서 얼마나 노력하고 연구하느냐에 따라 돈이 기하급수적으로 늘어난다는 사실을 직접 경험하며 깨달았다. 이 책을 읽는 독자분들도 본인이 할 수 있는 최대치의 노력으로 부동산 경매투자를 시작해보기를 바란다. 이 책에서 알려주는 단기투자 방법은 다른 부동산 상승투자에 비해 확실하고 정직하므로 노력한 만큼 수익을 얻을 수 있을 것이다. 여러분의 성공적인 투자를 응원한다.

2023년 2월 19일 엠제이

셋, 규제와 심리를 활용한 역발상 투자

넷, 인구 5만~20만 소도시 단기투자법

다섯, 경쟁 없는 비인기종목을 노려라, 나홀로아파트 단기투자

여섯, 대박 수익률 100%, 200%, 300% 빌라 단기투자

일곱, 오피스텔, 근생아파트, 주택, 상가 단기투자 노하우

🦁 여덟, 유치권 중심의 하자 있는 특수물건

🦁 아홉, 반드시 팔리는 매도의 기술

🦁 열, 꾸준히 수익 내는 직장인 단기투자 원칙

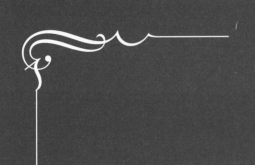

하나,

부동산 시장을 이기는 부동산 경매투자

01

자본주의와 돈 공부의 상관관계

자산의 양극화가 심화되고 있다

현재 내가 살고 있는 부산에서는 2019~2021년까지 부동산 가격상승이 크게 일어났으며, 특정 지역에서는 5억원짜리 아파트가 13억원으로 1년 사이에 8억원이 오르는 등 일반 서민의 월급으로는 근접할 수 없을 만큼 급격한 가격 변화가 일어났다. 2022년 하락장에는 13억원에서 9억원까지 가격이 하락하기는 했지만 그래도 1년에 8억원이라는 금액이 상승할 만큼 자본주의의 부동산이 가진 힘은 근로소득으로는 절대 따라갈 수 없는, 그야말로 크기가 다른 돈의 힘이었다.

부산에서 가장 시세가 높은 아파트를 꼽으라고 하면 해운대 바다 전면에 위치한 엘시티더샵이라는 아파트인데, 2021년 70평 기준 시세가 43억원이었다. 반대로 가격이 가장 저렴한 보수동에 위치한 보수아파트 10평 기준 시세는 2,350만원이었다. 많은 도시에서 이렇듯 자산가격의 양극화가 계속 일어나고 있다. 자본과 사업을 활용해 자산을 축적해온 사람은 돈을 계속해서 많이 벌지만 노동으로만 돈을 버는 사람은 그 반대가 되니, 어떻게 보면 아파트 가격이 우리나라 자본가와 노동자의 양극화를 보여주는 것 같아 안타까울 따름이다.

주위를 둘러보면 열심히 일하는 만큼 돈을 벌지 못하고 생활이 계속 그대로인 사람들이 많은데, 그 이유는 월급보다 더 많이 오르는 물가와 그보다 더 큰 폭으로 상승하는 부동산 가격 때문일 것이다. 나 또한 열심히 일만 하면 돈도 많이 벌고 내가 원하는 대로 풍족하게 생활할 수 있을 것이라는 생각으로, 20대부터 10년간 직장생활 및 사업에 매진했다. 하지만 내 생각대로 되지 않았고, 자본주의의 실체와 돈에 대해 공부하지 않는 이상 열심히 일하는 것과 돈을 많이 버는 것은 별개라는 것을 깨닫게 되었다. 그리고 30대가 되기 전 우연히 근처 서점에서 자본주의에 관한 책을 읽은 후 노동으로 벌 수 있는 돈의 크기와 자본으로 벌 수 있는 돈의 크기가 엄청나게 차이난다는 것을 깨닫고, 그길로 직장을 그만두고 부동산 공부를 시작했다.

근로만 가르치는 우리나라 교육

우리나라의 교육체제는 자본가를 만드는 교육보다는 근로자를 만드는 교육에 가깝다고 볼 수 있다. 우리나라의 아이들은 대부분 열심히 공부해서 원하는 대학을 졸업한 뒤 본인이 원하는 좋은 회사에 취업하고, 그 회사에서 정년을 채우고 퇴직하는 시점이 되어서야 자기 사업을 해보려고 생각한다. 이 말은 곧 나이 예순이 되어서야 본인이 무슨 사업을 해야 할지, 어떻게 돈을 벌어야 할지 고민한다는 뜻이다. 그전까지는 국가가 정해둔 시간에 따른 보수를 기준으로 삼아, 어느 회사로 이직해야 더 많은 돈을 받을 수 있을지 고민할 뿐 본인이 직접 돈을 버는 사업에 대한 고민은 사실상 여러 가지 환경 요인으로 인해 하기 힘든 경우가 대부분이다.

이제 돈 공부의 중요성에 대해 말해보자

내가 처음 돈을 벌기 시작한 건 초등학교 3학년 열살 때 새벽에 신문을 배달하면서부터였다. 생각해보면 어릴 때 우리 집의 가정환경이 그렇게까지 어려운 편은 아니었지만, 3남매나 되다 보니 내가 갖고 싶은 걸 즉시 갖지 못하는 답답함(?)에 스스로 돈을 벌고 싶었다. 그때 받은 첫 월급이 2만원이었는데 그 시절 나에게는 엄청나게 큰돈이었다. 그렇게 어릴 때부터 조금씩 돈이란 걸 벌다 보니 한살 두살 나이를 먹으며, 공부 잘해서 좋은 직장에 다니는 것보다는 뭘 해야 돈을 더 많이 벌 수 있을지를 계속 고민했다. 그런데도 나는 서른살이 될 때까지 많은 돈을 벌지 못했다. 지금 생각해보니 그 이유는 가장 중요한 돈 공부를 하지 못해서였다. 그래서 나는 30대 이후부터 본격적으로 돈 공부를 하기 시작했다.

나는 주로 책으로 돈 공부를 했는데, 책에서 알려주는 방법을 그대로 실행에 옮겨 실제로 돈 버는 경험을 한 후 그때부터 돈과 부자에 관한 책은 빼놓지 않고 모조리 읽기 시작했다.

이 책은 부동산 투자에 관한 책이지만 내가 이 책에서 전달하려는 핵심은 돈을 안전하게, 계속 버는 방법이다. 안전하게 번 돈이 계속해서 쌓여야 큰돈을 만들 수 있고 그 돈을 잘 지켜야 투자를 지속할 수 있기 때문이다. 결론은 부동산 투자자라면 부동산을 통해 계속해서 돈 만들기, 안전하게 돈 지키기, 돈 크게 불리기, 이 세 가지 방법으로 돈을 벌어야 한다는 것이며, 지금부터 그 세 가지 방법을 알려드리고자 한다.

돈 버는 목적을 깨닫자

엠제이 코멘트

나의 경우 큰 틀에서 보면 생각의 크기를 키우고 사람을 이해하면서부터 돈 버는 속도가 빨라졌다. 그리고 많은 돈을 벌기 위해서는 어느 정도 시간이 걸린다는 것 또한 깨달았다. 아직도 원하는 만큼 돈을 벌진 못했지만, 돈 버는 원리를 조금이나마 알게 된 시점은 '안전한 돈'을 '지속적으로' 벌게 되면서부터였다.

02

과연 경매로 돈을 벌 수 있을까?
살아남는 경매투자의 원리

경매만 공부하지 말고, 부동산 전체를 공부하라!

나는 처음 경매투자를 시작할 때 주거용, 즉 아파트 경매로 시작했다. 그러나 아파트 경매는 특성상 항상 입찰경쟁이 많아 낙찰가격이 높았고 그로 인해 매도수익률이 현저히 낮았다. 도대체 뭐가 문제일까 고민한 끝에 3가지 문제점을 찾았다.

아파트 경매투자의 문제 3가지

1) 경쟁자가 많아서 낙찰이 힘들다.
2) 낙찰 후 매도까지 기간이 예상외로 오래 걸린다.
3) 남는 수익이 크지 않다

★ 부동산을 모른 채 경매에 집중하기 때문이다. 부동산 공부부터 시작하자!

아파트 경매는 너무 많은 경쟁으로 인해 적정한 가격으로 입찰하는 의미가 없었고, 낙찰 후 명도를 마치고 매도할 때까지 기간 또한 4~6개월 이상으로 예상외로 많은 기간이 소요되었다. 또 낙찰 후 매도과정을 거쳐 양도세 납부 후 이것저것 다 제하고 나니 호주머니에 남는 돈이 거의 없었다. 그래서 과연 '경매투자로 돈을 벌 수 있을까?'라는 의구심이 계속 들었고, 다른 사람들은 어떤 방법으로 돈을 버는지 항상 궁금했다.

결국 똑같은 방식으로 아파트 경매투자를 지속해봐야 같은 답이 나올 수밖에 없다는 걸 깨닫고 가장 기본적인 경매의 원리부터 다시 되짚어보았다. 그저 싼 가격으로 매입할 수 있다는 점에만 주목해 부동산 자체는 잘 모르는 채로 경매에만 집중하니, 즉 큰 흐름을 보지 않고 싸게 사려고 노력하니 돈을 벌 수 있을 리가 없었다. 그때부터 초심으로 돌아가 경매가 아닌 전반적인 부동산 흐름 공부에 더 집중하기 시작했다.

'경매'와 '경매투자'의 차이부터 이해하자

많은 투자자들이 부동산 투자를 시작하며 첫 번째로 경매를 배우는 경우가 많다. 보통은 경매 책을 읽거나 강의를 듣는데, 경매를 배운다는 건 경매 안에 속한 「민사집행법」과 「민법」 그리고 「민사특별법」 등을 배우는 것과 같다. 거기에 권리분석과 임차인분석 및 명도 등을 숙지하면 된다.

나는 '경매' 자체와 '경매투자'를 확실히 다르게 구분하는데, 경매는 열심히 공부하고 외우면 익힐 수 있지만 경매투자는 경험과 수익구조를 교묘하게 이해하고 응용해야 한다. 많은 사람들이 경매를 배워도 돈을 벌지 못하는 이유는 경매만 배우고 경매투자는 배우지 못했기 때문이다.

나도 처음 경매를 배울 때는 권리관계나 명도 등을 배우는 것으로 시작했다. 유치권, 법정지상권, 가장임차인 등(특수물건)까지 머리로 익히는 데는 3개월이 채 걸리지 않았던 것 같다. 그러나 12년이 지난 지금도 여전히 공부가 필요하고 어려운 부분은 경매를 통한 '투자'다. 경매투자는 부동산으로 시작하여 심리/정책/흐름/종목/하자/돈/마인드 등의 경험을 직접 쌓으면서 배우는 실전 투자다. 부동산 투자는 정부의 정책에 좌우되는 일이 많다 보니 변수에 대응하는 방법 등 투자를 하면서도 끊임없이 배워야 한다.

경매투자를 완벽하게 한다는 건 모든 부동산 종목을 통해 계속해서 돈을 버는 것을 의미한다. 생각해보면 부동산에 한평생 투자해도 이루지 못할 만큼 방대한 양이다. 그러니 경매로 본인이 잘 아는 몇 가지 종목에 집중하여 안전하게 돈을 벌 수만 있다면 굉장히 뛰어난 투자자라 할 수 있다.

> **부동산의 종목**
> 건물(주거용/상업용/공업용)과 토지(대지/농지/임야)를 지칭한다. 세부적으로 주거용은 대장아파트, 나홀로아파트, 빌라, 오피스텔 등으로 나눌 수 있다.

이 책에서 소개한 실제 투자사례들은 주로 경매, 공매, 일반부동산(갭투자/분양권), 신탁공매인데 비율은 경매(60%), 공매(20%), 신탁공매(15%), 일반부동산(5%)이다. 공매와 신탁공매를 합치면 대략 35%로 이 또한 적지 않은 비율이니, 오로지 경매로만 계속 돈을 벌겠다는 편협한 생각은 버리자.

경매투자는 싸게 사서 비싸게 팔 수 있는 여러 경로들을 최대한 활용하여 투자해야 돈을 벌 기회가 많아지고 투자 영역도 넓어진다. 초보투자자라면 일단 경매와 공매를 한 번에 같이 배우며 투자를 시작하는 게 실력과 수익을 늘리는 측면에서 좋은 방법이다. 그 외에 입찰 가능한 사이트들(LH, 도시공사 등)은 차차 알아보도록 하고, 다음 4가지 사이트를 활용하여 투자하는 방법부터 알아보자.

경쟁이 본질인 경매, 경쟁하지 않을 방법을 찾아라!

경매에서는 좋은 물건을 경쟁 없이 싸게 사서 비싸게 팔 때 최고의 수익을 만들 수 있다. 그렇다면 수익이 날 수 있는 물건을 경쟁하지 않고 단독으로 낙찰받는 방법은 무엇일까?

수익 가능한 물건을 경쟁 없이 단독으로 낙찰받을 수 있는 첫 번째 방법은 남들이 하기 싫어하는 투자를 하는 것이다. 우리가 흔히 쉽게 뛰어드는 아파트 투자가 아닌 빌라, 상가, 주택, 오피스텔 등 거래사례가 많지 않은 다양한 종목의 경매물건을 활용하여 수익을 내는 투자방법이다. 두 번째는 남들이 할 수 없는 투자를 하는 것이다. 대부분의 투자자가 권리가 복잡하게 얽힌 하자물건 (특수물건)의 입찰을 꺼려 일반물건 위주로 입찰하는 것과 달리, 수익성이 좋은 특수물건을 시세 대비 저가로 싸게 낙찰받은 후 하자를 해결하고 원가격에 매도하는 방법이다.

경매는 경쟁이다 → 경쟁을 하지 않아야 한다
남들이 하기 싫은 투자를 일부러라도 찾는다.
남들이 해결할 수 없는 일을 해결하는 능력을 키운다.

이 두 가지 방법을 활용하면 경쟁을 줄이고 수익을 올릴 수 있는데, 어떻게 보면 단순한 이 원리를 나는 10년이 넘는 시간 동안 엄청나게 노력하며 직접 경험해보고 나서야 비로소 알게 되었다.

부동산 경매 단기투자의 기적

03

확실하게 지속적으로 수익을 내라

12년 / 3만 5,000개 입찰 / 3,000개 낙찰 / 300개 손실

부동산 경매투자를 시작한 지 어느덧 12년이란 시간이 흘렀다. 그동안 3만 5,000개가량의 경매물건에 입찰해 약 3,000개의 물건을 낙찰받았다. 그중 10%에서는 손해가 났으나 90%에서는 수익을 실현했다.

이제껏 많은 경매투자를 해오면서 저수익·저난이도 경매물건(아파트)과 고수익·고난이도 경매물건(상가/토지/특수물건 등)에 다양하게 투자해보았다. 그런데 고난이도 물건은 투자수익도 일정하지 않았고, 무엇보다 보유한 물건들의 매도나 임대가 원활하지 않아 자금이 묶일 때면 사업에 막대한 지장을 주었다. 게다가 그 문제를 해결하기 위해 애쓰는 과정에서 스트레스와 피로감이 계속 쌓여갔다. 이런 투자패턴에 지쳐가던 어느 날 문득 들었던 생각이 '내가 지금 하고 있는 불확실한 투자방식을 바꾸지 않으면 이 시장에서 오래 살아남을 수 없겠구나.' 하는 것이었다. 그때부터 나는 고수익보다는 리스크를 제거함으로써 일정한 수익을 낼 수 있는 물건에만 집중했다. 그 결과 훨씬 안정적인 수익구조를 만들 수 있었다.

투자는 확정된 이자율을 보장받는 저축과 달리 불확실성을 수반하며, 이러한 불확실성은 수익률(rate of return)에 반영된다. 보통 사람들이 투자보다 최저수익인 예금을 선택하는 것은 원금확보, 즉 안전을 더 중요시하기 때문이다.

이것을 거꾸로 적용해볼 때, 투자의 불확실함을 확실함으로 바꿀 수만 있다면 최고의 투자수익 시스템이 된다는 말과 같다. 이는 곧 투자에 100% 확실한 것은 없지만, 적어도 리스크를 제거하고 안전하게 수익을 내는 것을 목표로 삼는 것을 말한다. 사업을 운영하듯이 말이다. 내가 현재 매월 일정하게 억 단위의 수익을 내는 비결도 눈앞의 큰 수익보다 오래가는 안전한 수익을 더 중요하게 여기고, 이러한 원칙을 꾸준히 지키는 데 있다.

이제부터는 1년에 수익률 50%가 목표다

경매투자를 시작한 지 9년째 되던 2018년, 나는 그간의 수익과 손실을 되새기며 나만의 부동산 투자원칙을 만들었다. 이전까지 투자에서 문제가 되었던 손실 경험을 분석해 새로운 투자 방법을 다시 정비함으로써 안전하게 돈을 벌 수 있도록 도와주는 투자보호대를 이때부터 착용했다고 볼 수 있다. 그 투자보호대는 바로 리스크 관리다. 고위험·고수익 투자는 당장 얻는 수익이 큰 만큼 리스크도 크다 보니 이 투자방법으로는 오래 지속하지 못한다는 것을 알게 되었고, 이후 1년을 기준으로 투자금 대비 50%의 수익률만 얻어도 충분히 성공한 투자라고 생각을 바꾸었다.

낙찰부터 매도까지 1회 투자 사이클(낙찰-명도-매도)을 6개월로 산정하고 수익률을 25~30%로 잡는다. 이렇게 2회 반복하면 1년에 투자금 대비 적어도 50%의 수익률을 달성할 수 있다.

안전한 수익률 = 1년 기준 투자금 대비 50% 수익!

나는 이때까지 경매투자를 하며 주거용 부동산 투자로 연 50%라는 수익률을 어렵지 않게 달성할 수 있었다. 오히려 1년 기준 100%를 상회하는 수익률(6개월 평균 50%)을 여전히 계속 유지 중이다. 이러한 투자의 전제조건은 첫째도 안전이고 둘째도 안전이다. 여기서 중요한 것은 경·공매의 권리상 하자보다, 실제 낙찰 후 매도 시 매수자에게 내가 낙찰받은 물건을 빠르게 매도할 수 있는 안전장치가 있는지 여부의 리스크 관리에 초점을 맞추는 것이다.

경매를 하다 보면 가끔 기적적인 수익률을 만날 때가 있다. 하지만 그런 수익률은 지속성이 없어 나는 안전함을 최우선으로 하여 수익률을 1년 기준 50%로 정했다(물론 이 책에는 100~200% 수익률을 얻은 내용도 나온다). 그러므로 이 책에서는 안전한 수익률 50%를 확보하는 투자방법과 매도 노하우에 집중했다.

투자자에 머물지 말고, 사업가가 되라

확실한 수익을 지속적으로 내는 투자방법이 정말 가능한지 의심할 수도 있다. 단언컨대 투자를 사업화하면 가능하다.

사업가는 이윤을 목적으로 한다. 투자자(소득창출자산을 구입하는 사람)가 수익창출을 위해 자산을 구입한다면, 사업가는 이윤을 목적으로 자산을 구입하는 것이 아닌 사업을 진행하는 객체다. 사업을 부동산 투자에 적용하면 다음과 같다. 투자자는 가격이 오를 만한 부동산을 구입해 가격이 상승하면 팔아서 수익을 창출한다. 그러나 사업가는 가격이 상승할 때뿐 아니라 그 어떤 때라도 수익을 내며, 이를 위해 경매, 급매 등 여러 가지 방법으로 부동산을 저가로 매입하고 빠르게 적정가로 매도해 수익을 낸다.

많은 사람이 투자는 재테크라고 말한다. 그러나 나는 투자가 재테크가 되어서는 안 된다고 생각한다. 재테크는 주식, 펀드, 비트코인과 같이 돈을 벌 수도 있지만 잃을 수도 있기 때문이다. 잃지 않는 투자는 사업에 가까워야 하며 부동산 투자 사업을 하기 위해서는 많은 경험과 노력 그리고 공부가 필요하다. 그 과정은 어렵고 힘들겠지만, 꾸준한 경험과 노력으로 리스크 없이 일정한 투자 수익을 실현하기 시작한다면 재테크 단계를 넘어선 사업의 단계로 올라섰다고 볼 수 있다. 초보투자자라면 재테크의 단계를 넘어 사업의 단계로 꼭 올라서길 바란다.

엠제이 코멘트

투자 사업에 대한 나만의 정의

'투자 사업'에 대한 자신만의 정의를 잘 내려보기를 바란다. 나는 '일정하고 확실한 수익'을 '지속적으로' 버는 것으로 투자 사업을 정의했다. 이 책을 읽는 독자들은 경매에 대한 장밋빛 환상을 갖지 않았으면 좋겠다. 본인의 노력과 경험을 바탕으로 안전하고 확실한 수익을 내는 것이야말로 오래 지속할 수 있는 바람직한 투자의 형태다.

04

리스크가 적은 투자에 집중하라

부동산 투자 리스크 통제의 기술

2021년 겨울 즈음이었다. 친한 지인이 부산 힐스테이트 해운대 펜트하우스에 청약하려고 하는데(분양권전매) 어떻게 생각하냐고 연락해왔다.

"이 물건을 청약하려는 이유가 뭔데?"

"조금이라도 프리미엄이 발생하면 팔아서 차익을 남기려고."

"만약 안 팔리면 어떡할 거야?"

"거기까지는 생각 안 해봤는데….."

이야기를 듣고 투자금이 얼마인지 물어보니 2억원 정도 들어갈 것 같다고 답했다.

이 대화에 숨은 리스크를 함께 찾아보자.

지인의 말을 요약하면 "이 투자로 수익을 얻을 수도 있고 손해를 볼 수도 있다. 그런데 정확한 건 나도 잘 모르겠다."라는 것이었는데, 이 말은 곧 이제껏 계속 상승해온 부산 부동산 시장의 분위기만 생각하고 별도의 조사나 공부 없이 부동산 투자를 하고 있다는 뜻이었다. 이 지인은 팔고자 할 때 팔리지 않을 리스크, 입주하지 않을 리스크, 대출 이자의 리스크를 전혀 생각하지 않고 있었다.

결국 결론은 투자하지 않는 것으로 마무리되었지만, '초보투자자의 절반 이상이 이렇게 별다른 공부나 노력 없이 주변에서 사면 따라서 투자하는 매우 위험한 투자를 하고 있겠구나.' 하는 생각이 들었다. 이 물건은 청약 결과가 나온 후 당첨된 투자자들이 프리미엄을 붙여 부동산 시장에 내놓았으나 이미 부동산 시장이 얼어붙어 매수자가 실종된 이후라 거래가 안 됐으며, 현재도 많은 투자자의 투자금이 묶여 있는 것으로 알고 있다.

지난 12년간 낙찰과 매도를 반복하면서 내가 찾은 방법은 본인만의 투자원칙을 세우고, 원칙에 어긋나면 아무리 예상 수익이 커도 과감하게 포기하는 것이다. 원칙이 없으면 리스크가 높아지고 수익도 달성하기 어렵기 때문이다.

부동산 투자에서 '리스크'를 정의해보자. 리스크는 단순히 부정적인 결과를 낳는 나쁜 요소가 아니라 투자했을 때 수익이 날지 안 날지, 아니면 손실이 날지를 정확히 '예상할 수 없다'는 뜻이다. 부동산 투자 시 리스크를 활용해 돈을 벌 수도 있지만, 리스크를 제어해 내 자산을 잃지 않고 지키는 것이 더욱 중요하다. 이번 장에서는 리스크를 제어해 내 자산을 지키는 방법을 알아보자.

> 리스크를 활용해 돈을 버는 방법은 이 책 후반부에서 살펴보기로 하자.

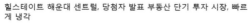

힐스테이트 해운대 센트럴, 당첨자 발표 부동산 단기 투자 시장, 빠르게 냉각

💬 댓글 7   URL 복사   ⋮

https://www.hankyung.com/realestate/article/20211220159 te

"10만명 몰렸는데 어쩌다..." 31억 부산 펜트하우스 '반전'
"10만명 몰렸는데 어쩌다..." 31억 부산 펜트하우스 '반전', '소문난 잔치 먹을 것 없었나' 10...
www.hankyung.com

서면 오피스텔 [계약금포기]

냉하세요
혹시 오피스텔 투자처 찾고계시면 연락주세요.
서면데시앙스튜디오 오피 계약금포기하고 내놓습니다.
계약금 17740000원입니다.
17평입니다.
개인사정으로 내놓습니다.
서면 중심가라 앞으로 괜찮은 지역입니다.
관심있으신분은 쪽지로 연락남겨주시면
더 자세한 정보 알려드리겠습니다.

명품 주거 프리미엄 오피스텔
서면 데시앙 스튜디오

초보투자자는 비주거투자를 피할 것

부동산 투자를 시작한 지 얼마 안 된 초보투자자들은 웬만하면 주거용(아파트)을 투자종목으로 정하고 투자를 시작하는 게 안전하다. 그 이유는 내 물건을 사려는 매수자가 비주거용 종목에 비해 주거용 종목에 훨씬 많아, 여차하면 원가에라도 팔고 나와 투자금을 지킬 수 있기 때문이다.

이제 코로나19로 인한 여러 가지 규제가 해제되면서 부동산 투자자들이 상가투자에 관심을 가지고 투자 의향을 보이고 있다. 침체된 전국 상권이 살아난다면 지금보다 가격이 하락할 일은 없겠지만, 가격이 싸다고 해서 무조건 투자하는 것은 매우 위험하다. 나도 가격이 싸서 당연히 팔릴 것으로 생각한 상가가 2년 이상 안 팔리고 공실로 있었던 적이 있다. 상가는 '싼 가격'보다는 '입지와 임차에 대한 분석'이 더 중요하다는 점을 꼭 말하고 싶다.

> 상가 또한 물건이 좋으면 투자해야 한다. 비주거용인 상가투자에 관해서는 이 책 중반부에서 사례를 통해 살펴보기로 하자.

따라서 초보투자자라면 수익률이 좀 낮더라도 회전율이 좋은 주거용에 투자하는 것이 안전하다. 결국 팔리지 않는 물건은 가치가 없다.

단타용 물건은 주거용 공동주택 공시가격 1억원 이하로

각종 부동산 규제로 인해 많은 투자자가 주거용 투자를 포기했다. 첫 번째로 대출이 나오지 않고, 두 번째로 각종 세금(취득세/종부세/양도세)이 중과되어 투자해도 큰 수익이 나지 않을 것으로 생각되며, 세 번째로 취득할 명의 또한 없기 때문이다. 하지만 규제에는 항상 빈틈이 있기 마련이다. 그러니 부동산 투자로 먹고사는 사람이라면 그 빈틈을 철저히 파고들어 어떻게든 투자로 수익을 내는 방법을 만들어야 한다. 그 방법 중 하나가 공시지가 1억원 이하 주거용 단기투자 및 법인을 활용한 주거용 오피스텔 단기투자다.

- 개인 명의의 공동주택 공시가격 1억원 이하 아파트 단기투자(취득세 1%)

2020년 정부는 다주택자에게 취득세를 중과하는 7.10대책을 시행했다. 그런데 이때 모든 부동산을 규제하는 것이 아니라, 투기종목으로 볼 수 없는 상가와 토지 그리고 공동주택 공시가격 1억원 이하의 주거용 부동산에 대해는 취득세를 중과하지 않는 예외조항을 두었다. 그 후 많은 투자자가 아파트에 투자하기 전 국토교통부 사이트에 접속해 공동주택 공시가격이 1억원 이상인지 이하인지 확인한 다음 투자를 결정하게 되었고, 주거용 투자 노선이 대부분 그쪽으로 바뀌게 되었다.

공동주택 공시가격 1억원 이하 아파트의 경우 규제지역에서는 취득세는

1%지만 대출은 불가한 반면, 비규제지역에서는 단일세율(1%)에 대출까지 가능해 비규제지역 공동주택 공시가격 1억원 이하 아파트에 투자자가 몰리는 기이한 현상이 일어났다.

- 법인 명의를 활용한 주거용 오피스텔 단기투자(취득세 4%)

주거용 부동산 규제가 본격적으로 시작되며 많은 투자자가 투자를 포기했는데, 이때 주거용 오피스텔의 경우 규제가 명확하지 않아 약간의 틈새시장으로 부각되었다. 주거용 오피스텔은 취득 전에는 주거용으로 보지 않고 상가로 보아 상가취득세인 4%(지방교육세와 농어촌특별세를 합치면 4.6%) 단일세율이 적용되었으나, 공동주택 공시가격이 1억원이 넘는 경우 주택 수에 합산하는 규제가 시행되었다. 그러나 개인이 아닌 법인으로 투자 시 오피스텔을 주택으로 보지 않아 기본세율 및 대출이 가능했으므로, 나는 법인으로 단기투자가 가능한 상품으로서 주거용 오피스텔을 투자에 활용했다.

취득세가 완화되면 다시 광역시 대장아파트에 투자하라

2023년 현재 부동산 하락장이 지속되며 정부에서 규제지역의 해제와 더불어 각종 세금(취득세/양도세/종부세)의 완화정책을 시행하고 있지만 높은 금리와 낮은 심리가 한번에 해결되려면 어느 정도 시간이 걸릴 것이다. 아직까지 확정은 아니지만 50% 절감된 취득세(3주택6%) 또한 기존의 1%로 정상화되고 법인의 종부세 및 대출 부분을 정상화하지 않는 이상, 현 상태로는 그 어떤 정책을 펼치든 소수의 투자자들을 움직일 수는 있어도 시장을 바꿀 만큼 다수의 투지지들을 움직일 수는 없을 것이다.

그렇다면 2023년에는 어떠한 방향으로 투자해야 할까? 공동주택 공시가격 1억원 이하의 물건보다는 1억원 이상의 대장급 물건을 경·공매를 통해 최대한 저렴한 가격에 낙찰받아 보유개수를 늘리는 방향이 가장 수익이 클 것으로 생각된다. 이 투자방법을 실행하려면 첫 번째로 다주택자 취득세가 완전히 정상화되어야 한다. 그리고 공동주택 공시가격 1억원 이하의 구축아파트는 현재 분위기와 크게 관계없이 실수요자에게 매도가 가능하니, 공동주택 공시가격 1억원 이하의 구축아파트로 단기투자 수익을 올리면서 공동주택 공시가격 1억원 이상의 준신축아파트에는 취득세가 1%로 바뀌는 시점부터 본격적으로 투자하면 될 것이다. 현재 분위기로 봐서는 빠른 시일 내에 부동산 규제가 정상화될 것으로 예상되지만 조금 더 추이를 지켜봐야 할 것 같다.

05

가격투자와 가치투자를 결합하라

상승장엔 올라타고 하락장엔 방어하라!

투자를 하다 보면 열심히 노력하는데도 수익률이 좋지 않은 경우가 다반사다. 물론 운 좋게 부동산 상승장을 만나 큰 노력 없이 수익을 얻는 경우도 있지만, 우리가 흔히 하는 가치투자와 가격투자를 합치지 않고서는 각각의 단점을 보완할 수 없다.

가치투자는 주식에서 많이 쓰이는 개념인데 저평가된 자산을 매입하는 방법으로서 부동산 투자에도 적용할 수

> **가치투자**
> 저평가된 자산의 가치를 알아보고 그 비전에 투자하는 것. 장기투자에 적합하다.
>
> **가격투자**
> 자산의 가치보다는 저렴해진 절대가격에 집중해 투자하는 것.

있다. 많은 사람들이 하는 아파트 투자(분양권, 갭투자, 재개발)는 전형적인 가치투자의 방법으로 가격이 상승해야만 수익을 실현할 수 있다. 이때는 시장의 힘이 작용해 수익이 꽤 큰 편이다. 하지만 투자금이 많이 들고 소요되는 시간도 긴 편이어서 투자 횟수를 늘리기 어렵다.

가격투자(경매, 공매)는 단기간에 제값보다 싸게 사서 제값을 받고 팔거나

그보다 비싸게 파는 방법으로, 가격이 상승해야만 돈을 버는 가치투자와 달리 가격이 상승하지 않아도 돈을 벌 수 있으나 수익률은 한정적이다. 결국 경매의 본질을 잘 이용하는 쪽은 가격투자다. 큰돈은 벌지 못하더라도 반복적으로 투자할 수 있기 때문이다.

지속적으로 현금흐름을 만들며 장기적으로 자산을 늘리기 위해서는 가격투자와 가치투자를 병행해야 한다. 그러면 안전한 현금흐름과 가격상승이라는 두 마리 토끼를 잡아 멈추지 않고 지속적으로 투자수익을 실현할 수 있다.

> 하락장에서는 저렴하게 부동산을 사면 매수가와 비슷하게 전세 시세를 맞출 수 있다. 그리고 2년 뒤 가격이 오르면 매도할 수 있는데, 내 돈 한 푼 들이지 않고 가치투자를 하는 격이 된다. 이를 '회복장 무피투자'라고 부른다.

가격투자 (=현금흐름)
가치투자 (=가격상승)

현재 우리나라에서 가치투자와 가격투자를 동시에 잘하는 투자 전문가는 없는 것으로 알고 있다. 여러분은 이 책을 통해 가치투자와 가격투자의 큰 줄기를 익히는 동시에 지방투자의 노하우까지 터득해 돈이 마르지 않는 투자를 하기 바란다.

가치투자와 가격투자의 차이를 조금 더 알아보자

다음 페이지의 왼쪽 그림과 같이 2억원짜리 경매 물건을 1억 5,000만원에 낙찰받아 단기에 2억원에 매도하는 것은 가격투자다. 빠른 시일 내에 수익을 실현할 수 있으나, 그에 따른 세금이 중과되고 원금을 넘어서는 가격상승분이 없어 투자수익률이 거의 일정한 것이 단점이다. 반대로 수익을 거두는 과정에서 큰 리스크가 없고 원금을 빠르게 회수해 다른 물건에 재투자할 수 있는 것은 큰 장점이라고 할 수 있다.

오른쪽 그림과 같이 2억원짜리 아파트를 2억 5,000만원에 매입해 2년 뒤 2억 5,000만원 상승한 금액에 매도하는 것은 가치투자다. 수익은 크지만 일반적으로 투자기간이 2년(전세 1회) 정도로 경매에 비해 4배 정도 길며, 그때까지 원금이 묶여 재투자가 불가능하다는 단점이 있다.

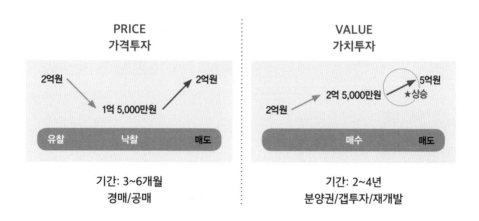

이 두 가지 투자방식을 결합하면 각각의 단점을 보완할 수 있는데, 가격투자로 발생하는 수익을 모아 가치투자로 옮기면 어떠한 현상이 일어나는지 확인해보자. 투자금은 2억원이고 두 가지 투자방식을 병행해 2:2:3:3:0 비율로 투자한다고 가정하자.

엠제이의 경매를 활용한 가격투자 + 가치투자 구조

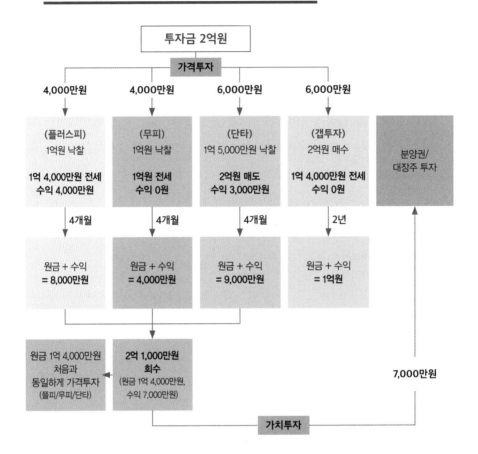

처음 보면 이 구조가 단번에 이해되지 않을 수도 있다. 이 방법은 현재 내가 실행하고 있는 투자방법인데, 가격투자로 안정적인 수익을 내고 그 수익의 일부를 가치투자로 묶어두는 방법이다. 투자금 2억원을 처음에는 모두 가격투자에 썼지만, 몇 개월 후 여기서 발생한 수익을 가치투자로 돌렸다.

① 4,000만원짜리 플러스피 가격투자

첫 번째 단기투자는 플러스피 투자로서 임차인의 전세금을 활용해 돈을 버는 방법이다. 1억원에 낙찰받은 빌라를 담보로 대출을 60% 받으면 4,000만원의 투자금이 들어간다. 그 후 1억 4,000만원에 전세를 맞추면 투자금

> 수익구조가 단번에 이해되지 않는 분들을 위해 플파-단가-무피-가치투자의 실제 투자사례를 뒤에 소개해두었다.

4,000만원을 회수하고 여기에 전세 수익 4,000만원이 추가로 들어오는 투자방법이다. 양도세가 없는 조금 특별한 투자라고 할 수 있다.

② 4,000만원짜리 무피 가격투자

두 번째 단기투자는 회복장 무피 투자로서 하락장에 반값으로 떨어진, 즉 2억원에서 1억원까지 하락한 소형아파트를 1억원에 낙찰받아 1억원에 전세로 내되, 이때 대출 60%를 활용해 내 투자금 4,000만원을 일시적으로 투입했다가 전세계약 후 다시 회수하는 경우다. 이때 당장의 수익은 0원이지만 2년 뒤 이 아파트가 정상 가격인 2억원으로 돌아간다면 1억원의 추가수익을 얻을 수 있어, 시간을 활용해 투자금 없이 수익을 실현하는 투자방법으로 볼 수 있다.

③ 6,000만원짜리 단타 가격투자

세 번째 단기투자는 부동산 경매에서 가장 흔한 투자방법으로서, 저가에 사서 단기간에 원가로 판매하는 전형적인 가격투자 방법이다. 투자금 6,000만원으로 1억 5,000만원짜리 아파트를 낙찰받은(나머지 9,000만원은 대출) 뒤 2억원에 매도하는 방법으로, 매도 후 투자금 6,000만원을 회수하는 것은 물론 세후 수익 3,000만원을 추가로 실현할 수 있다.

④ 6,000만원짜리 갭투자

2억원의 아파트를 전세 1억 4,000만원을 긴 채로 매수한다. 저평가된 아파트나 상승할 만한 아파트 골라 매수하고, 2년 뒤 상승수익을 1억원 정도 기대한다. 투자금이 적게 들수록 수익률은 높아지며 부동산 상승장에는 수익이 더 높아지므로 반드시 가격투자와 병행하는 것이 좋다.

⑤ 위 3가지 가격투자로 자금 회수한 뒤 가치투자

경매를 활용한 플피/무피/단타의 3가지 가격투자에서는 총투자금 1억 4,000만원을 회수하고 총수익 7,000만원을 실현할 수 있다. 그렇다면 이 둘을 합친 금액 2억 1,000만원은 어떻게 투자하는 게 좋을까? 내 투자 경험상 '만드는 돈'은 단기로 투자해 계속 굴려서 수익을 창출해야 하며 '불리는 돈'은 만드는 돈에서 나온 수익을 활용해 장기로 투자해야 한다. 따라서 투자금 1억 4,000만원은 다시 똑같은 방법으로 가격투자에 투입하고 수익 7,000만원은 가치투자로 배분한다.

엠제이 코멘트

가격투자는 하락장에, 가치투자는 상승장에 강하다!

아파트 가격이 상승할 때는 좋지만, 반대로 하염없이 내리기 시작하면 밤에 잠도 오지 않고 하루종일 해당 아파트 가격만 검색하게 된다. 부동산 가치투자는 큰돈을 벌 수 있는 좋은 기회다. 하지만 원칙 없이 투자한다면 안전장치가 없을뿐더러 최적의 매도타이밍을 잡기도 쉽지 않다. 가치투자를 하되 하락장에 최대한 싸게 매입하여 가격하락폭을 최소화해야 한다. 또한 그와 동시에 가격투자를 활용해 하락장에도 일정한 수익을 계속 만들며 각종 위험상황에서도 자금력으로 버틸 수 있는 안전장치들을 만들어둬야 한다.

06

큰돈 버는 기회는
언제나 하락장에 찾아온다

사람들은 대부분 부동산에 투자할 때 상승장에서만 돈을 벌 수 있다고 생각하는데, 가격투자를 활용하면 시기와 관계없이 계속 돈을 벌 수 있다. 상승장에서는 가치투자를 활용해 빠르게 비교하고 선매수해서 수익을 올린다면, 하락장에서는 사람들의 심리를 활용해 가격투자를 하여 저가매입과 저가매도로 수익을 올릴 수 있다. 시장이 안 좋다고 해서 아예 거래가 되지 않는 것은 아니다. 다만 시장이 좋을 때보다 거래량이 많이 줄어들 뿐이다. 그리고 정말 큰돈을 벌 수 있는 기회는 항상 상승장이 아닌 하락장에 찾아온다는 점을 다시 한번 강조하고 싶다.

부동산 경기 사이클이 하락하는 이유는 정해져 있다

통상 부동산(아파트) 경기 사이클은 5년 주기로 하락과 상승을 반복한다고 알려져 있다. 부동산 경기 사이클은 경기가 좋을 때 가격이 최고조로 상승해

| 부동산 경기 사이클 |

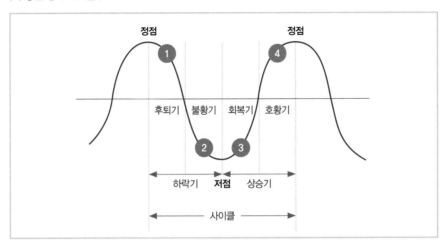

정점을 찍은 후, 다시 공급물량이 쌓이면서 후퇴기를 거쳐 저점(바닥)을 찍고, 물량이 급감하며 다시 호황기에 진입해 정점을 찍게 된다.

그간 내가 실제로 부동산 가격의 하락과 상승을 겪으며 투자했던 과정에서 큰 맥락을 살펴보면, 수도권과 지방의 시장이 상이해 흐름이 반대로 가는 경우가 많았고 하락 및 상승 기간이 전국적으로 일정하게 바뀌는 경우는 거의 찾아보기 힘들었다. 아파트 가격의 하락과 상승을 견인하는 이유로는 여러 가지가 있지만 그중 가장 큰 비중을 차지하는 것이 입주물량이다. 입주물량이 적정수요에 비해 과도하게 몰리면 수요부족으로 부동산 가격이 하락하고 반대로 입주물량이 부족해 수요가 넘쳐나면 가격이 다시 상승한다. 부동산 가격 하락과 상승 요인의 중심에는 언제나 입주물량이 있다는 것을 잊어서는 안 된다.

부동산 보합장은 전세가와 매매가가 같아지는 최적의 투자시기

앞서 말했듯이 수도권과 지방의 흐름은 다른데, 대도시인 수도권의 흐름을 정확히 알아야 지방 투자를 더 잘할 수 있는 것이 사실이다.

그럼 부동산 경기가 바닥일 때는 어떤 현상이 생기는지 살펴보자. 우선 경기가 좋지 않으니 많은 건설사가 분양 자체를 포기해 공급물량이 급감하고, 매수심리가 살아나지 않아 사람들이 집을 사지 않는 현상이 일어난다. 집을 사기는 싫은데 이사는 가야 하니 당연히 임대(전세)로 수요가 몰리고, 그러다 보니 전세가격은 상승하고 매매가격은 하락해 전세와 매매 가격이 같아지는 현상이 일어난다. 나는 이 시점을 내 돈 없이 투자할 수 있는 최고의 투자 타이밍이라고 생각한다.

부동산 시장이 바닥에서 상승을 시작할 때는 큰 지역에서 작은 지역으로 가격상승 흐름이 옮겨가며 순서를 맞추는 것이 일반적이다(간혹 인구가 많고 도시가 큰데도 순서에 맞지 않게 가격회복이 느린 도시들도 있다). 예를 들어 부산 → 울산 → 창원 → 광주 순서로 큰 도시의 부동산 가격상승이 인근 도시에 영향을 미치면서 가격이 키를 맞추는 현상이 일어나고(지역별 상승 키 맞추기 그래프 참조), 그다음으로 해당 도시 안에서 입지순, 종목순으로 다시 같은 현상이 일어난다(종목별 상승 키 맞추기 그래프). 물론 이렇게 투자하는 방법의 적기는 하락장을 거쳐 상승장이 시작되는 시점이며, 도시의 이해와 지역별 가격의 이해를 기본으로 미리 갖추고 있어야만 투자를 빠르게, 더 많이 실행할 수 있다.

| 지역별 상승 키 맞추기 |

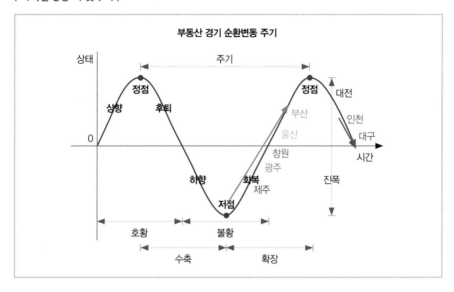

| 종목별 상승 키 맞추기 |

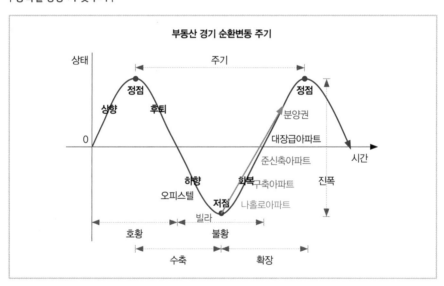

07

현금을 만들어내는 마법 같은
경매투자

한정된 자금을 회전하며 계속 투자하기

투자자의 정의는 소득 창출자산을 구입하는 사람이다. 완성된 부자가 아니라, 부자가 되기 위해(본인의 근로 소득이나 소득과는 별개로) 소득을 창출하려 연구하고 노력하는 사람이다. 그런데 투자자가 되기로 결심한 사람들 중 대다수가 얼마 못 가 투자를 중도 포기하고 본업으로 돌아가곤 한다. 왜 그럴까? 일정하고 확실한 수익보다 장밋빛 환상이 가득한 불확실한 고수익을 기대하기 때문이다. 그리고 무엇보다 큰 이유는 몇 번의 투자로 준비한 투자금을 모두 소진하기 때문이다.

투자를 하다 보면 언젠가 투자금이 떨어지는 날이 온다. 월급으로 100만원, 200만원 모아서 언제 투자하나 싶어 답답한 심정이 들기도 한다. 그래서 투자를 지속하기 위해 가장 중요한 것은 '투자금을 만드는 투자'를 하는 것이다.

① 투자금을 만드는 첫 번째 방법 '플피투자'(8,700만원 낙찰 → 1억 3,000만원 전세)

낮은 가격에 낙찰받아 그보다 더 높은 금액에 전세를 들이면 2년 동안 안정적인 투자금이 생긴다. 하락장에 역전세를 우려할 수도 있지만, 나의 경우 낙찰가가 워낙 낮아 전세도 시세보다 항상 싸게 들였기 때문에 그런 일은 없었다.

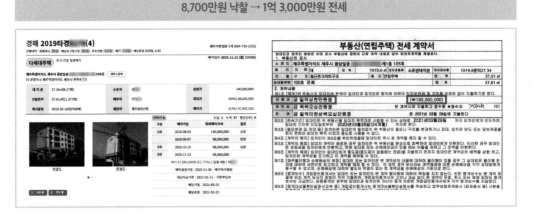

| 실투자금 2,500만원으로, 3개월 만에 6,500만원 수익 완료!

2020년 11월 제주도 신축빌라를 8,788만원에 낙찰받아 전세 1억 3,000만원에 계약했다. 3개월 만에 투자금 2,500만원을 회수하고 전세 플피수익 4,000만원까지 총 6,500만원의 수익(현금흐름)이 발생한 셈이다. 수익의 절반(3,250만원)은 가격투자(플피/단기), 나머지 절반은 가치투자(분양권매입)로 재투자했다.

② 투자금을 만드는 두 번째 방법, '단기매도'(1억 400만원 낙찰 → 1억 4,900만원 매도)

빠르게 매도하려면 반드시 낮은 가격에 낙찰받아 시세보다 낮게 매도해야 한다.

2021년 10월 산북동에 위치한 임대아파트 다수가 경매로 나왔다. 이때는 규제가 극심했던 시기인데, 공동주택 공시가격 1억원 이하이며 비규제지역이라 단기투자가 가능해 보였다. 최저가로 입찰하여 낙찰받아 임차인 명도 후 바로 부동산 중개업소에 매도를 의뢰했다. 5개월 만에 단기투자를 완성해 세후 약 3,000만원의 매도 차익을 올린 투자사례다.

한꺼번에 대량으로 물건이 나오는 경우 입찰자들이 골고루 입찰할 수 없고 일부 물건에 쏠리는 경우가 많은데, 이때는 입찰가격을 최대한 낮게 잡고 입찰 물건 수를 늘리는 것이 단독 낙찰의 확률이 높다.

1억 400만원 낙찰 → 1억 4,900만원 매도

| 실투자금 2,500만원으로 5개월 만에 3,000만원 수익 완료!

③ 투자금을 만드는 세 번째 방법, 회복장 '무피투자'(7,700만원 낙찰 → 9,000만원 전세)

무피투자는 투자금이 들지 않는 것을 뜻한다. 수익면에서는 첫 번째 방법인 플피투자보다 메리트가 적지만, 투자금이 들지 않아 투자를 계속할 수 있다는 점은 같다.

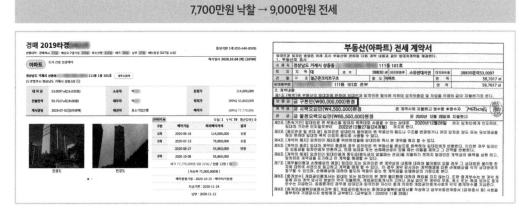

7,700만원 낙찰 → 9,000만원 전세

| 실투자금 2,500만원으로 4개월 만에 1,300만원 수익 완료!

2020년 10월에 낙찰받은 거제시 상동동의 구축아파트 사례를 소개한다. 감정가 1억 1,400만원의 물건을 7,700만원에 낙찰받아 9,000만원에 전세를 놓았다. 그렇게 한 이유는 거제도 부동산이 2015년의 정상가격(대략 2억원) 대비 절반 이하로 떨어진 데다 향후 공급량과 조선산업의 경기, 인근 지방 도시들의 부동산 가격상승을 고려할 때 최소한 정상가격으로는 회복할 수 있을 것으로 확신했기 때문이다. 이 아파트의 가격이 정상이었던 시기는 2012~2015년, 하락했던 시기는 2016~2021년이다. 하락이 이렇게 오래가기도 쉽지 않은데, 인구가 적고 산업에 의존하는 도시일수록 하락장과 불경기가 겹치면 타

도시보다 가격하락폭이 더 깊고 더 길게 지속되는 경우가 많다.

어쨌든 당시 시세 1억 9,000만원인 물건을 7,000만원대에 구입하고 전세를 9,000만원에 세팅하니 투자금이 0원이라 느긋하게 정상가격의 회복을 기다릴 수 있는 장점이 있었다. 내가 지금까지 장기보유했던 것들 중 제일 마음이 편했던 건 어떠한 방법으로든 가격을 아주 저렴하게 구입하여 투자금이 들지 않았던 물건들이었다.

이 사례의 투자방법은 7,700만원에 낙찰 후 9,000만원에 전세를 놓아 투자금 2,500만원을 회수한 것은 물론, 당장 수익은 발생하지 않으나 2년 후 단기투자보다 훨씬 큰 미래차익을 기대할 수 있다는 점에서 꼭 배워야 할 투자방법 중 하나라고 생각된다.

만드는 돈과 불리는 돈

투자는 항상 균형을 맞춰서 해야 한다. 사람 또한 좌우균형이 안 맞으면 넘어지는 것처럼 투자할 때 너무 좋은 것만 구입해도 안 되고 단기매도만 계속 진행하는 것도 한계가 있다. 즉, 가격투자와 가치투자의 균형을 적절히 맞춰 현금흐름을 원활히 해 투자금이 끊이지 않게 만든 다음, 돈을 안전하게 지키며 계속해서 불리는 투자를 이어나가야 한다.

아마도 이 책을 처음 보거나 기본적인 아파트 투자만 경험한 분들은 가격투자를 시작하는 것 자체가 어렵게 느껴져 두 가지를 동시에 하기에 무리가 있을 것이다. 하지만 '만드는 돈'과 '불리는 돈'의 기술을 각각 익혀두지 않으면 계속되는 시장의 변화에 적응하지 못해 어느새 투자를 포기하게 될 것이다.

늘 수익 내는 부동산 투자에는 전문가의 전망이 필요 없다

만약 여러분이 과일장사를 한다고 할 때 수박 한 종류만 판매한다면 한철 과일이라 여름이 지나면 더 이상 판매하기 힘들 것이다. 그러니 과일을 팔아서 생업을 유지해야 한다면 한철 과일인 수박만 파는 게 아니라 사시사철 팔 수 있도록 많은 종류의 과일을 판매해야 할 것이다.

| 계절의 한계가 있는 한철 장사 | 사시사철 할 수 있는 장사

부동산 투자 또한 이와 마찬가지다. 한 가지 투자방법이 아닌 다양한 각도에서 투자방법을 연구하고 경험해 내 것으로 만들어야만, 중간중간 무수한 돌발요소가 생기더라도 수익을 실현하는 투자를 지속할 수 있을 것이다.

10명 중 7명 "주택 매매·전세가격 모두 '하락' 전망"
기준금리 인상에 전문가들, 부동산 시장 '위축불가' vs '영향 미미'

새로운 한 해가 밝으면 자칭 부동산 전문가라는 사람들이 너도나도 그 해 부동산 시장 전망을 내놓는다. 어떤 전문가는 시장이 좋지 않아 가격이 내릴 거라고 하고 어떤 전문가는 그래도 부동산 가격은 오를 거라고 상반된 주장을 펼치기도 한다. 그러나 이런 말뿐인 전문가와 관계없이 여러분은 항상 투자로 돈을 벌 수 있는 사람이 되어야 한다. 투자로 돈을 벌 수 있는 사람인지 알아보는 방법은 간단하다. 전망만 하는 사람이 아니라, 실제로 투자하여 계속해서 경험을 쌓아 지속적으로 수익을 내는 사람이 돈을 벌 수 있는 사람이다.

아무리 경기가 좋지 않고 부동산 가격이 하락한다고 해도 부동산 투자로 돈을 버는 방법은 항상 있다. 나는 그 투자경험을 이 책을 통해 알려드리고자 한다.

엠제이 코멘트

근로소득으로 돈을 벌되, 근로자로 너무 오래 머물지는 마라

나는 경제경영 분야나 투자(부동산/경매)에 관련된 책이 출간되면 꼭 사서 읽어보는 습관이 있다. 그 중에서 《돈 공부는 처음이라》라는 책을 읽으며 공감되는 부분이 있어 잠깐 소개하고자 한다. "근로소득은 사업소득과 자본소득의 뿌리가 된다. 하지만 너무 오랫동안 근로자로 멈춰서는 안 된다."라는 내용인데, 이 내용처럼 시작은 근로자로 근로소득을 받되 어느 정도 시간이 지난 후 근로자로서 돈의 한계를 느끼는 시점이 올 것이다. 그때부터는 노동이 아닌 자본으로 돈을 벌 수 있는 투자와 사업을 시작해야 하며 그 시기가 오기 전에 미리 투자 공부를 많이 해두어야 할 것이다.

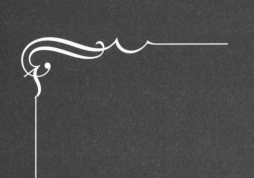

 둘,

돈이 마르지 않는
단기투자&무피투자
&플피투자

08

10일 만에 매도한 예천의 대장아파트 4채

1억 5,000만원 낙찰 → 1억 9,000만원 매도

경매물건 검색하는 법

이제부터는 어떤 물건으로 얼마 만에 수익을 얼마나 냈는지 본격적으로 살펴보자.

나는 경매물건을 검색할 때 첫 번째로는 투자방향을 단기와 장기로 나누고, 그다음으로는 이 물건에 대한 순투자금/리스크/기간/수익률의 4가지 사항을 세부적으로 검토한다. 몇 가지 기준에 적합해야만 투자를 결정하는데, 가장 먼저 검토하는 '단기'와 '장기'의 기준을 살펴보자.

낮은 가격에 낙찰받아 높은 가격에 매도해 수익을 내는 게 가장 이상적인 경매투자 방법이지만, 다들 좋은 물건으로 생각하는 대단지에 입지 좋은 아파트의 경우 경쟁률이 높아 저가 매입 자체가 불가능하다. 따라서 현금을 만들어내는 단기투자보다는 길게 묻어놓는 장기투자(가치투자)가 알맞다는 결론이 난다.

경·공매 단기투자의 경우 물건이 좋고 나쁜 겉모습이 아닌, 내가 이 물건에 얼마를 투자하고 얼마 만에 매도해 안전하게 얼마를 벌 수 있느냐가 중요하다.

즉, 필요시 바로 돈으로 바꿀 수 있는 물건인지 분석하는 것이 관건이다.

신탁공매의 '권리 인수'를 이용해 기회를 잡아라

이 투자사례는 지방 신축 미분양 아파트 4채를 2021년에 신탁공매를 활용해 낙찰받았던 건이다. 낙찰금액 1억 5,000만원 중 실제 투자금은 3,000만원이었다. 4채를 합산해 따져보면 1억 2,000만원을 투자해 6개월 만에 1억 6,000만원(약 130%)의 수익을 낸 셈이다. 상대적으로 난이도가 높은 신탁공매를 활용해 얼마든지 단기투자를 할 수 있음을 보여주는 사례라고 할 수 있다.

신탁공매는 일반적인 공매(압류재산)물건과 상이하게 말소주의가 아닌 인수주의를 택하고 있다. 따라서 자산관리공사를 통해 매각하지만 신탁사와 낙찰자의 일반매매거래 방식으로 진행되어 등기사항에 설정된 각종 권리가 소멸되지 않고 낙찰자에게 모두 인수된다. 이런 권리상의 난이도 부분 때문에 초보투자자의 입찰이 제한되어 경쟁률이 크게 높지 않은 것이 장점이다. 내가 이제껏 낙찰받았던 신탁공매물건은 거의 다 단독낙찰이었던 만큼, 권리분석과 물건분석만 잘할 수 있다면 신탁공매 또한 수익을 낼 기회를 주는 좋은 투자전략이 될 수 있다는 점을 기억할 필요가 있다.

경상북도 예천은 인구 약 5만 5,000명의 소도시로 인근의 인구 16만명인 도시 경북 안동의 영향을 받는다. 경북지역의 부동산 가격이 2021년부터 상승하기 시작하면서 업계에 신축아파트 거래가 활성화될 거라는 기대감이 형성되었다. 예천읍 양궁로에 위치한 이 공매 물건은 예천에서 가장 중심지의 대장아파트지만 미분양된 신축아파트였다. 근처 부동산 중개업소에 문의한 결과 거

| 물건정보 | 입찰이력 | | 해당공고 보기 | 해당공고물건 보기 |

물건관리번호 : 2021-0900-▨▨▨▨   물건상태 : 낙찰   공고일자 : 2021-09-27   조회수 : 111

[주거용건물 / 아파트]
경상북도 예천군   **104동 1005호**(▨▨▨▨▨)

[일반공고] [매각] [인터넷] [기타일반재산] [일반경쟁] [최고가방식] [총액]

처분방식 / 자산구분	매각 / 기타일반재산
용도	아파트
면적	토지 - / 건물 73.12㎡
감정평가금액	205,000,000원
입찰방식	일반경쟁(최고가방식) / 총액
입찰기간 (회차/차수)	2021-10-28 10:00 ~ 2021-11-02 17:00 (4/1)
유찰횟수	3 회
집행기관	우리자산신탁 주식회사
담당자정보	3부부3팀 / 김경호 / 02-6202-5205

[사진] [360°] [지도] [지적도]
[위치도] [감정평가서]

[입찰유형]
☐ 전자보증서가능   ☐ 공동입찰가능
☑ 2회 이상 입찰가능   ☐ 대리입찰가능
☐ 2인 미만 유찰여부   ☐ 공유자 여부

최저입찰가 (예정금액)	**149,445,000**원

1억 5,000만원 낙찰 → 1억 9,000만원 매도

부동산(아파트) 매매 계약서

매도인과 매수인 쌍방은 아래 표시 부동산에 관하여 다음 계약 내용과 같이 매매계약을 체결한다.
1. 부동산의 표시

소 재 지	경상북도 예천군 예천읍 남본리 ▨▨▨				제104동 제10층 제1005호		
토 지	지 목	대	면 적	11,1736 ㎡	대지권종류	소유권	대지권비율	11173.6분의38.2221
건 물	구 조	철근콘크리트구조		용 도	아파트		면 적	73.12 ㎡

2. 계약내용
제1조 [목적] 위 부동산의 매매에 대하여 매도인과 매수인은 합의에 의하여 매매대금을 아래와 같이 지불하기로 한다.

매매대금	금 일억구천이백만(₩192,000,000)원정	
계약금	금 일천구백이십만(₩19,200,000)원정	은 계약시에 지불하고 영수함 ※영수자
잔 금	금 일억칠천이백팔십만(₩172,800,000)원정	은 2022년 02월 03일에 지불한다

제2조 [소유권 이전 등] 매도인은 매매대금의 잔금 수령과 동시에 매수인에게 소유권 이전등기에 필요한 모든 서류를 교부하고 등기절차에 협력 하여야 하며, 위 부동산의 인도일은 2022년 02월 03일 로 한다.
제3조 [제한물권 등의 소멸] 매도인은 위 부동산에 설정된 저당권, 지상권, 임차권 등 소유권의 행사를 제한하는 사유가 있거나 제세공과금 기타 부담금의 미납 등이 있을 때에는 잔금 수수일까지 그 권리의 하자 및 부담 등을 제거하여 완전한 소유권을 매수인에게 이전한다. 다만, 승계하기로 합의하는 권리 및 금액은 그러하지 아니하다.

| 실투자금 3,000만원으로 10일 만에 4,000만원 수익 완료!

래가격이 경쟁력 있다면 원활히 매도할 수 있을 것으로 판단해, 10개 물건 중 라인이 좋은 4개의 공매 물건을 낙찰받았다.

▶ 신축이고 공실이었기에 명도는 간단했다. 낙찰 후 다음 날 명도를 완료하고 바로 매물로 내놓았는데 가장 빠른 계약이 10일 만에 이루어졌다. 나머지 3채도 6개월 내로 비슷한 가격에 매도했다. 낙찰가는 1억 5,000만원, 매도가는 약 1억 9,000만원으로 한 채당 대략 4,000만원의 수익을 실현했다. 대출을 제외한 순투자금은 한 채당 약 3,000만원이었기 때문에 수익 4,000만원을 생각하면 단기간 투자금 대비 100% 이상 수익을 만들어낸 훌륭한 단기투자였다고 생각한다.

> "투자를 할 때는 지속적으로 돈을 만들어주는 가격투자와 돈을 불려주는 가치투자, 이 두 가지를 병행해야 합니다."
>
> "모든 투자에서는 매수와 매도를 통해 수익이 발생합니다. 즉, 많이 사고팔아본 사람이 다시 수익을 내기 쉽고 투자를 더 잘할 수밖에 없습니다."

내가 운영하는 네이버카페 '엠제이 경매스쿨'에 올린 가격투자와 가치투자에 대한 글이다. 이 글을 올린 2021년 당시에도 정부가 규제를 시행했기에 부동산 시장에서는 불확실성이 높아졌지만, 내가 세운 투자전략을 지키기만 한다면 경매투자로 수익을 내는 데는 여전히 문제가 없었다. 만약 본인의 투자가 불안하다고 생각된다면 자신만의 투자원칙과 투자전략을 정립하지 못한 건 아닌지 생각해보자.

09

아무도 관심없는 지방 빌라 3채로
3개월 만에 1억원 벌기

1억 1,000만원 낙찰 → 1억 4,500만원 전세

미분양 빌라의 투자 포인트

경남 마산의 신축 미분양빌라 사례를 소개한다. 이 투자사례는 낙찰 후 수익 실현까지 3개월 안에 마무리한 플피투자 사례다. 미분양빌라와 경매를 활용해 7,000만원의 투자금으로 3개월에 1억원이라는 놀라운 수익을 실현한 사례다. 아파트가 아닌 빌라인 만큼 다소 난이도가 있었지만 경쟁률이 높지 않은 틈새시장이라 투자 수익이 매우 컸다.

2021년 12월 이 물건의 감정가는 2억 400만원이었으나 50% 유찰되어 절반가격인 1억 1,000만원까지 유찰됐다. 최초 분양가격은 대략 2억원이었는데 부동산 경기가 안 좋아지면서 저층 위주로 미분양이 많이 발생한 상황이었다. 입찰 전 현장조사로 전 호실이 공실임을 확인했고, 4개 호수에 입찰해 3개 호수를 단독으로 낙찰받았다. 부동산 중개업소 현장조사 때 '현재는 시기가 좋지 않아 매매는 잘 안되지만, 전세는 물건이 없어 바로 가능할 것'이라는 확답을 받았기에 당장은 수요자가 많은 전세로 세팅하기로 계획하고 낙찰받았다.

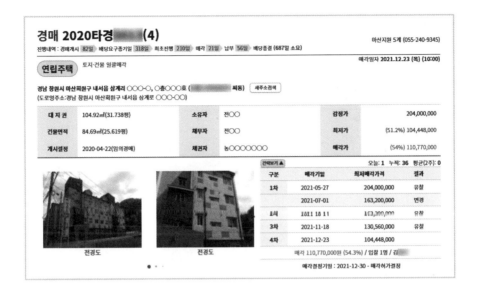

경매 2020타경 ████ (4)

진행내역 : 경매개시 82일 | 배당요구종기일 318일 | 최초진행 210일 | 매각 21일 | 납부 56일 | 배당종결 (687일 소요)

마산지원 5계 (055-240-9345)

매각일자 2021.12.23 (목) (10:00)

연립주택 토지·건물 일괄매각

경남 창원시 마산회원구 내서읍 삼계리 ○○○-○, ○층○○○호 (████ 씨동) 새주소검색
(도로명주소:경남 창원시 마산회원구 내서읍 삼계로 ○○○-○○)

대 지 권	104.92㎡(31.738평)	소유자	전○○	감정가	204,000,000
건물면적	84.69㎡(25.619평)	채무자	전○○	최저가	(51.2%) 104,448,000
개시결정	2020-04-22(임의경매)	채권자	농○○○○○○	매각가	(54%) 110,770,000

건략보기 ▲

오늘: 1 누적: 36 평균(2주): 0

구분	매각기일	최저매각가격	결과
1차	2021-05-27	204,000,000	유찰
	2021-07-01	163,200,000	변경
2차	2011 10 11	163,200,000	유찰
3차	2021-11-18	130,560,000	유찰
4차	2021-12-23	104,448,000	

매각 110,770,000원 (54.3%) / 입찰 1명 / 김████

매각결정기일 : 2021-12-30 - 매각허가결정

전경도   전경도

낙찰 후 플피수익(1채당 3,500만 원×3=1억 500만 원)으로 현금흐름을 만들었고, 2년 후 이 지역 부동산 시장이 정상화되면 다시 정상가격(1채당 1억 7,000만 원 대)으로 매도할 계획이다.

　이 사례의 빌라 경매물건에 투자한 이유는 당시 창원에 비해 저평가되어 있던 마산의 부동산 상승이 이제 막 시작된 것을 포착했기 때문이다. 또한 낙찰 물건지인 내서읍 삼계리는 마산의 외곽지라 하락폭이 더욱 컸기에, 시간이 지나면서 주변 지역과 키를 맞추며 하락 전 가격으로 회복할 거라 생각한 것도 이 물건에 투자한 이유였다.

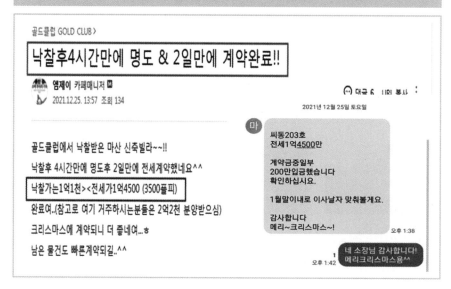

| 2021년 크리스마스에 전세계약을 했던 문자 내용이다. 투자에는 연휴가 없다.^^

    입찰 전 현장조사 당시 공실이라는 정보를 입수하고 낙찰 이후 해당 물건 관리소장님과 동행해 4시간 만에 전 호실 명도를 완료했다. 그리고 현장조사 당시 연락했던 부동산 중개업소에 임대를 놓겠다고 전화를 돌려 낙찰 후 이틀 만에 전세 계약을 완료했다.

▶ 정리하면 이 물건의 실투자금은 낙찰가 1억 1,000만원(1억 500만원+제경비)에서 대출을 제외한 2,300만원이었다. 1억 4,500만원에 임대해 3,500만원의 현금흐름이 발생했고, 3개 물건을 함께 진행했으니 실투자금 6,900만원으로 이틀 만에 현금흐름 1억 500만원을 만들어 낸 것이다. 투자금 대비 약 150%의 플피수익을 낸 사례였다.

10

현금이 마르지 않는
투자의 4가지 결정 포인트

부동산 투자에서는 번 돈을 지키는 것이 버는 것 못지않게 중요하다. 많은 투자자가 항상 수익과 손실을 반복한다. 보통 수익과 손실이 8:2 정도면 괜찮지만, 손실이 5:5 정도로 커지면 장기적으로 투자를 이어갈 가능성이 거의 없어진다고 볼 수 있다.

앞에서 경매물건을 검색할 때 첫 번째로는 단기와 장기로 나누고, 그다음으로는 이 물건에 대한 순투자금/리스크/기간/수익률의 4가지 사항을 세부적으로 검토한다고 했다. 지금부터 부동산 투자결정에 영향을 미치는 4가지 요인을 살펴보자.

부동산 투자결정 4가지 요인

1. 리스크(매수 수요)　　　　2. 투자금(레버리지)
3. 기간(임대 및 매도)　　　　4. 수익률(실투자금 대비)

---

1 | 리스크 → 팔려야 한다

부동산 투자를 결정하기 위한 첫 번째 검토사항은 해당 물건의 리스크다. 사전에 위험을 최대한 방지하기 위해서인데 내가 생각하는 가장 큰 리스크는 물건이 팔리지 않는 것, 즉 매수수요가 부족해 거래가 불가능한 것이다. 매수수요가 가장 많은 것은 아무래도 주거용 부동산이고, 내가 투자한 물건 역시 주거용 부동산 투자 비율이 대략 90% 이상이었다. 수요가 상대적으로 부족한 비주거용 부동산은 가격이 정말 저렴해 큰 수익이 예상되지 않는 이상 빠르게 투자를 포기했다.

2 | 투자금 → 투자금이 적어야 한다

부동산 투자를 결정하기 위한 두 번째 검토사항은 해당 물건에 필요한 실투자금이다. 나는 레버리지(은행과 임차인)를 최대한 활용해 최소 투자금으로 최고 수익을 올리는 데 투자목적을 둔다. 그러려면 낙찰 후 은행에 이야기해서 어떻게든 레버리지를 일으켜야 한다. 금리에 관계없이 대출을 받는 것 자체가 중요하며, 이를 위해서는 지방의 많은 은행들과 협의해야 한다.

3 | 기간 → 빠르게 매도 또는 임대해야 한다

부동산 투자를 결정하기 위한 세 번째 검토사항은 임대 및 매매를 완료하는 데 걸리는 기간(명도기간 포함)이다. 투자의 마무리 단계라고 할 수 있다. 개인적으로 나는 낙찰받는 순간과 매도하면서 가계약금 문자를 확인할 때 가장 큰 희열을 느낀다. 현금이 마르지 않는 투자에서는 임대/매도 기간이 짧을수록 수익률이 올라가고 기간이 길어질수록 수익률이 떨어진다. 임대와 매도에 소요되는 기간을 최대한 줄여 같은 기간 내에 투자 횟수를 늘리는 게 중요하다.

4 | 수익률 → 실투자금 대비 수익률이 30% 이상이어야 한다

부동산 투자를 결정하기 위한 네 번째 검토사항은 실투자금 대비 수익률이다. 내가 추구하는 투자는 실투자금 대비 6개월(낙찰부터 매도까지 걸리는 평균 기간) 안에 수익률을 30% 이상 올리는 것이다.

부동산 시장을 통상 5년 주기로 해석하는 전문가들이 많은데, 부동산 가격은 수급 및 정부 정책 등 여러 가지 요인으로 인해 상승과 하락을 반복한다. 가장 좋은 투자는 부동산 가격이 상승하기 이전에 매입하고 하락하기 이전에 매도하는 선진입 투자로 볼 수 있으나 신이 아닌 이상 정확한 매수타이밍을 잡기는 쉽지 않다.

그러다 보니 직장인, 주부 그 외 투자 경험이 많지 않은 초보투자자들은 각종 부동산 강의나 단톡방을 통해 투자지역 및 물건을 추천받아 매수하거나, 진입 시기가 늦어 가격상승이 일어난 이후 비싼 가격에 추격 매수하는 경우가 많다. 이 경우 더 이상 가격이 오르지 않아 수익 실현이 불가능하며 매도 또한 불가능해 적절한 시기를 놓쳐 하락장까지 보유하는 일이 허다하다. 이런 실수를 하지 않기 위해서는 전국 부동산 시장을 폭넓게 이해해아 한다. 부동산 투지를 오래 할 계획이라면, 시간이 걸리더라도 전문가에게 의존하지 않고 본인의 판단으로 투자할 수 있는 실력을 키워야 한다.

11

지역별·종목별 키맞추기 현상 개념정복

    부동산 시장이 본격적으로 상승장에 접어들면 통상 큰 도시의 가격상승 흐름이 작은 도시로 번지는 현상이 생기는데, 마치 물이 높은 곳에서 낮은 곳으로 흐르는 것과 비슷한 원리라고 할 수 있다.

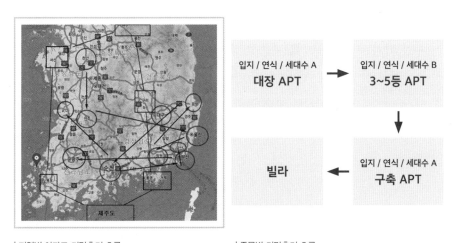

| 지역별 아파트 키맞추기 흐름 | 종목별 키맞추기 흐름

2019년부터 시작된 일부지역의 대장아파트 가격상승을 살펴보면, 가장 파급력이 세고 인구가 많은 지역부터 각 지역의 대장아파트 가격이 키를 맞춰나 갔음을 알 수 있다.

> **지역별 키맞추기**
> 수도권 → 광역시 → 그 외 인구 80만~100만명 도시 → 50만, 30만, 20만, 10만명 도시

이를 통해서 우리가 알아야 할 점은 1등 지역(고인구)의 아파트 가격이 상승하면, 똑같은 비율은 아닐지라도 100등 지역(저인구)의 아파트 가격도 결국은 상승한다는 사실이다. 예를 들어 서울 아파트 가격이 오르면 부산 아파트 가격이 오르고, 부산 아파트 가격이 오르면 대구 아파트 가격이 오르는 식으로 지역별로 키를 맞춘다.

> 이 시기의 특이한 점은 지방 아파트 가격이 2015년부터 2019년까지 5년 동안 하락한 후 회복되는 과정에서, 수도권 아파트 가격이 상승하는 시기와 맞닿아 수도권 아파트와 동시에 가격이 회복 및 상승하는 현상이 발생했다는 점이다.

부산 아파트 가격이 오를 때는 가장 먼저 해운대 아파트 가격이 상승한 후 인근 수영구/남구/동래구 아파트가 따라서 상승한다. 그 후 입지가 좋은 대단지 아파트와 그 지역 인근의 주변 아파트까지 가격이 상승하는 패턴을 보인다. 도시의 각 구별 아파트 가격이 키를 맞춘 후 다음, 종목별 가격에 키맞춤이 일어난다.

> **종목별 키맞추기**
> 아파트[신축 대장급(5년 차 → 10년 차 → 구축)] → 나홀로아파트
> → 빌라 → 오피스텔 → 주택

즉, 상승장에서 아파트 가격은 먼저 지역별로 키맞춤을 한 후, 그다음으로 도시별로 키를 맞추고, 마지막으로 종목별로 키를 맞춘다.

부산과 울산, 광주의 아파트 가격상승 그래프를 한번 살펴보자.

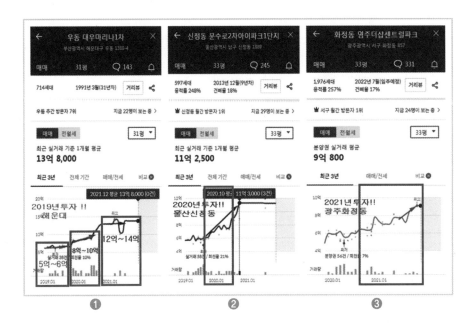

① 2019년 부산의 해운대 우동 대우마리나 가격상승, 세 지역 중 가장 먼저 상승했다.

② 2020년 하반기 울산의 문수로아이파크 가격상승, 1년 뒤 부산 해운대 아파트의 상승폭을 맞춰나갔다.

③ 2021년 하반기 광주 염주더샵센트럴파크 가격상승

이것을 보고 깨달아야 할 것은 무엇일까? 정답은 각 도시별로 투자진입 타이밍이 다르다는 것이다. 예를 들어 부산에 투자해야 할 타이밍에 울산에 먼저 투자하면 아직 상승흐름이 오지 않아 전세가가 낮아서 투자금이 많이 들어갈 수밖에 없다. 또한 울산에 투자해야 할 타이밍에 부산에 투자하면 상승 전반부가 아닌 상승 후반부에 들어가 이미 많이 오른 가격 리스크를 안고 투자해야 한다.

엠제이 코멘트

위기에 투자하는 기초 스터디와 '모두의 운명을 바꿀 부동산 하락의 날'

위기에 투자하는 기초 스터디와 '모두의 운명을 바꿀 부동산 하락의 날'

2019년 1월 17일에 있었던 엠제이 경매스쿨 31기 기초 스터디의 메인 제목이다. 경매기초수업을 개강하면서 나는 부산/대구/서울 등으로 다니며 이 주제로 하락장 경매투자 강의를 시작했다. 강의의 핵심은 2019년 심리가 얼어붙어 모든 사람이 부동산에 투자하지 않을 때, 이와 반대로 아무도 관심을 갖지 않아 더욱더 바닥 지점인 지방 부동산(아파트, 빌라) 경매물건들에 투자해야 한다는 것이었다. 투자전략은 2019년부터 최저가(바닥)에 낙찰받아 2~4년간 회복기를 거친 뒤 최고가(어깨)에 매도하는 것이었다.

이 시기에 내 강의를 들은 많은 수강생이 당시 지방 부동산에 투자해도 괜찮을지 걱정하며, 투자경험이 없던 탓이 지방 부동산 가격은 절대 오르지 않는다고 판단해 대부분 투자하지 못했던 기억이 난다. 이 책을 통해 부동산으로 부를 축적하는 방법을 익히는 동시에 지방 부동산에 대한 이해도 한껏 높였으면 하는 바람이다.

12

창원 나홀로아파트 키맞추기 투자법

1억 8,200만원 낙찰 → 2억 7,000만원 전세

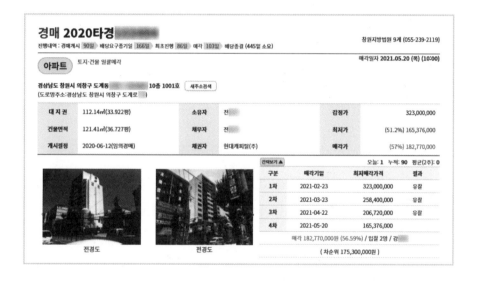

2020년 창원시 의창구에 위치한 48평형 아파트를 감정가 3억 2,000만원에서 4차례 유찰된 1억 8,200만원에 낙찰받았다. 이 당시 창원시 성산구/의창구는 규제지역이어서 담보 대출이 제한되고 취득세가 중과되어 이 지역에 투

자할 때 대부분의 사람들이 웬만하면 똘똘한 한 채, 즉 가장 좋은 신축아파트에 투자하려고 했다. 그래서 대단지가 아닌 나홀로아파트의 경우 경쟁이 거의 없었고 가격이 많이 떨어져도 사려는 사람이 나타나지 않아 저가 매입의 기회가 많았다.

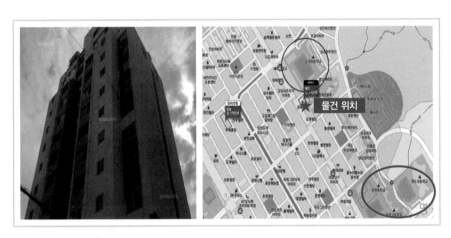

| 오래된 구축아파트지만, 학군 및 입지는 최고다.

　구축아파트지만 지도를 보면 옆에 도계초등학교가 있고 아파트 앞쪽으로 주요상권이 형성되어 도계동 원도심에서는 최고의 입지라고 볼 수 있었다. 그리고 반경 5km 떨어진 곳에 신도시 유니시티라는 4,000세대 대단지 아파트가 분양가(4억원) 대비 5억원 이상 상승한 점을 고려했다(2022년 시세 10억원). 유니시티와 비교하면 감정가 3억 2,000만원에 비춰봤을 때 1억 8,000만원에 낙찰받아도 2년 뒤 충분히 제가격으로 회복 가능할 것으로 예상됐다.
▶ 반값인 1억 8,200만원에 낙찰받고 시장 분위기를 다시 살펴보니 매매수요보다는 전세수요가 많았다. 아직 매매가가 회복되지 않은 상황임을 고려해 전

부동산(아파트) 전세 계약서

임대인과 임차인 쌍방은 아래 표시 부동산에 관하여 다음 계약 내용과 같이 임대차계약을 체결한다.

1. 부동산의 표시

소 재 지	경남 창원시 의창구 도계동			제10층 1001호					
토 지	지 목	대	면 적	1058.9 ㎡	대지권종류	소유권	대지권비율	106490분의3531	
건 물	구 조	철근콘크리트구조			용 도	공동주택(아파트)	면 적	121.41 ㎡	
임대할부분	1001호 전체						면 적	121.41 ㎡	

2. 계약내용

제1조 [목적] 위 부동산의 임대차에 한하여 임대인과 임차인은 합의에 의하여 임차보증금 및 차임을 아래와 같이 지불하기로 한다.

보 증 금	금 이억칠천만(₩270,000,000)원정	
계 약 금	금 일천칠백만(₩17,000,000)원정	은 계약시에 지불하고 영수함 ※영수자
잔 금	금 이억오천삼백만(₩253,000,000)원정	은 2022년 02월 04일에 지불한다

제2조 [존속기간] 임대인은 위 부동산을 임대차 목적대로 사용할 수 있는 상태로 2022년02월04일 까지 임차인에게 인도하여, 임대차 기간은 인도일로부터 2024년02월04일(24개월) 까지로 한다.

제3조 [용도변경 및 전대 등] 임차인은 임대인의 동의없이 위 부동산의 용도나 구조를 변경하거나 전대, 임차권 양도 또는 담보제공을 하지 못하며 임대차 목적 이외의 용도로 사용할 수 없다.

| 실투자금 5,000만원으로 5개월 만에 9,000만원 수익 완료!

세가를 2억 7,000만원으로 최대한 올린 후 신규임차인과 전세로 계약해 전세금 차액으로만 9,000만원의 수익을 얻었다. 양도세 없는 최고의 플피투자 수익, 즉 현금흐름을 만든 것이다.

엠제이 코멘트

싸게 사면 마음 편히 투자할 수 있다

내가 지난 12년간 부동산 투자를 하며 가장 뼈저리게 느낀 교훈은 어떤 상황에서도 최대한 싸게 사려고 노력해야 한다는 것이다. 불타오르는 상승기에 욕심을 부려 추격매수를 한다든가, 큰 분석 없이 많은 수의 부동산을 구입했다가는 결국 하락장에 큰 손해를 입게 된다는 걸 많은 경험을 통해 깨닫게 되었다. 그래서 지금은 상승장과 하락장에 관계없이 더 빨리 선진입해 저가로 매입하든지, 아니면 경·공매를 활용해 매수시점에 수익이 최대한 확실히 보장되는 가격에만 매수하고 있다. 이렇게 '저가매입'이라는 투자원칙을 확실히 세우고 나니 보유한 부동산의 수가 많아도 수익은 커지는 반면 손실은 더 줄어들어 이때부터 더 마음 편히 투자를 이어나가게 되었다.

13

1등을 못 사면 10등을 사라!
제주도 빌라 단기투자

2억 500만원 낙찰 → 2억 6,000만원 매도

    실력 있는 부동산 투자자라면 2020년 제주도가 전국 부동산 상승의 마지막 투자처라는 것을 알았을 것이다. 시간을 거슬러 2013년으로 돌아가보면 제주도에 중국 투자자들이 유입되면서 제주도 토지 가격이 10배 이상 상승했다. 당시에는 대한민국 사람들 모두가 제주도에 아파트 또는 토지를 소유하고 싶어 하는 로망이 있을 정도로 제주도 부동산 시장의 열기는 뜨거웠다.

    그러나 2015년 후반부터 중국 투자자들이 제주 물건을 처분하며 가격이 빠지기 시작했고, 엎친 데 덮친 격으로 입주물량이 큰 폭으로 증가해 유례없는 긴 하락장이 시작되었다. 하락은 2016~2021년까지 근 6년간 지속되었다. 나는 2017년 제주도 부동산에 투자해 실패한 경험이 있는데(입주물량 과다로 인한 가격하락) 그 경험을 토대로 2018년부터 다시 제주도 부동산을 공부했고, 결과적으로 20219년부터 바닥 가격에서 경매로 제주도 부동산을 대량 매입할 수 있었다.

    2021년 7월, 제주도 대장아파트 노형동 아이파크의 매물이 없어 호가가 2억원 이상 올랐다. 1등의 가격이 상승하기 시작하면 남은 2~10등까지 모두 투자 대상이 될 수 있다는 점을 알아야 한다. 2등은 가격 상승 속도가 빠른 반면 투자금이 많이 들지만, 반대로 마지막 투자물건인 10등은 가격상승 속도가 느려 아직 상승이 일어나지 않은 최저점에 매입이 가능하다.

2021년 3월, 타 지방의 아파트 가격이 많이 상승한 데 비해 제주 아파트 가격은 미세한 상승 움직임을 보이는 상황이라 하위종목인 빌라는 아직 가격이 움직이지 않는 시기였다. 마친 노형동에 있는 빌라 1층이 경매에 나왔는데, 감정가는 2억 8,000만원이었지만 최저가가 2억원까지 떨어져 가격 메리트가 있어 보였다. 노형동 인근 아파트 매물이 소진되며 호가가 올라가는 걸 봐서는 머지않아 빌라 거래 또한 활성화될 것으로 예측하고, 최저가 2억원에 500만원을 더 적은 2억 500만원에 낙찰받았다.

매도를 위해 공실로 둔 뒤 6개월이 지나자 예상대로 매수자들의 심리가 조금씩 살아나 1층을 희망하는 매수자에게 매도했다. 이때 매도가격은 2억 6,000만원으로 6개월 만에 약 5,000만원의 매도차익을 얻었다. 이처럼 어떤 지역에 가격상승이 일어날 때 상대적으로 인기가 없는 하위 종목을 잘 활용한다면 더 많은 투자기회가 생기고, 이것이 좋은 수익으로 연결될 수 있다는 것을 이 투자사례를 통해 잘 알 수 있다.

2억 500만원 낙찰 → 2억 6,000만원 매도

| 실투자금 5,000만원으로 6개월 만에 6,000만원 수익 완료!

14

3,500만원 포항 구축빌라, 재개발 구역에 편입

3,500만원 낙찰 → 1억 2,000만원 매도

경북 부동산 시장이 바닥을 찍다 분양권을 중심으로 서서히 회복을 시작하던 2019년 12월, 포항시 북구 죽도동에 무척 낡고 오래된 빌라가 경매로 나왔다. 포항은 경상북도의 대장 도시로서 2015년까지 상승을 이어오다, 입주물

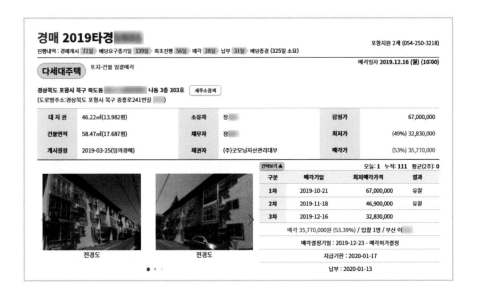

량 과다와 지진 그리고 포항 대표기업인 <u>포스코의 부진으로</u> 대략 4~5년간 가격이 하락했다. 2019년까지도 포항 아파트 투자에 아무도 관심을 가지지 않은데다, 아파트가 아닌 빌라다 보니 아무도 입찰할 생각을 안 한 듯했다.

외관은 오래됐지만 위치를 보니 주변 입지가 좋고 연식도 오래된 데다 층수도 낮아 감정가 6,700만원에서 최저가 3,200만원까지 가격이 내려가 3,577만원에 입찰해 낙찰받았다.

그러던 중 2020년부터 포항의 대장아파트인 포항 자이 분양권 가격이 프리미엄 없는 무피에서 갑자기 급상승해 프리미엄이 1억원씩 붙기 시작하더니 마침내 2억~3억원 정도 상승하며 그 주변 2~3등 아파트 가격을 끌어올리기 시작했다. 지역 내 대장아파트(분양권 등)의 가격이 상승하기 시작할 때 상승 속도가 빠른 2~3등 아파트에 투자하는 투자자들이 많지만, 아무래도 상승 속도가 느린 9~10등 부동산을 싸게 살 수 있는 기회가 더 많다.

그렇게 포항 전체의 아파트 가격이 급격히 상승하자 입지 좋고 연식 오래되고 층이 낮은 연립들 위주로 재개발을 추진하는 동네들이 생겨났다. 2019년 3,500만원에 낙찰받았던 빌라가 죽도4구역 재개발 지역에 편입되면서 투자자들이 진입했고, 2021년 3월 1억 2,000만원에 매도해 약 8,000만원의 수익을 달성하게 되었다.

| 2020년 초부터 오르기 시작한 포항 대장아파트 입주권 가격

이 사례를 통해 반등장에서는 투자종목 중에서 1등을 따라가는 2~3등(준신축) 투자도 나쁘지 않지만, 투자금이 적게 들거나 아예 들지 않는 9~10등 투자를 병행하면 한정된 투자금으로 큰 수익을 올릴 수 있는 기회가 더욱더 많아진다는 걸 알 수 있다. 그리고 무엇보다 9~10등인 데다 경매를 통해 시세 대비 최고로 낮은 가격에 매입이 가능해 리스크인 위험요소를 최소화할 수 있다는 장점이 있다.

셋,

규제와 심리를 활용한
역발상 투자

15

역전세 시장 대비하기

부동산 가격이 크게 상승한 뒤에는 가격 피로감이 겹쳐 본격적으로 하락하는 경우가 많았다. 2022년 부동산 상승세가 주춤하며 본격적인 하락장이 시작되었다. 지난 3년간 가격이 너무 많이 상승한 것이 가장 큰 하락 원인이고 여기에 금리인상·매수심리 하락·가격 피로감까지 더해진 결과로 보인다. 상승곡선이 하락곡선으로 바뀌는 것은 부동산 흐름의 자연스러운 이치이며 투자자에게는 그 시기와 기간이 중요한 타이밍일 것이다.

2018년 역전세 시장, 어떻게 극복했나

2017년에도 많은 부동산 투자자가 아파트 갭투자를 이어갔는데, 이때 2억 원의 투자금을 쪼개 아파트 24채에 투자한 일명 부동산 갭투자 사례들이 뉴스에 소개되기도 했다. 이렇듯 무분별한 투자사례의 영향으로 많은 초보투자자가 갭투자의 길로 들어섰지만 그해 상반기부터 부동산 가격이 하락하면서 결

국 갭투자자들은 역전세 시장을 맞이하게 되었고, 기대했던 투자수익도 한순간의 꿈이 되어 사라져버렸다.

| 전국 기간별 수요/입주 |

| 2015~2018년까지 이어진 공급과다로 2년 전보다 전세가가 하락하는 역전세 현상이 2020년까지 계속되었다.

  2018년은 지방 부동산 가격이 하락하며 나 또한 역전세를 피할 수 없던 시기였다. 이때는 어느 정도 금액을 손해 보고 급매하려고 해도 매매 자체가 되

지 않았으며 전세가격도 동반 하락해 투자자로서 매우 힘들었던 시기였는데, 그나마 지금에 비해 물건 보유개수가 적고 대출이 가능했던 시기라 대출을 활용해 올전세가 아닌 반전세를 놓아 손실분을 최소화할 수 있었다. 예를 들어 매매가격 2억 2,000만원, 전세가격 2억원이었던 물건가격이 하락하여 전세가격이 1억 5,000만원까지 내려갔을 때 전세를 놓게 되면 당장 5,000만원의 손실이 발생한다. 그래서 올전세 대신 70%의 담보대출(1억 5,000만원)을 받은 후 보증금 4,000만원/월 30만원(보증금을 높이고 월세를 최대한 낮췄다)으로 반전세로 계약하여 당장 나가는 손실을 최소화하고 다음 시장타이밍을 기다렸던 기억이 난다. 이 시기에도 항상 결론은 똑같았는데 경매를 통해 최대한 싸게 매입했던 물건은 어려운 시기가 지나면 수익을 안겨주었지만, 상승 분위기에 올라타 추격 매수했던 물건은 어려운 시기가 지나도 본전 아니면 손실을 주는 결과로 돌아왔다.

투자를 하며 항상 수익을 볼 수는 없다. 어떻게든 손실은 발생한다. 그러나 본인이 손실을 본 이유를 복기하여 같은 실수를 반복하지 않는 투자자가 있는 반면, 손실을 극복하지 못하고 투자시장을 떠나는 투자자도 있다. 모든 투자와 사업은 많은 경험과 실패를 통해 더 단단해지고 커진다. 그러므로 손실을 극복하는 훈련 또한 투자자에게 꼭 필요한 과정이 아닐까 하는 생각이 든다.

2022년 처음 하락장을 맞이하는 투자자의 자세

이번에 부동산 상승장을 처음 겪어본 초보투자자들(2~3년 투자)은 과거의 부동산 하락장을 겪어보지 못했기에 본인이 투자한 아파트 가격이 계속 상승할 것으로 판단했을 것이다. 그런데 많은 이의 예측과 달리 2019년부터 시작된 상승장은 2022년 중반부터 서서히 수그러들어 2022년 하반기에는 본격적인 대세 하락장으로 전환되었다. 그 결과 2023년에 역전세 시장이 다시 꿈틀거리기 시작했다.

부동산은 계속해 움직이는 생물이라서 아파트에 투자한 뒤 시장 상황이 변하면 어쩔 수 없이 2~4년간 보유해야 하는 경우가 생긴다. 그런데 우상향만 기대하던 초보투자자들은 상승에서 하락으로 넘어가는 시기에 대비하지 못하고 역전세를 그대로 맞닥뜨리는 경우가 많다.

나 또한 부동산 보유개수를 평균 200~300채로 유지하다 보니 이번 하락장에서 역전세를 피하지 못했다. 그러나 내가 보유 중인 아파트 중 상당수가 공동주택 공시가격 1억원 이하 구축아파트라 시세의 반값에 구입하여 안전마진이 크고, 지역이 전국에 걸쳐 있다 보니 경남지역에서 전세가격이 내려가면 제주지역에서는 전세가격이 올라가는 등 보유물건 내에서 전세가격의 상승과 하락이 동시에 일어나 다행히 역전세로 인한 금전 손실을 다른 물건의 전세가 상승분으로 맞출 수 있었다.

내가 역전세 시장에서 가장 우려하는 것은 상승장에 물건을 비싸게 매수한 경우다. 예를 들어 하락장에 2억원짜리 물건을 반값인 1억원에 사서 1억 3,000만원에 전세를 냈으나 전세가격이 내려 1억 2,000만원에 전세를 다시 맞추는 경우와 상승장에 2억원짜리 물건을 2억 3,000만원에 매입하여 전세를 2억원에 맞춘 뒤 전세가격이 내려가 1억 8,000만원에 전세를 다시 맞추는 경우는 차원이 다르다. 하락장에서 매입한 전자의 경우는 현재는 전세가격이 내렸지만 부동산 시장이 정상화되면 내렸던 매매가격이 같이 회복되어 안전한 수익창출이 가능하지만, 상승장에서 높은 가격에 매입한 후자의 경우는 다시 상승장이 올 때까지 오랜 기간을 기다려야만 수익은커녕 원금도 겨우 찾을 수 있기 때문이다. 따라서 내가 늘 강조하는 바와 같이 경매투자에서 가장 중요한 것은 매수시작가격이 낮아야 한다는 것이다.

본인이 감당할 수 있는 적절한 기대수익과 절제된 욕심이야말로 이 변화무쌍한 투자시장에서 지속적으로 수익을 얻게 해주는 비결이 아닐까 싶다.

큰 숲을 보는 연습으로
시장흐름 파악하기

부동산 투자자가 시장흐름을 잘 파악하지 못하면 매수 및 매도 타이밍을 잡을 수 없어 항상 불확실한 투자를 이어갈 수밖에 없다. 그러므로 투자를 시작할 때는 무엇보다 큰 숲을 보는 연습을 꾸준히 해 시장흐름을 파악한 후, 부동산 투자 시 하락장에 매수하고 상승장에 매도하는 선진입 투자요령을 계속 공부하고 실행해야 한다.

　　부동산 경매 단기투자의 기적

16

취득세의 벽을 뛰어넘는 단기매도 전략

지금으로부터 3년 전으로 돌아가보자. 2020년 말 전국적으로 아파트 가격 상승이 계속되자 '벼락거지'라는 신조어가 나왔다. "정부를 믿고 집을 안 샀더니 졸지에 집값이 2억~3억원 올라 한순간에 거지 신세가 되었다."라는 한탄이 쏟아져나왔고, 이 시기에 매수심리가 최고조로 바뀌는 현상이 일어났다.

부동산 가격상승을 계속 지켜볼 수 없었던 정부는 특단의 규제들을 내놓기 시작했다. 대표적인 대책이 6.17대책이었는데, 이 대책의 핵심은 수도권 대부분을 조정대상지역으로 지정하고 일부 지역을 투기과열지구로 추가 지정해 조정대상지역 내 부동산의 대출을 규제함으로써 투자를 억제하는 것이었다. 정부는 부동산 거래에 관한 각종 세금(보유세/양도세)을 과도하게 부과해 투자자들의 부동산 시장 진입을 막기 위해 노력했다.

6.17대책에도 불구하고 집값 상승이 멈추지 않자 정부는 초강수 정책을 펼쳤는데, 바로 7.10대책이다. 이 대책의 핵심은 다주택자가 부동산을 취득할 때 최대 12배의 취득세를 부과하는 중과 정책이었다. 이 대책으로 인해 아파트를 2채 이상 소유한

> 참고로 2023년부터 취득세 중과가 완화되어 투자 환경이 다소 유연해졌다.

많은 투자자가 더 이상 투자를 할 수 없다고 판단해 투자를 포기하기도 했다.

취득세율

~2021.8.10		2020.8.11.~2022.12.31			2023.1.1.~		
1주택	주택가액에 따라 1~3%	1주택	주택가액에 따라 1~3%		1주택	주택가액에 따라 1~3%	
2주택		2주택	8%(조정)	1~3%(비조정)	2주택		
3주택		3주택	12%(조정)	8%(비조정)	3주택	6%(조정)	4%(비조정)
4주택 이상	4%	4주택 이상	12%(조정)	12%(비조정)	4주택 이상	6%(조정)	6%(비조정)
법인	1~3%	법인		12%	법인		6%

2020년 8월 10일 이후 조정대상지역 내 규제지역에서 주택구입 시 무주택자와 다주택자의 취득세 격차가 엄청나게 커졌다.

조정대상지역의 공동주택 공시가격이 1억원 이상인 아파트의 낙찰가격이 3억 1,000만원이라고 가정하면 다음과 같이 크게 차이가 난다.

- **무주택자: 취득세 1% 310만원**
- **다주택자 or 법인: 취득세 12%, 약 3,600만원**

따라서 다주택자는 투자를 결정할 때 매입 자체부터 높은 취득세로 인한 리스크를 감수해야 한다. 이 대책으로 본인 명의의 주택이 없는 무주택자의 선택 권한은 커졌지만, 조정대상지역에서는 부동산을 하나 이상 취득하기 힘들어져 2주택자 이상의 경우 사실상 조정대상지역의 아파트를 정상세율로 매입하기가 힘들어졌다. 이때의 투자 환경과 전략은 아래와 같았다.

비규제지역	규제지역
공동주택 공시가격 1억원 이하 (**취득세 1%**) 단기투자 개인 명의 무피투자 대출가능	**공동주택 공시가격** 1억원 이하 (**취득세 1%**) 단기투자 개인 명의 무피투자 대출불가
공동주택 공시가격 1억원 이상 (**취득세 1~12%**) 단기투자 법인 명의 무피투자 대출가능	**공동주택 공시가격** 1억원 이상 (**취득세 1~12%**) 단기투자 법인 명의 무피투자 대출불가

그러나 이 대책에도 빠져나갈 숨통은 하나 있었으니 바로 '공동주택 공시가격'이다. 공동주택 공시가격 1억원 이하의 저가주택 구입은 국가에서 투기로 보지 않아 개수에 상관없이 1%의 동일세율로 중과하겠다는 것이었고, 이로 인해 많은 투자자가 공동주택 공시가격 1억원 이하 구축아파트와 썩빌(오래된 빌라) 투자로 모여들기 시작했다. 특히 비규제지역에서는 공동주택 공시가격 1억원 이상 주택 취득 시 취득세는 중과되나 대출이 가능하고, 공동주택 공시가격 1억원 이하 주택의 경우 1%로 동일한 취득세와 대출이 가능했는데, 이는 아무런 제약이 없는 비규제지역에서 공동주택 공시가격 1억원 이하 주택을 대상으로 한 투자가 본격적으로 일어나는 계기가 되었다.

규제가 극심한 시기, 회전이 빠른 단타가 최선

이렇게 혼란스러운 시기에도 계속 수익을 낼 수 있는 방법이 있었으니, 바로 취득 후 바로 매도하는 단기투자였다. 즉, 무주택자가 규제지역에서 공동주택 공시가격 1억원 이상 주택을 구입해 1주택자가 되어도 취득 후 바로 매도하면 다시 무주택자가 되므로, 매도 후 새로 부동산을 취득할 때 기본세율로 취득이 가능하다.

그런데 이렇게 단기에 매수와 매도를 반복하려면 어떻게든 시세보다 싸게 사야 한다. 고민해보니 이 규제에 맞서 취득세를 1%만 내며 투자하는 전략은 2가지였다.

- 개수와 관계없이 취득세 1%의 단일 세율로 살 수 있는 공동주택 공시가격 1억원 이하의 주택에 투자(다주택자)
- 공동주택 공시가격 1억원 이상 아파트를 경·공매로 저가매입한 후 바로 시세대로 파는 것을 반복하는 단기투자(무주택자)

이 2가지 투자전략의 핵심은 상승장처럼 많은 수익을 기대하기보다는 욕심을 버리고 일정한 수익을 계속 반복해서 얻는 것이다.

'매수는 기술, 매도는 예술'이라고 할 만큼 매수보다 훨씬 어려운 게 매도다. 그렇다면 빠른 기간 내에 잘 매도하는 노하우는 무엇일까? 나는 매도의 기술로 4가지 방법이 있다고 본다. 첫 번째는 가격을 싸게 파는 저가매도 방법으로 부동산에 나온 동일한 물건 대비 가격을 낮춰서 파는 방법이다. 두 번째는 낙찰 후 다른 물건 대비 집을 깔끔하게 인테리어해 경쟁력을 높이는 방법이고,

세 번째는 가격을 조정하고 인테리어를 하는 등 두 가지를 동시에 진행해 경쟁력을 높여 매도 기간을 줄이는 방법이다. 마지막으로 네 번째는 직접광고(직거래)를 병행하는 방법으로, 각 지역의 수많은 온·오프라인 중개매체를 활용해 매수자를 직접 찾아 매도하는 방법이다. 나는 이 4가지 방법을 활용해 정부 규제에도 불구하고 100개 이상의 주택을 1~2년 내에 빠르게 사고팔았다. 그러므로 이 매도 전략은 현실적으로 증명된 방법이라고 생각해도 될 것이다.

과거의 시장을 복기하는 이유

이 책에서 과거 정부규제를 활용한 상승장 투자 이야기를 하는 이유는 과거를 알아야 미래 투자방향을 예측할 수 있기 때문이다. 이 책이 나오는 시점인 2023년 상반기에는 부동산 시장에 또다시 많은 변화가 생길 수도 있을 것이며 거의 모든 부동산 정책이 규제가 아닌 완화로 돌아설 것이다. 내가 보기에는 향후 어느 정도 오랜 기간이 지나야만 다시 예전과 같은 상승장이 돌아올 것이며 그때도 역시 정부의 규제가 다시 시작될 것이다. 그러므로 지금 같은 시기에는 단기투자 전략은 철저히 실수요자를 대상으로만 실행해야 하며, 예전같이 임대를 끼고 투자자에게 매도하는 전략은 전혀 적합하지 않으니 낙찰 후 최대한 전세가 아닌 일반 매매전략으로 접근할 필요가 있다. 그리고 취득세가 예전세율인 1%로 바뀌는 시점에는 수도권과 광역시급에서 가격하락이 큰 대장아파트들을 경매로 최대한 빠르게 매입해야 한다. 언제나 남들보다 빠르게 생각하며 남들이 겁에 질려 매도하려 할 때 싸게 사고, 남들이 환호하며 매수를 시작할 때 비싸게 팔아야 혼란스러운 이 시장에서 살아남을 수 있다.

정부 규제는 늘 변하므로 투자에 불리해질 수도 있고 유리해질 수도 있다. 그러나 우리는 언제나 이러한 규제를 잘 활용한다면 더 많은 수익을 낼 수 있다는 사실을 잊지 말고 기억해야 한다.

부동산 투자 경·공매를 활용하면 굳이 가격상승을 고려하지 않아도 저가매입 후 원가매도로 바로 매도차익이 발생하므로 시장의 좋고 나쁨에 관계없이 항상 수익을 낼 수 있다. 내가 생각하는 이상적인 투자자는 어떠한 상황에서도 항상 돈을 벌 수 있어야 한다. 부동산 시장이 좋을 때만 돈을 벌 수 있다면 그 반대인 시장에서는 수익을 낼 수 없어 빠르게 투자시장을 떠나야 할지도 모른다.

엠제이 코멘트

정말 중요한 것은 잘 사는 것이 아닌 잘 파는 것

내가 이 책에서 계속 언급하는 것은 한 가지 투자기술만을 가지고 이 시장에 참여하면, 여러 가지 사정으로 인해 그 기술이 무력화될 때 대체 투자방안이 없어 시장에서 버티지 못하고 사라지게 된다는 것이다. 부동산을 당근마켓의 중고거래처럼 쉽게 사고판다고 생각해보자. 시세보다 싼 가격에 매입해 깨끗이 수리한 후 소비자가 사기 쉽게 투자금을 최소로 줄여 경쟁력을 높여야 더욱더 잘 팔릴 것이다. 그러니 부동산을 잘 사는 방법이 아닌 잘 파는 방법을 연구하자. 그래야만 이 혼란스러운 투자시장에서 살아남을 수 있다.

17

1억원 이상 아파트로 수익 내기, 경북 영천

1억 500만원 낙찰 → 1억 5,500만원 매도

대구 오른쪽에 위치한 인구 10만명 소도시 영천

2020년 여름 7.10대책의 취득세 중과 대응 전략은 첫 번째 주택은 규제지역의 1억원 이상 아파트를 1%의 단일세율로 매입하고, 두 번째 주택은 중과세를 피하기 위해 비규제지역의 1억원 이하 아파트를 취득세 1%의 단일세율로 매입한 후 단기로 매도하는 것이었다. 특히 대출에서 규제가 덜한 비규제지역 아파트에 주로 입찰했던 기억이 난다.

그런데 권리가 깨끗한(?) 아파트는 공동주택 공시가격이 거의 1억원 이상이라 일반세율인 취득세 1%로 단기투자 하기가 정말 어려웠다. 그러나 투자를 멈출 수는 없었기에 취득세를 12% 내더라도 수익만 낼 수 있다면 공동주택 공시가격이 1억원 이상인 아파트 경매물건도 함께 낙찰받았다. 여기서 중요한 점은 취득세를 12% 내고도 수익이 나느냐는 것이었는데, 계산해보니 생각했던 낙찰가격에서 대략 15%(취득세 외 부대비용) 더 낮게 취득해야 수익이 났다.

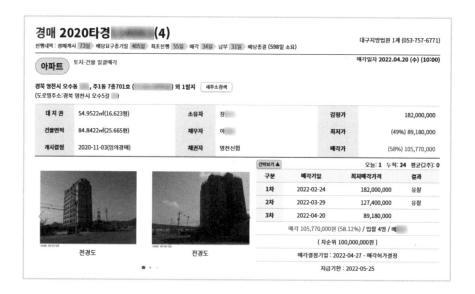

경매 2020타경 ▮▮▮▮▮ (4)

진행내역: 경매개시 73일 · 배당요구종기일 405일 · 최초진행 55일 · 매각 34일 · 납부 31일 · 배당종결 (598일 소요)

대구지방법원 1계 (053-757-6771)

아파트 토지·건물 일괄매각

매각일자 2022.04.20 (수) (10:00)

경북 영천시 오수동 ▮▮▮, 주1동 7층701호 (▮▮▮▮▮▮▮▮) 외 1필지 새주소검색
(도로명주소:경북 영천시 오수5길 ▮▮)

대 지 권	54.9522㎡(16.623평)	소유자	장▮▮	감정가	182,000,000
건물면적	84.8422㎡(25.665평)	채무자	이▮▮	최저가	(49%) 89,180,000
개시결정	2020-11-03(임의경매)	채권자	영천신협	매각가	(58%) 105,770,000

간략보기 ▲　　　　　　　　오늘: 1 누적: 34 평균(2주): 0

구분	매각기일	최저매각가격	결과
1차	2022-02-24	182,000,000	유찰
2차	2022-03-29	127,400,000	유찰
3차	2022-04-20	89,180,000	

매각 105,770,000원 (58.12%) / 입찰 4명 / 배▮
(차순위 100,000,000원)
매각결정기일 : 2022-04-27 - 매각허가결정
지급기한 : 2022-05-25

전경도　　　　　　　전경도

　　2021년, 물건검색을 하다가 경북 영천에 위치한 신축 나홀로아파트 8개 호실이 절반 이상 떨어진 가격(감정가격 1억 8,200만원, 최저가 8,900만원)에 경매로 진행되는 것을 발견했다.

　　영천은 경북에 위치한 인구 10만명의 소도시로 대구의 우측에 위치해 있다. 경북의 포항, 구미, 경주, 김천의 아파트 가격이 상승할 때도 아무런 가격상승이 일어나지 않았고, 호재로는 대구에서 영천까지 지하철 연장계획이 있었으며, 향후 신규 입주물량이 없기에 실거주자나 투자자의 매수심리가 더 나빠지지는 않을 것으로 판단되었다.

　　해당 경매물건의 위치는 도심에서 약간 벗어났지만 금호강이 보이는 전망이라 아파트 이름을 '리버○○'으로 지었을 만큼, 도심지는 아니지만 공기도 좋고 환경이 조용해 이를 선호하는 매수자를 대상으로 매도전략을 세웠다.

	아파트 **2020-114061(1)** 경북 영천시 오수동 ███, 주1동 2층202호 (오수동, ███████) 외 1필지 (경북 영천시 오수5길 ███) 건물 84.9495㎡(25.697평), 대지권 55.0217㎡(16.644평) 토지·건물 일괄매각	179,000,000 87,710,000 101,170,000	낙찰 (배당종결) (49%) (57%)	대구1계 22.04.20 (10:00)	42
	아파트 **2020-114061(2)** 경북 영천시 오수동 ███, 주1동 3층302호 (오수동, ███████) 외 1필지 (경북 영천시 오수5길 ███) 건물 84.9495㎡(25.697평), 대지권 55.0217㎡(16.644평) 토지·건물 일괄매각	180,000,000 88,200,000 102,770,000	낙찰 (배당종결) (49%) (57%)	대구1계 22.04.20 (10:00)	24
	아파트 **2020-114061(3)** 경북 영천시 오수동 ███, 주1동 4층402호 (오수동, ███████) 외 1필지 (경북 영천시 오수5길 ███) 건물 84.9495㎡(25.697평), 대지권 55.0217㎡(16.644평) 토지·건물 일괄매각	180,000,000 88,200,000 122,888,880	낙찰 (배당종결) (49%) (68%)	대구1계 22.04.20 (10:00)	19
	아파트 **2020-114061(4)** 경북 영천시 오수동 ███, 주1동 7층701호 (오수동, ███████) 외 1필지 (경북 영천시 오수5길 ███) 건물 84.8422㎡(25.665평), 대지권 54.9522㎡(16.623평) 토지·건물 일괄매각	182,000,000 89,180,000 105,770,000	낙찰 (배당종결) (49%) (58%)	대구1계 22.04.20 (10:00)	32
	아파트 **2020-114061(5)** 경북 영천시 오수동 ███, 주1동 7층702호 (오수동, ███████) 외 1필지 (경북 영천시 오수5길 ███) 건물 84.9495㎡(25.697평), 대지권 55.0217㎡(16.644평) 토지·건물 일괄매각	182,000,000 89,180,000 105,770,000	낙찰 (배당종결) (49%) (58%)	대구1계 22.04.20 (10:00)	17
	아파트 **2020-114061(6)** 경북 영천시 오수동 ███, 주1동 8층801호 (오수동, ███████) 외 1필지 (경북 영천시 오수5길 ███) 건물 84.8422㎡(25.665평), 대지권 54.9522㎡(16.623평) 토지·건물 일괄매각	184,000,000 90,160,000 107,770,000	낙찰 (배당종결) (49%) (59%)	대구1계 22.04.20 (10:00)	22
	아파트 **2020-114061(8)** 경북 영천시 오수동 ███, 주1동 9층902호 (오수동, ███████) 외 1필지 (경북 영천시 오수5길 ███) 건물 118.1284㎡(35.734평), 대지권 76.5122㎡(23.145평) 토지·건물 일괄매각	258,000,000 126,420,000 177,077,000	낙찰 (배당종결) (49%) (69%)	대구1계 22.04.20 (10:00)	23

총 8개의 물건 중 물건번호 (7)번만 먼저 낙찰되어 1억 9,500만원에 주인을 찾아갔다. 꽤 높게 낙찰된 것을 보니 실수요자가 입찰한 것 같았다. 입찰 전 부동산 중개업소에 매도가격을 알아보니 대략 1억 6,000만원 선이었으며 매수수요가 있어서 시간은 걸려도 매도는 가능해 보였다. 7개 물건의 층수에 따라 1억 200만~1억 700만원대에 동시 입찰했고 물건번호 (3)번과 (8)번을 제외한 나머지 5개 물건을 낙찰받았다. 5개 호수 모두 아무도 입주한 적 없는 신축이라 빠르게 명도를 마친 후 부동산 중개업소에 매매중개를 의뢰했다.

1억 500만원 낙찰 → 1억 5,500만원 매도

부동산(아파트) 매매 계약서

매도인과 매수인 쌍방은 아래 표시 부동산에 관하여 다음 계약 내용과 같이 매매계약을 체결한다.

1. 부동산의 표시

소 재 지	경상북도 영천시 오수동 제7층 제702호					
토 지	지 목	대	면 적	923 ㎡	대지권종류	소유권	대지권비율 923분의55.0217
건 물	구 조	철근콘크리트구조	용 도	아파트		면 적 84.9495 ㎡

2. 계약내용

제1조 [목적] 위 부동산의 매매에 대하여 매도인과 매수인은 합의에 의하여 매매대금을 아래와 같이 지불하기로 한다.

매매대금	금 일억오천오백만원정	(₩155,000,000)
계약금	금 일천오백오십만원정	은 계약시에 지불하고 영수함 ※영수자
잔 금	금 일억삼천구백오십만원정	은 2022년 08월 31일에 지불한다

제2조 [소유권 이전 등] 매도인은 매매대금의 잔금 수령과 동시에 매수인에게 소유권 이전등기에 필요한 모든 서류를 교부하고 등기절차에 협력하여야 하며, 위 부동산의 인도일을 2022년 08월 31일 로 한다.

| 실투자금 3,500만원으로 4개월 만에 2,000만원 수익 완료!

▶ 매물을 내놓은 지 한 달이 다 될 무렵 영천에 신규공급이 없어서인지 실거주 목적으로 집을 보러 오는 매수자들이 많아졌다. 마침 조용하고 강뷰를 원하는 매수자가 해당 집을 보고 마음에 들어하며 매매가격 1억 6,000만원에서 500만원을 깎은 1억 5,500만원에 계약했다.

결론은 취득세 12% 납부로 인해 1,300만원 정도 취득비용이 더 들었지만 5,000만원 정도 더 싸게 매입한 덕분에, 취득세를 납부해도 2,000만원 이상 수익이 발생한 공동주택 공시가격 1억원 이상 아파트 단기투자 사례였다.

참고로 나머지 4개 물건 중 3개는 전세로(1억 3,500만원), 나머지 1개는 매매로(1억 5,500만원) 4개월 안에 계약을 모두 완료했다.

18

입주물량 확인하고 빠르게 매도, 검단신도시

4억 8,000만원 낙찰 → 6억 4,500만원 매도

보수적인 전략이 통했다! 뒤늦게 과열된 인천

인천은 타 광역시에 비해 가격상승이 늦게 시작됐다. 2020년 하반기부터 지방 부동산 시장에 점점 불이 붙으면서 2021년에는 아직 상승하지 않았던 인천 아파트 가격이 급격하게 상승하기 시작했다. 늦은 만큼 화력이 셌던 건

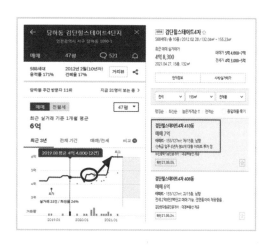

지, 중심지부터 외곽지까지 아파트 가격이 골고루 상승했다.

전국의 아파트 시세가 하늘 높은 줄 모르고 계속 올라가던 2021년 봄, 인천 검단에도 GTX 바람이 불기 시작하며 매수호가가 급등했다. 이 시기에 경매물건이 하나 눈에 들어왔다. 감정가격이 4억 6,500만원이었는데 당시 호가가 7억원까지 올라갔으니 시세보다 2억원 정도가 낮았다.

감정가가 책정되고 난 이후 가격상승이 시작되면 시간이 지나 경매개시 시점에는 저평가된 물건이 된다. 감정가격을 책정하는 시기는 매각기일의 6개월 전이다. 따라서 6개월 동안 시세변동이 있다면 감정가격과 시세가 맞지 않을 수 있다. 이런 시기에는 통상 유찰 없이 신건에 입찰해 낙찰받아도 수익이 난다. 이 사례의 물건도 유찰 없이 신건 가격에 입찰해 4억 8,000만원에 낙찰받았다.

아파트매매계약서

매도인과 매수인 쌍방은 아래 표시 아파트에 관하여 다음 내용과 같이 매매계약을 체결한다.

1. 부동산의 표시

소 재 지	인천광역시 서구 당하동 ▮▮▮▮▮▮ 408동 303호				
토 지	지 목	대	대지권의 비율 47891분의 90.381	대지권의 목적인 토지	47891㎡
건 물	구 조	철근콘크리트	용 도 공동주택(아파트)	전용면적	127.4136㎡

2. 계약내용

제 1 조 (목적) 위 부동산의 매매에 있어 매도인과 매수인은 합의에 의하여 매매대금을 아래와 같이 지불하기로 한다.

매매대금	金 육억사천오백만원정	(₩645,000,000)						
계 약 금	金 육천오백만원정	(₩65,000,000) 은 계약시에 지불하고 영수함. 영수자						印
중 도 금	金 일억원정	(₩100,000,000) 은 2021년 11월 15일 에 지불하며						
잔 금	金 사억팔천만원정	(₩480,000,000) 은 2021년 12월 10일 에 지불한다.						

제 2 조 (소유권 이전 등) 매도인은 매매대금의 잔금 수령과 동시에 매수인에게 소유권 이전등기에 필요한 모든 서류를 교부하고 등기절차에 협력하여, 위 부동산의 인도일은 2021년 12월 10일 로 한다.

제 3 조 (제한물권 등의 소멸) 매도인은 위 부동산에 설정된 저당권, 지상권, 임차권 등 소유권의 행사를 제한하는 사유가 있거나, 제세공과 기타 부담금의 미납금 등이 있을 때에는 잔금일까지 그 권리의 하자 및 부담 등을 제거하여 완전한 소유권을 매수인에게 이전한다. 다만, 승계하기로 합의하는 권리 및 금액은 그러하지 아니하다.

제 4 조 (지방세 등) 위 부동산에 관하여 발생한 수익의 귀속과 제세공과금 등의 부담은 위 부동산의 인도일을 기준으로 하되, 지방세의 납부의 무 및 납부책임은 지방세법의 규정에 의한다.

제 5 조 (계약의 해제) 매수인이 매도인에게 중도금(중도금이 없을 때에는 잔금)을 지불하기 전까지 매도인은 계약금의 배액을 상환하고, 매수인은 계약금을 포기하고 본 계약을 해제할 수 있다.

제 6 조 (채무불이행과 손해배상) 매도인 또는 매수인이 본 계약상의 내용에 대하여 불이행이 있을 경우 그 상대방은 불이행한 자에 대하여 서면으로 최고하고 계약을 해제할 수 있다. 그리고 계약 당사자는 계약해제에 따른 손해배상을 각각 상대방에게 청구할 수 있으며, 손해

| 실투자금 1억원으로 5개월 만에 1억원 이상 수익 완료!

이 물건을 낙찰받고 명도 후 부동산 중개업소를 통해 시세를 다시 조사해 보니 약 6억 7,000만~6억 8,000만원 선이었다. 이 물건이 3층(저층)이고, 높은 가격보다는 빠른 매도를 원했기 때문에 급매로 6억 5,000만원에 부동산 중개업소에 매매를 의뢰했다. 그로부터 5일 뒤 실거주자로 보이는 매수자가 관심을 보이며 500만원을 깎아달라고 요구하기에 군말 없이 들어주었다.

▶ 물건을 내놓은 지 5일 만에 6억 4,500만원에 매도를 완료했으니, 정리해 보면 낙찰부터 매도까지 5개월 만에 투자금 1억원으로 1억원 이상 수익을 실현한 것이다. 게다가 더 욕심부리지 않고 시세보다 저렴하게 매도한 덕분에 짧은 기간 내에 다시 무주택자가 되어 경매투자 시 1%의 취득세로 투자할 수 있는 환경이 되었다.

이 사례에서 내가 빠른 매도를 고집했던 이유는 낙찰받은 시기로부터 1년 후인 2022년 검단신도시에 신축아파트 입주물량이 너무 많아 가격하락의 가능성을 걱정했기 때문이다. 또한 과열된 분위기가 한순간에 꺾일지 모른다는 불안감도 빠른 매도를 실행한 이유였다.

보통 투자를 처음 하는 초보투자자들은 하락장을 겪어보지 못해 눈앞의 높은 수익만 보기에 급급하지만, 하락장에서 많은 어려움을 겪어본 10년 경력 이상의 투자자들은 눈앞의 수익보다는 2~3년 뒤를 바라보며 좀 더 보수적이고 안전하게 투자하려고 노력한다. 이 물건을 매도하고 1년 뒤 예상대로 신축아파트의 입주가 몰리며 검단신도시 분양권 가격은 힘없이 무너지기 시작했고, 그로 인해 인근 아파트들의 거래가 단절되며 본격적인 하락장으로 분위기가 전환되었다.

19

수리비 0원! 창원 준신축아파트 단기투자

1억 7,500만원 낙찰 → 2억 3,300만원 매도

규제 직격탄 맞은 창원 의창구

2020년 경남 창원의 경우 마산을 제외한 창원시 성산구와 의창구가 각각 조정대상지역으로 지정되었다. 그로 인해 의창구에서는 도시와 거리가 있는 북면이라는 지역까지 규제지역으로 지정된 데다, 아직 해소되지 않은 미분양까지 겹쳐 매매거래가 상당히 제한되는 상황이 되었다.

경매에 나온 이 아파트는 2018년(3년차)에 완공된 아파트라 거의 신축급이었다. 이런 경우 낙찰 후 추가 수리 없이 청소만 깔끔하게 해도 매매가 가능하다. 입찰 전 부동산 중개업소를 통해 조사할 때도 호가(2억 5,000만원)에서 가격이 조금 조정된다면 충분히 매수수요가 있으니 본인에게 물건을 맡겨달라고 했을 정도였다. 보통 경매로 단기투자 시 이런 준신축아파트는 실수요도 많고 매도 시 거래기간도 짧아 기간을 최소한으로 잡고 단기투자를 하기에 적합하다.

전체 물건 중(동일 사건번호에 다른 물건번호 5개) 3개 물건에 각 1억 7,577만원으로 동일하게 입찰해 2개 물건은 패찰하고 1개 물건을 낙찰받았다.

경매 2020타경 ▩▩▩▩ (4)

진행내역: 경매개시 83일 배당요구종기일 216일 최초진행 65일 매각 35일 납부 39일 배당종결 (438일 소요)				창원지방법원 5계 (055-239-2115)

아파트 토지·건물 일괄매각

매각일자 **2021.06.17 (목) (10:00)**

경남 창원시 의창구 북면 무동리 ▩▩▩, 102동 6층604호 (▩▩▩▩▩▩▩)   **새주소검색**
(도로명주소:경남 창원시 의창구 북면 무동로 ▩▩▩)

대지권	63.7468㎡(19.283평)	소유자	유한회사진디엔씨	감정가	254,000,000
건물면적	74.2148㎡(22.45평)	채무자	유한회사진디엔씨	최저가	(64%) 162,560,000
개시결정	2020-06-18(임의경매)	채권자	남군산새마을금고 외1	매각가	(69%) 175,770,000

간략보기 ▲		오늘: 1 누적: 80 평균(2주): 0	
구분	매각기일	최저매각가격	결과
1차	2021-04-13	254,000,000	유찰
2차	2021-05-17	203,200,000	유찰
3차	2021-06-17	162,560,000	
매각 175,770,000원 (69.2%) / 입찰 1명 / 이▩▩			
매각결정기일 : 2021-06-24 - 매각허가결정			
지급기한 : 2021-07-22			

전경도   전경도

🅜 단지정보

국토부실거래가   N단지정보

건설사	(주)이테크건설	총동수	6개동	총세대수	253세대	사용승인	2018년 03월
최고층	15층	최저층	10층	총주차대수	290 대	관리소	055-294-9406
난방방식	개별난방	난방연료	도시가스	면적유형	98㎡		

여러 개의 물건이 한 번에 나오는 경우, 하나의 물건에 높은 가격을 정해 입찰하는 것보다 여러 개의 물건에 낮은 금액으로 입찰하는 것이 저가낙찰 확률을 높이는 데 훨씬 더 효율적이다.

> 보통 동일한 사건번호에 상이한 물건번호로 나오는 경매물건은 채무자는 한 명인데 물건이 여러 개인 경우다. 이때는 사건번호는 통일하고 우측에 각기 다른 물건번호를 부여해 물건을 구분한다.

목록	임차인	점유부분/기간	전입/확정/배당	보증금/차임	대항력	분석	기타
1	이OO	주거용 본건 전부 2018년 06월 12일 ~ 2020년 06월 11일	전입:2018-07-06 확정:2018-05-21 배당:2020-07-02	보:120,000,000원	없음	순위배당 있음	선순위임차권등기자, 경매신청인

일소기준일(소액) : 2018-06-19   배당요구종기일 : 2020-09-09

기타사항
* 전입세대 열람내역 발급확인 결과 해당주소의 세대주(임차인) 가족외 동재자가 없음
* 이OO:신청채권자로서 전세권설정등기일은 2018. 6. 19일. 권리신고 및 배당요구신청은 125,000,000원임

이 물건의 또 다른 장점은 임차인에게 대항력이 있어 보증금을 전액 배당 받는다는 것이었다. 이렇게 전액 배당받는 임차인의 경우 통상 낙찰 후 2달 뒤에 배당기일이 잡히므로 명도기간을 투명하게 잡을 수 있어 단기투자 시 매도기간을 줄이기에 적합하다.

1억 7,500만원 낙찰 → 2억 3,300만원 매도

| 실투자금 4,000만원으로 4개월 만에 6,000만원 수익 완료!

전액 배당받는 임차인이라 낙찰자의 명도확인서가 필요하다 보니 명도 시 군이 연락을 자주 할 필요는 없었다. 그러나 매도를 더 빠르게 진행하기 위해 임차인에게 소정의 이사비용을 드리며 부동산에서 매수 손님과 집을 보러 올 때 잘 보여 달라고 부탁하여 좀 더 빠른 기간에 매도할 수 있었다.

낙찰가는 1억 7,500만원, 매도가는 2억 3,300만원으로 대략 6,000만원의 수익을 얻었다. 단타 평균수익이지만 짧은 매도기간과 신축급이라 내부 수리가 필요 없어 실거주자에게 쉽게 매도한 것이 장점이었던 사례다. 초보 경매투자자가 하기 쉬운 단기투자 사례이기도 하다.

20

규제지역 된 부산,
공매 활용한 주상복합 낙찰

2억 300만원 낙찰 → 2억 4,900만원 매도

공매 이해하기

부동산을 싸게 구입할 수 있는 방법에는 경매와 공매 2가지가 있다. 경매는
개인 간에 채권·채무가 발생해 채권회수를 목적으로 채권자가 법원에 신청해
진행하고, 공매는 체납세금 회수를 위해 세무서에서 자산관리공사에 위임해
온비드에서 진행한다.

공매에도 여러 종류가 있는데 세금체납이 원인인 공매
를 압류재산공매라고 한다. 입찰방식은 온비드 전자입찰
이고 권리분석은 경매와 거의 동일하나 세무서의 조세채
권 배당방식이 법정기일우선배당이라는 부분에 유의해서
투자해야 한다. 부동산 투자자라면 틈새시장인 공매 또한

> **조세채권(법정기일) 배당방식**
> 조세채권은 등기부상의 압류
> 설정일이 아닌 조세채권의 법
> 정기일(신고일 또는 납세고지
> 서 발송일) 기준으로 배당된
> 다(압류재산공매의 경우 재산
> 명세서 확인 가능).

필수로 알아둬야 한다. 압류재산공매의 경우 통상 입찰자 수가 경매의 1/3 수
준으로 경쟁률이 낮아 경매보다 낙찰확률이 높고, 일주일에 한 번씩 입찰이 진
행되어 기간도 경매보다 빠르며, 전자입찰이라 입찰방식도 훨씬 간편하다.

2021년 9월 부산의 모든 지역(중구/기장군 제외)이 조정지역으로 지정되었을 때, 부산진구 가야동에서 공동주택 공시가격 1억원 이상 주상복합 아파트 공매물건이 나왔다.

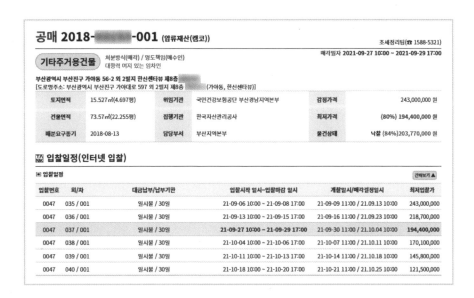

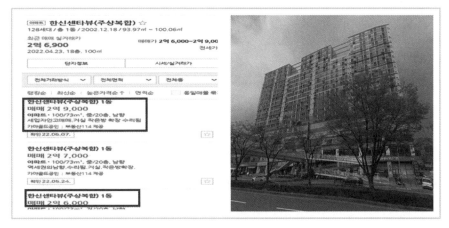

주상복합은 호가는 높지만 수요가 한정되어 거래가 활발하지 않다

해당 물건에 입찰 시 감정가는 2억 4,300만원이었으나 부산 부동산 가격 상승과 가야동 아파트들의 가격상승으로 인해 동일매물 호가가 2억 9,000만 원까지 나오는 등 정확한 매매가격이 예상되지 않았다. 그러나 호가 대비 공매 최저가격이 현저히 낮아 기본적인 단기투자 수익이 가능해 보여, 최저가격에서 약 900만원 정도 올린 2억 300만원에 입찰해 2등과 200만원 차이로 낙찰받은 행운의 공매물건이었다. 명의가 부족한 상황에서 공동주택 공시가격이 1억원 이상인 데다 규제지역에 속한 주상복합 아파트 물건에 명의를 쓰기엔 분위기상 다들 아까웠을 텐데, 누군가는 수익의 가능성을 보고 입찰한 것이다.

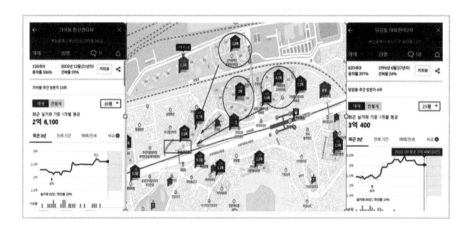

기본 세대수가 있는 대단지 아파트에 비해 세대수가 적은 한 동짜리 주상 복합 아파트는 매수수요가 현저히 떨어질 수밖에 없으므로, 물건 조사 시 보수적인 매도가격 및 매수수요를 더욱 세밀하게 파악할 필요가 있다.

부동산(아파트) 매매 계약서

매도인과 매수인 쌍방은 아래 표시 부동산에 관하여 다음 계약 내용과 같이 매매계약을 체결한다.
1. 부동산의 표시

소 재 지	부산광역시 부산진구 가야동				제8층 904호		
토 지	지 목	대	면 적	3122 ㎡	대지권종류	소유권	대지권비율	3122000분의15527
건 물	구 조	철근콘크리트구조			용 도	아파트	면 적	73.57 ㎡

2. 계약내용
제1조 [목적] 위 부동산의 매매에 대하여 매도인과 매수인은 합의에 의하여 매매대금을 아래와 같이 지불하기로 한다.

매매대금	금 이억사천구백삼십만(₩249,300,000)원정	
계 약 금	금 이천오백만(₩25,000,000)원정	은 계약시에 지불하고 영수함 ※영수자
잔 금	금 이억이천사백삼십만(₩224,300,000)원정	은 지불한다.

제2조 [소유권 이전 등] 매도인은 매매대금의 잔금 수령과 동시에 매수인에게 소유권 이전등기에 필요한 모든 서류를 교부하고 등기절차에 협력 하여야 하며, 위 부동산의 인도일은 　　　　　　로 한다.
제3조 [제한물권 등의 소멸] 매도인은 위 부동산에 설정된 저당권, 지상권, 임차권 등 소유권의 행사를 제한하는 사유가 있거나 제세공과금 기타 부담금의 미납 등이 있을 때에는 잔금 수수일까지 그 권리의 하자 및 부담 등을 제거하여 완전한 소유권을 매수인에게

| 실투자금 5,000만원으로 4개월 만에 4,000만원 수익 완료!

▶ 매수자 입장에서 시세보다 싸다는 느낌이 들어야 매수의사가 생기므로 시세(약 2억 8,000만원)보다 2,000만원 내린 2억 6,000만원에 매물을 내놓았다. 8층이라 층이 나쁘지 않고 다른 매물 대비 가격까지 낮아, 부동산 중개업소를 통해 다음 달에 이사하겠다는 매수 희망자가 나타났다. 2억 6,000만원에서 1,000만원만 깎아주면 매수하겠다고 하여 1,000만원에 70만원을 더 깎아준 2억 4,930만원에 매도하게 되었다.

매도할 때마다 항상 느끼는 거지만 최초 매입가격(낙찰가)이 낮아야 깎아줄 여지가 있다. 주상복합의 경우 일반 아파트와 다르게 매수수요가 한정적이라 만약 현 매수자가 제시한 가격조건(1,000만원 인하)이 맞지 않아 계약을 거절했다면, 다음 매수자가 찾아올 때까지 기약 없이 기다려야 했을 것이다. 이 사례에서 알 수 있듯 수요가 적은 종목에 투자 시 매수자가 가격을 조정할 것까지 생각해서 보수적으로 매도가격을 정해, 가격조정을 해도 기본수익이 날 만큼 저렴한 가격에 부동산을 매입해야만 빠른 기간 내에 매도를 완료할 수 있다.

21

전세가 폭등, 플러스피 활용해 매도하기! 마산 50평 아파트

1억 2,000만원 낙찰 →1억 9,400만원 매도

높아진 전세가 활용해 플러스피 투자하기

2020년 8월 4일, 정부가 만든 임대차 3법이 본 회의를 통과하며 전월세신고제/전월세상한제/계약갱신청구권 등을 핵심으로 한 「주택임대차보호법」 개정안이 시행되었다. 그중에서 가장 핵심은 임차인의 계약갱신청구권으로, 현행 2년에서 4년(2+2)으로 계약연장을 보장하되, 집주인이나 직계존속이 실거주할 경우에는 임차인의 계약갱신청구권을 거부할 수 있도록 하는 법안이었다. 이 법이 부동산 시장을 거스르는 폭탄이 될 것을 미리 알지 못한 정부는 향후 엄청난 전세가 상승이라는 후폭풍을 맞게 되었다.

임대차 3법이 본격적으로 시행되고 한 달 뒤부터 전국의 주택 전세가격이 요동치기 시작했다. 그 이유는 전체적으로 임대물량이 부족한 시국에 임대차 3법으로 인해 임차인이 계약갱신청구권을 행사하면 기존 전세가격을 2년 동안 동결해야 하므로, 향후 상승할 2년 치 전세 가격분을 미리 받겠다는 임대인의 입장이 전세시장에 반영되었기 때문이다. 이에 한편으로 투자자 입장에서

임대차 3법
전세가 폭등 쓰나미 오나?

임대차 3법 중 주택임대차보호법 개정안은 계약갱신청구권제와 전월세상한제를 담고 있다. 계약갱신청구권은 세입자에게 1회의 계약갱신요구권을 보장해 현행 2년에서 4년(2+2)으로 계약 연장을 보장받도록 하되, 주택에 집주인이나 직계존속·비속이 실거주할 경우 등에는 계약 갱신 청구를 거부할 수 있도록 했다. 또 전월세상한제는 임대료 상승폭을 직전 계약 임대료의 5% 내로 하되, 지자체가 조례로 상한을 정할 수 있도록 했다. 이러한 계약갱신청구권과 전월세 상한제는 개정법 시행 전 체결된 기존 임대차 계약에도 소급 적용된다.

세계일보 PiCK · A1면 1단 · 2020.08.06. · 네이버뉴스
'임대차법' 보란 듯이… 전셋값, 전국이 동시 상승
전셋값 폭등 및 전세 품귀 현상으로 비어있다. 연합뉴스 이후 현 정권 들어 지난해 마이너스 변동률을 기록할 정도로 안정됐던 전셋값은 이번엔 정부 정책 탓에 흔들

| 임대차 3법 통과후 서울 전셋값 폭등…7개월만에… 아시아타임즈 2020.08.06.
| 임대차3법 채직 들자 펄쩍뛰는 전셋값…언제 '안정'… 뉴스퀘스트 2020.08.06.

서울경제 PiCK · 2020.09.22. · 네이버뉴스
한달새 전세가 42% 폭등…서울도 아닌 지방서 무슨 일이?
울산의 상승률은 전국 평균의 3~4배에 달하는 것이다. 현장에서는 전세가가 급등한 원인으로 임대차 3법으로 인한 전세 매물 품귀를 꼽고 있다. 부동산 빅데이터

| 한달새 전셋값 43% 폭등…피 마르… 서울경제 PiCK 2020.09.22. 네이버뉴스

는 전세가격 상승으로 인해 아파트 투자 시 투자금이 줄어들어 부동산 투자 시장이 더욱더 과열되었고, 결국 정부가 바라는 임대가 동결 현상이 아닌 임대가 폭등 현상이 일어나게 되었다.

부동산 투자격언에 "남들이 팔 때 사고 남들이 살 때 팔아라."란 말이 있는데, "남들이 불안해서 집을 내놓을 때 싸게 사고 남들이 환호하며 집을 사기 시작할 때 비싸게 팔아라."로 정리할 수 있다. 이것이 심리를 활용한 선진입 투자다.

부동산 투자 시 선진입하기 위해서는 지역별 부동산 흐름을 파악해서 상승과 하락 기조를 빠르게 파악하는 것이 중요하다.

선진입 투자는 분위기가 좋지 않은 하락장에 매입하고 분위기가 좋은 상승장에 매도하는, 즉 심리를 거꾸로 활용하는 방법이다.

지금부터 소개하는 투자사례는 투자자 위의 투자자, 즉 부동산 투자에 누구보다도 빠르게 대응하며 일반 투자자들을 활용해 돈을 버는 사례 중 하나다.

키맞추기로 창원 따라가는 마산

마산은 바로 옆 창원에 속한 도시로 마산/창원/진해가 통합되면서 '마창진'이라고도 한다. 2010년 창원시로 통합되었다. 이 통합으로 창원시는 서울(605km²)보다 넓은 737km² 면적에 인구가 102만명인 대도시로 승격했다. 신도시급인 창원 성산구 및 의창구에 비해 구도심인 마산회원구 및 합포구는 원도심의 특성상 신축 대비 구축아파트가 많고, 4,000여세대 규모의 합포구 월영부영 아파트가 2020년까지 100% 미분양되며, 창원 아파트 가격이 4억~5억원 이상 상승하는 동안 2020년까지 아무런 가격변동 없이 상승시기만 기다리던 상황이었다.

그러던 중 창원 부동산 가격이 가파르게 상승하며 창원만 규제지역으로 묶이자 상대적으로 규제가 없는 마산 부동산 가격도 본격적으로 상승하기 시작했다. 창원에 가려져 2년 동안 주목받지 못하던 마산 합포구/회원구 구축아파트 가격이 타 지역과 일종의 키맞추기 현상으로 인해 드디어 상승하기 시작한 것이다.

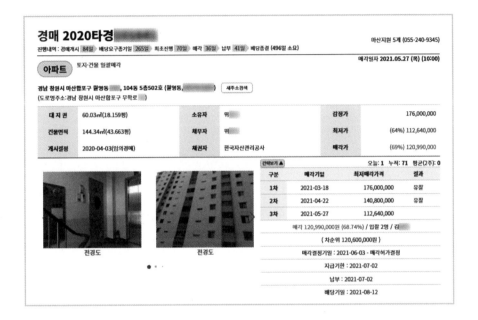

▶ 이 투자사례는 마산의 대형 구축아파트를 낙찰받아 전세로 임대 후 매도한 사례다. 전용면적이 43평, 분양면적이 50평인 대형 평형으로 실수요가 극히 제한되어서인지 1억 7,600만원에서 2회 유찰 후 큰 경쟁 없이(2명 입찰) 2등과 30만원 차이로 1억 2,000만원에 낙찰받을 수 있었다. 대형 평형이지만 이 물건의 공동주택 공시가격은 1억원 미만이어서 취득세 중과가 되지 않아 명의가 없는 투자자들에게 좋은 투자물건이 될 거라고 생각했다.

| 투자자들 대거유입 후 전세 안고 매도 시작!

| 실투자금 3,000만원으로 7개월 만에 7,300만원 수익 완료!

　　통상 일반적인 도시의 부동산 가격상승이 신축에서 시작해 구축으로 넘어오는 데는 어느 정도 시간이 걸린다. 이 시기 마산에는 매매수요에 비해 전세 수요가 훨씬 많았기에 투자금 회수를 위해 1억 5,000만원(낙찰가 1억 2,000만원)에 전세를 놓아 투자금을 회수하고 마산에 투자자들이 들어오길 기다렸다.

　　▶ 그로부터 3개월이 지난 2020년 1월 마산 아파트 시장에 전국의 투자자들이 본격적으로 진입하면서 마산 회원동의 신축아파트 상승이 인근의 구축아파트까지 이어지며 구축아파트 가격까지 1억원씩 오르기 시작했다. 아파트가 대형 평수이긴 하지만 시세 대비 전세가가 높고 투자금을 작게 만들면 상승 분위기라 투자자에게 충분히 매도할 수 있으리라 생각하고 전세(1억 5,000만원)를 끼고 매매가격 1억 9,500만원(투자금 4,500만원 소요)으로 부동산 중개업소에 매매를 내놓았다. 얼마 지나지 않아 인근 부동산 중개업소에서 투자자 손님이 붙었으니 100만원만 깎아주면 바로 매수하겠다고 해 1억 9,400만원에 매도를 진행했다. 정리해보면 투자금 3,000만원으로 약 7개월 만에 대략 7,000만원 수익을 올렸다.

이 사례에서 가격이 상승 중인데 왜 상승장 초반에 매도했는지 의아하게 여기는 분이 있을 수도 있어 첨언한다. 50평 대형 평형은 수요가 한정적이라 실거주 수요자가 나타나면 시세보다 저렴하게 즉시 매도하고, 그 수익으로 다른 물건에 재투자하는 것이 더 효율적이다.

결론은 남들과 같이 움직이지 말고 반대로 가려고 노력하라는 것인데, 지금보다 조금만 더 연구하고 노력한다면 충분히 남들과 다른 투자방법을 만들어 지속적으로 수익을 얻을 수 있을 것이다.

| 다음 투자자에게 돌아갈 수익을 일정 부분 남겨둬야, 즉 지나치게 욕심부리지 않아야 투자를 지속할 수 있다.

22

실투자금의 3배 수익 올린
포항 선진입 공매투자

2억 1,000만원 낙찰 → 2억 7,500만원 매도

정부의 임대차 3법으로 인해 전국의 아파트 전세가격이 급격히 상승하던

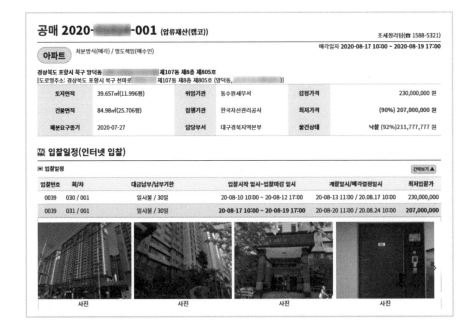

2020년 여름, 포항 북구 양덕동에 위치한 대단지 아파트에서 압류재산공매 물건이 나왔다.

입찰 당시 포항 아파트 부동산 시장 역시 남구의 대장아파트인 자이를 기점으로 가격상승을 이어갔고, 이어서 인근 5~10년차 아파트로 가격상승 바람이 불기 시작했다. 공매로 나올 당시 이 물건의 감정가는 2억 3,000만원이었으나 네이버에서 매물시세가 3억원까지 상승하는 걸 확인하고, 공매 1회 유찰후 최저가 2억 700만원에서 400여만원을 올린 2억 1,177만원에 낙찰받았다.

<table>
<tr><td rowspan="2">(감정평가서)
공매재산기타</td><td colspan="7">3. 점유관계 현황
- 본건 방문시 전입세대주의 배우자와 면담결과 임대차보증금 2,000만원, 월차임 60만원의 임대차계약 후 거주중이라고 구두진술함.
- 정확한 임차내역은 별도 재확인을 요함.
4. 기타 특이사항
- 본건은 공부 및 현황 사전조사 후 입찰바랍니다.</td></tr>
<tr></tr>
<tr><td>점유
관계</td><td>성명</td><td>계약일자</td><td>전입신고일자
(사업자등록
신청일자)</td><td>확정일자</td><td>보증금</td><td>차임</td><td>임차부분</td><td>비고</td></tr>
<tr><td colspan="9" align="center">조회된 데이터가 없습니다.</td></tr>
</table>

■ 임차인 배분 요구 및 채권신고 현황

임대차 구분	성명	계약일자	전입신고일자 (사업자등록 신청일자)	확정일자	보증금	차임	임차부분	배분요구 일자	채권신고 일자	비고
임차인		미상	2020-06-29	2020-06-29	20,000,000	0	미상	2020-06-30	2020-06-30	

■ 배분요구 및 채권신고 현황

번호	권리관계	성명	압류/설정 (등기)일자	법정기일 (납부기한)	설정금액(원)	배분요구 채권액(원)	배분요구일
1	임차인				0	20,000,000	2020-06-30
2	근저당권	주식회사경남은행(로 항지점)(근저당권자)	2015-01-23		201,300,000	166,914,835	2020-06-03

압류재산공매의 경우 입찰 전 공매재산명세서를 필히 확인해야 하는데, 경매의 경우 유료사이트에 권리분석이 정리되어 있는 반면 공매의 경우 자산관

리공시 직원들이 정리한 내용이 공매재산명세서에 기재되어 있다. 공매는 경매보다는 권리분석이 다소 복잡하므로 이로 인한 실수를 막기 위해서는 입찰 전 재산명세서의 확인과 이해가 필수적이다.

앞의 명세서에서 임차인 현황을 분석해보면 2,000만원의 임대차 보증금에 차임은 없지만, 「주택임대차보호법」상 임차인의 보증금이 최우선변제요건에 포함되어 보증금액에 대해 전액 배당이 가능하다. 공매는 경매와 달리 배당기일이 잔금납부 시점에서 30일인데, 임차인이 있는 경우 명도확인서가 있어야 배당이 가능하므로 잔금납부를 빨리 해 임차인의 배당기일을 줄일 수도 있다. 즉, 경매와는 달리 배당기일이 유동적이라 잔금납부 시기에 따라 임차인의 빠른 퇴거가 가능하다.

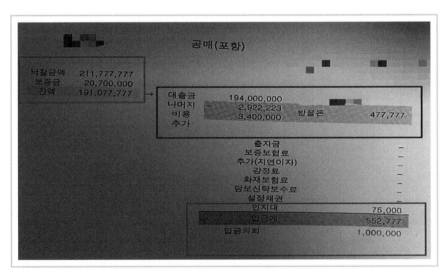

| 낙찰가의 90%까지 대출이 나와서 결국 입찰 보증금 2,000만원과 대출 1억 9,400만원을 이용해 10%의 보증금만으로 투자하는 셈이 된다.

왼쪽 사진은 이 물건을 낙찰받으며 대출을 진행한 서류다. 2억 1,000여만 원에 낙찰받았는데 대출을 1억 9,400만원까지 받아 단 2,000만원의 투자금으로 단기투자를 진행했다. 이 물건의 최종수익은 6,000만원이었으니 투자금 (2,000만원) 대비 약 3배의 수익을 올려 수익률 300%를 기록한 귀한 투자사례다. 그러나 이렇듯 투자의 지렛대 역할을 하는 레버리지는 실력 있는 부동산 투자자에게는 없어서는 안 될 귀한 투자자금이지만, 실력 없는 투자자에게는 마냥 위험한 대출일 뿐이라는 사실을 잘 알아둬야 한다.

2억 1,177만원 낙찰 → 2억 4,000만원 전세

부동산(아파트) 전세 계약서

임대인과 임차인 쌍방은 아래 표시 부동산에 관하여 다음 계약 내용과 같이 임대차계약을 체결한다.

1. 부동산의 표시

소 재 지	경상북도 포항시 북구 양덕동 107동 805호						
토 지	지 목	대	면 적	38062.6 ㎡	대지권종류	소유권	대지권비율	38062.6분의39.6573
건 물	구 조	철근콘크리트구조		용 도	아파트	면 적	84.9805 ㎡
임대할부분	805호 전체				면 적	84.9805 ㎡

2. 계약내용

제1조 [목적] 위 부동산의 임대차에 한하여 임대인과 임차인은 합의에 의하여 임차보증금 및 차임을 아래와 같이 지불하기로 한다.

보 증 금	금 이억사천만원정	(₩240,000,000)
계 약 금	금 일천칠백만원정	은 계약시에 지불하고 영수함 *영수자
잔 금	금 이억이천삼백만원정	은 지불한다

제2조 [존속기간] 임대인은 위 부동산을 임대차 목적대로 사용할 수 있는 상태로   까지 임차인에게 인도하며, 임대차 기간은 인도일로부터   까지로 한다.

제3조 [용도변경 및 전대 등] 임차인은 임대인의 동의없이 위 부동산의 용도나 구조를 변경하거나 전대 임차권 양도 또는 담보제공을 하지 못하며 임대차 목적 이외의 용도로 사용할 수 없다.

| 수요가 많은 전세로 우선 세팅 후 투자자 유입 대기!

▶ 낙찰 후 임차인 명도를 완료하고 현장에 가서 도배 및 청소를 완료한 후 부동산 중개업소를 방문하니, 현재 매매가격은 2억 9,000만원이고 전세시세는 2억 4,000만원이나 단기간에 가격이 너무 많이 올라 실수요 매매에는 기일이 좀 걸리고 전세는 빠른 기일에 거래가 가능하다고 알려주셨다. 일단 낙찰가(2억 1,000만원)보다 높은 2억 4,000만원에 전세로 계약해 낙찰가 대비 3,000만

원의 플러스피 수익을 얻은 뒤, 상승장에 전세를 끼고 매수해줄 다음 투자자를 기다렸다.

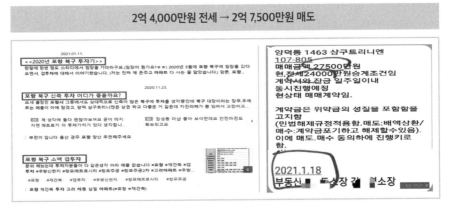

| 실투자금 2,000만원으로 4개월 만에 약 6,000만원 수익 완료!

그로부터 두 달 뒤 포항 남구가 규제지역으로 묶이며 규제지역이 아닌 포항 북구에 전국의 아파트 투자자들이 몰려와 매수하기 시작했고, 그 시기에 나는 투자자들의 움직임을 감지한 후 투자상품을 만들어 부동산 중개업소를 통해 본격적으로 매도를 준비했다. 여기서 투자상품이란 투자자들이 적은 투자금으로 쉽게 투자할 수 있도록 매매가격과 전세가격의 갭을 줄이는 작업이었다. 최근에 최고가격으로 전세를 맞춰 가장 적은 금액(투자금 3,500만원)으로 투자가 가능하다 보니 내 물건을 1순위로 매도할 수 있었다.

부동산 투자에서는 100%의 최고수익을 기대하면 안 된다. 더군다나 규제가 심하고 환경이 급격하게 바뀌는 시장일수록 일정한 수익을 지속적으로 얻을 수 있는 안전한 투자방법을 선택해야 하며, 다양한 투자시장을 많이 경험해야 한다고 생각한다. 2022년 하반기에 부동산 가격이 급격히 하락해 원래 가격으로 돌아오는 걸 보니, 내가 미리 알고서 한 것은 아니었지만 욕심부리지 않고 일정한 수익이 발생하면 빠르게 매도하는 투자방법 덕택에 보유물건도 줄어들고 자산가격도 하락하지 않아 하락장에서도 훨씬 더 부담 없이 새로운 투자에 임할 수 있는 듯하다.

▶ 정리하면 낙찰 2억 1,000만원, 전세 2억 4,000만원, 매매 2억 7,500만원으로, 낙찰받고 약 4개월 안에 전세계약 후 매도 완료로 차익을 만들어낸 귀한 투자물건이었다.

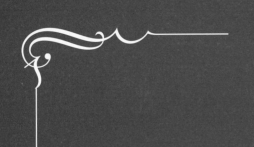

 넷,

인구 5만~20만
소도시 단기투자법

23

영광 | 작은 마을 안 중심을 찾아라!

1억 1,500만원 낙찰 → 1억 5,700만원 매도

인구 5만 소도시 광주광역시 영광

2022년 3월 전국의 부동산 상승장이 조금씩 마무리되는 시기(아파트 경매 시장에서는 아직 낙찰가도 높고 수익은 작은 시점), 전라남도 영광에 공동주택 공시가격 1억원 이상인 1층 아파트가 경매로 나왔다.

영광은 광주광역시의 왼쪽, 무안군의 북쪽에 위치한 인구 5만명의 소도시다. 내가 인구 10만명 이하의 지방 소도시들에 경매로 투자하며 배운 점은 준비 없이 성급히 투자했다가는 매도는커녕 임대도 안 나가 계속 공실로 방치해야 한다는 것이다. 수요층이 부족해 거래 자체가 없는 게 가장 큰 리스크인데, 지방 소도시의 경우 사람은 적은데 집은 넘치는 경우가 많아 다들 좋은 위치의 아파트를 선호하기 때문이다. 특히 도시와 거리가 있는 외곽 주택들은 선호하지 않는 입지 우선형의 성격을 띤다. 그래서 지방 소도시에 투자할 때는 해당 물건이 도시 중심의 거래 가능한 입지에 위치해 있느냐를 최우선으로 봐야 한다. 부동산 중개업소에서 가격을 조사할 때도 매수수요층과 거래가 가능한지를 꼼꼼하게 물어본 후 매도가능 가격을 확인해야 한다.

수도권이나 광역시의 경우 경매물건을 경쟁 없이 얼마나 싸게 낙찰받을 수 있는지가 관건이라면, 지방 소도시의 경우 과연 이 경매물건을 살 만한 수요층이 얼마나 되는지를 분석하는 과정이 매우 중요한 포인트다.

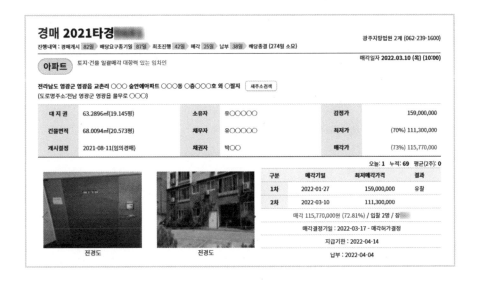

당시 영광에는 아직 투자한 경험이 없어 지도를 보며 기본적인 입지부터 파악했다. 이 경매물건의 장점은 유찰률이 한 번에 30%씩 진행되는 전남권이라 1억 5,900만원에서 1회 유찰되어 30% 떨어진 1억 1,000만원대에 낙찰 시 조금 더 안정된 수익이 보장된다는 것이었다. 지방 소도시인 데다 저층이라서 투자자들의 경매입찰이 제한적일 거란 판단이 들었다.

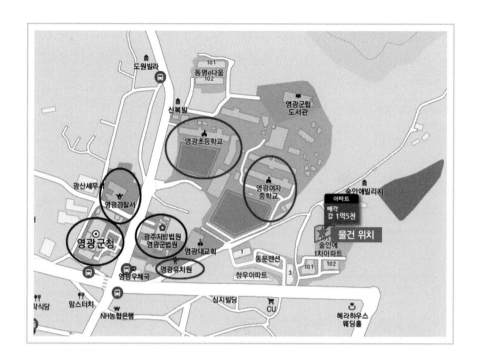

　물건의 위치는 영광초등학교와 영광중학교 그리고 영광유치원을 중심으로 구청과 법원 등의 각종 공공기관들이 주변에 포진해 영광에서는 가장 중심지였고, 100세대의 소형단지 아파트지만 주변 인프라가 좋아 충분히 수요는 있어 보였다. 특히 유치원과 초등학교가 있어 1층을 선호하는 수요층이 분명 있을 것으로 예상하고 인근 부동산 중개업소를 통해 가격을 조사했는데, 이 아파트는 매물이 거의 나오지 않아 가격만 적당하면 충분히 팔아줄 수 있다는 답변을 들었다. 따라서 적정 매도가격을 1억 5,000만원 후반대로 잡고 최저가 1억 1,100만원에서 약 400만원 올린 1억 1,500만원에 입찰해 1명의 입찰 경쟁자를 간소한 차이로 이기고 낙찰받았다.

🏠 임차인 현황

말소기준일(소액) : 2017-03-06   배당요구종기일 : 2021-11-01

목록	임차인	점유부분/기간	전입/확정/배당	보증금/차임	대항력	분석	기타
1	박▨	주거용 전부 2017.03.03~2018.03.02	전입:2017-03-03 확정:미상 배당:2021-12-17	보:110,000,000원	있음	전세권자로 순위배당 있음 배당종기일 후 배당신청	선순위전세권등기자, 경매신청인

기타사항	* 채권자 겸 점유자 박▨ 에게 유선상로 문의함. * 박▨ : 신청채권자겸전세권자로서 전세권설정등기일은 2017.03.06.임.

🏠 건물등기

(채권합계금액:110,000,000원)

순서	접수일	권리종류	권리자	채권금액	비고	소멸
갑(6)	2016-12-28	소유권이전	유한회사다와		매매	
을(2)	2017-03-06	전세권설정	박▨	110,000,000	말소기준등기 범위:전부 존속기간: 2017.03.03 ~ 2018.03.02	소멸
갑(7)	2018-11-16	압류	영광군			소멸
갑(8)	2021-08-11	임의경매	박▨	청구금액 110,000,000	2021타경5681	소멸

🏠 주의사항

▶ 관리비미납금은 없음.

해당 물건의 등기사항 및 임차인 현황을 살펴보면 선순위전세권자인 박○○가 임의경매를 신청했다. 이 경우 별도의 배당요구 없이도 전세권이 소멸하고, 보증금액 전액배당 시 대항력도 소멸한다. 이 덕분에 명도 때문에 영광에 자주 가지 않아도 되었다. 낙찰받은 당일 현장에 들러 임차내역을 확인했더니 이미 이사 가고 없는 공실이었기에 미리 개문한 후 청소 및 정비를 해두었다.

경매입찰 전 권리분석을 하면서 명도방법과 예상 명도기간을 미리 파악해두면 낙찰 후 매도과정에서 불필요한 기간을 조금이라도 줄일 수 있다. 따라서 입찰하기 전에 임차인 혹은 소유자를 상대로 한 명도전략을 어느 정도 세워둘 필요가 있다.

1억 1,500만원 낙찰 → 1억 5,700만원 매도

부동산(아파트) 매매 계약서

매도인과 매수인 쌍방은 아래 표시 부동산에 관하여 다음 계약 내용과 같이 매매계약을 체결한다.

1. 부동산의 표시

소 재 지	전라남도 영광군 영광읍 교촌리				105동 101호		
토 지	지 목	대	면 적	1321 ㎡	대지권종류	소유권	대지권비율 1321분의63.2896
건 물	구 조	철근콘크리트구조	용 도	아파트			면 적 69.0094 ㎡

2. 계약내용

매매대금 금 일억오천칠백만(₩157,000,000)원정

계약금 금 일천오백칠십만(₩15,700,000)원정 은 계약시에 지불하고 영수함 ※영수자:

| 실투자금 3,500만원으로 4개월 만에 3,000만원 이상 수익 완료!

▶ 해당 물건을 낙찰받고 인근에서 가장 가까운 부동산에 의뢰한 지 얼마 되지 않아, 1층을 원하는 초등학교 자녀를 둔 매수 희망자에게 1억 5,700만원에 매도했다. 이 물건의 단기수익은 3,000만원 이상이었는데, 빠른 매도 덕분에 비규제지역에서 공동주택 공시가격 1억원 이상 아파트에 입찰할 수 있는 명의를 하나 남겼다는 부분과 경쟁이 높지 않은 지방 소도시에 투자했다는 부분이 만족스러웠다. 우리나라는 땅이 좁고 교통이 좋아 웬만하면 반나절 안에 모든 도시에 다 갈 수 있을 만큼 거리가 가깝다. 부동산 경매투자에서 거리가 멀다는 것은 핑계일 뿐이다. 돈을 벌 수만 있다면 전국 어디로든 바로 출발할 수 있는 준비가 되어야 경매시장에서 지속적으로 수익원을 만들어낼 수 있을 것이다.

24

남원 | 임차인은 저렴하게 매수,
낙찰자는 빠르게 매도!

1억 3,800만원 낙찰 → 1억 6,700만원 매도

인구 약 8만의 전라북도 남원

남원은 인구 약 7만 8,000명으로 광주광역시의 오른쪽, 전라북도에서 남쪽으로 가장 아래쪽에 자리 잡은 소도시이자 많은 사람들이 춘향이의 도시로 기억하는 지방 소도시다. 2021년 7월 전북 전주 지역과 군산 지역에서 신축아파트 가격상승이 계속 이어질 때 공급이 없는 시기라서 전주 인근의 소도시들에서도 매수세가 강해지며 매물이 부족한 현상을 보이기 시작했는데, 남원 또한 그런 지역 중 한 곳이었다.

남원에 공동주택 공시가격 1억원 이상인 나홀로아파트가 감정가 1억 8,900만원에서 최저가 1억 3,200만원으로 약 5,500만이 떨어진 금액에 경매로 나왔다. 이 물건을 보는 순간 단독낙찰을 예측했는데 누군가 1명이 더 입찰했다. 경쟁자가 없을 것으로 여긴 근거는 3가지였는데 첫 번째는 공동주택 공시가격 1억원이 넘는 물건이라 투자자가 중과세를 납부해야 했고, 두 번째는 살면서 한 번도 가기 힘든 지방 소도시였고, 세 번째는 가격조사가 쉽지 않은 나홀로아파트라는 점이었다.

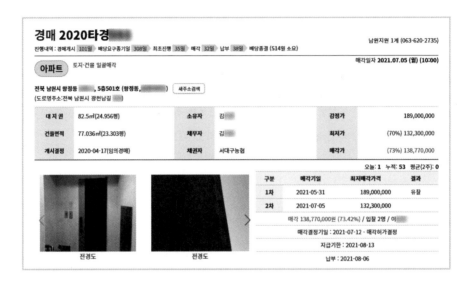

남원은 워낙 작은 지방 소도시라서 도시 내 3~4군데에 아파트들이 배치되어 생활권을 이루고 있다. 이 아파트는 나홀로아파트라서 세대는 많지 않았지만 인근에 위치한 이마트를 중심으로 병원/은행/식당 등의 원도심 인프라를 갖추고 있었고, 반경 700m 이내에 초등학교와 중학교가 인접해 있어 생활권은 상당히 좋았다. 이 지역 부동산 중개사업소들의 의견 또한 가격만 적당하면 매매는 무난할 거라는 긍정적인 의견이 대다수였다. 임차인도 전액 배당받기 때문에 2달 안에 명도를 끝낼 수 있을 것으로 보고 4개월 안에 낙찰과 매도를 마무리하는 단기투자를 계획했다.

🏠 임차인 현황

말소기준일(소액) : 2016-11-04　　배당요구종기일 : 2020-07-27

목록	임차인	점유부분/기간	전입/확정/배당	보증금/차임	대항력	분석	기타
1	양○○	주거용 전부 2016.07.23~2017.07.22.	전입:2016-11-08 확정:2016-11-08 배당:2020-04-29	보:20,000,000원 월:500,000원	없음	소액임차인 주임법에 의한 최우선변제 액 최대 1,700만원 순위배당 있음	임차인 [현황서상 강○○ 전입 일:2016.08.03]

기타사항 ＊현황조서상 임차인 강인석은 주민등록표초본상 권리신고인 양서영의 배우자임

🏠 건물등기

(채권합계금액:184,200,000원)

순서	접수일	권리종류	권리자	채권금액	비고	소멸
갑(4)	2016-11-04	소유권이전	김○○		매매 거래가액:200,000,000원	
을(1)	2016-11-04	근저당권설정	서대구농협 (중리지점)	151,200,000	말소기준등기	소멸
을(2)	2018-01-15	근저당권설정	김○○	33,000,000		소멸
갑(11)	2020-04-20	임의경매	서대구농협	청구금액 143,318,701	2020타경593	소멸

나는 물건을 볼 때 등기부에서 등기상 가장 최근의 소유권이전일을 중요하게 본다. 아무래도 소유권이전일이 입찰기일에 근접할수록 물건의 내부 상태가 깨끗할 확률이 높기 때문이다. 그리고 임차인을 분석할 때는 배당여부를 꼼꼼히 확인하는데, 그 이유는 배당받는 임차인(대항력 있는 일부 배당 임차인 제외)은 낙찰자에게 명도확인서를 받아야 배당이 가능하기에 배당기일(낙찰일로부터 60일) 이내에 명도가 어느 정도 마무리될 확률이 높기 때문이다.

이 물건의 임차인 양○○은 소액임차인으로 보증금 2,000만원 중 1,700만원을 최우선변제로 배당받는데, 대항력이 없어 나머지 보증금은 경매를 통해 배당받아야 했다. 이때 낙찰자에게 명도확인서를 내줘야 1,700만원을 배당받을 수 있으므로 굳이 현장에 자주 가지 않고도 충분히 명도할 수 있는 것이 장점이었다.

1억 3,800만원 낙찰 → 1억 6,700만원 매도

| 실투자금 3,000만원으로 3개월 만에 2,000만원 수익 완료!

이 물건은 현재 거주 중인 임차인에게 매도하게 되었는데, 그 이유는 임차

인이 이사를 가려고 해도 인근에 마땅한 집이 없었고, 해당 아파트의 위치가 좋아 이곳에서 계속 거주하길 희망했기 때문이다. 나는 단기투자가 목적이라 임대를 놓을 생각은 없었기에, 결국 부동산에 내놓은 매도가격 1억 8,000만원에서 1,300만원을 깎아준 1억 6,700만원에 임차인과 매도계약을 하게 되었다. 낙찰자 입장에서는 수익은 줄었으나 매도기간을 단축할 수 있어서 좋고, 매수자 입장에서는 배당받지 못해 손해 본 보증금 300만원보다 훨씬 더 많은 1,300만원 정도를 깎아 저가로 매수할 수 있어 서로 좋게 마무리할 수 있었던 사례다.

지금과 같은 하락장에서는 매수자가 없어 이런 투자방법을 활용하기가 쉽지 않지만, 시간이 흘러 모든 규제가 풀리고 부동산 시장이 활성화되면 전국을 돌아다니며 앞서 언급한 투자사례들과 같은 단기투자 경험을 많이 쌓아보길 바란다.

25

무릎에 사서 어깨에 파는 전략,
17만 소도시 서산 갭투자

2억 500만원 매수 → 2억 7,800만원 매도

대규모 입주물량 전후 서산의 분위기

종종 보는 TV 예능 프로그램에서 나온 내용 중 기억나는 말이 있다. "축구는 90분간 리듬을 타는 것이다."라는 말이다. 축구가 90분간 리듬을 탄다면 부동산은 10년간 리듬을 타며 투자해야 하지 않을까? 말 그대로 부동산 리듬을 탄다는 것은 어느 지역에 선진입해야 하는지 파악하고 물건을 최대한 저렴하게 매수한 뒤, 상승 중반에 선매도하는 것이다. 가장 좋은 매수매도 타이밍은 발목과 머리가 아니라 무릎과 어깨다. 그래야 수익을 내기 위해 보다 유연한 전략을 쓸 수 있기 때문이다.

서산이라는 인구 17만명의 지방 소도시 사례를 살펴보자. 다음 페이지의 그래프를 보면 입주물량이 과도하게 몰린 2018년 구간을 지나 입주물량이 소진되는 2019~2022년이 이 지역 아파트의 가격상승 타이밍이라고 볼 수 있다. 진입 기간은 2018년 하반기부터 2020년 상반기까지다.

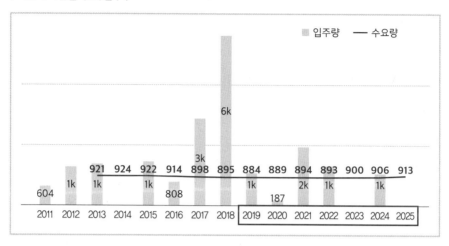

2020년 12월에는 충남 천안의 신불당 아파트 가격이 큰 폭으로 상승했다. 4억원 초반이던 아파트 가격이 갑자기 5억원대에서 7억원대로 가더니 마침내 9억원까지 큰 폭으로 상승점을 찍었다. 천안의 가격상승으로 인해 인근 도시인 아산의 아파트 가격도 뒤따라 상승했고, 마지막으로 서산과 당진 또한 언제든 상승할 수 있는 위치에 놓이게 되었다.

앞서 말한 대로 서산에는 2018년 대규모 입주물량이 끝나 2019년부터 입주물량이 부족해졌으나 당진에는 2024년까지 입주물량이 아직 많이 남아 있는 터였다. 나는 이 시기에 충청권에 투자한다면 공급이 적은 서산에 투자하는 것이 적절하다고 판단했다. 서산의 아파트들을 온라인으로 검색하던 중 예천동에 위치한 신축급 대장아파트의 매매가격과 전세가격이 붙어 있는 것을 확인했다. 분석해보니 인근에 아파트 입주물량이 없어 전세가격은 상승한 반면 매수심리가 살아나지 않아 매매가격은 그대로인 것을 확인할 수 있었다. 즉, 전세가격이 매매가격을 밀어 올리는 전초현상이 일어나고 있었기에 최고의 투자타이밍이라고 판단했다.

그래서 부동산 중개업소에 문의해 몇 개 안 되는 물건 중 가장 투자금이 적은 저층이 매매 2억 500만원, 전세 2억원에 나와 있는 걸 보고 투자금 500만원으로 당일 바로 계약했다.

▶ 2020년 12월에 투자한 서산 아파트는 그로부터 6개월 뒤인 2021년 6월부터 가격이 급격히 상승했으며 이런 상승세는 2022년 초반까지 계속되었다. 보통 이런 시기에는 물량이 없어 가격상승이 안전하

게 일어나기에 전세 기간인 2년을 채우고 매도하지만, 정부의 부동산 취득세

2억 500만원 매수 → 2억 7,800만원 매도

아파트 매매 계약서

No 1

본 부동산에 대하여 매도인과 매수인 쌍방은 다음과 같이 합의하여 매매 계약을 체결한다.

1. 부동산의 표시

소 재 지	충청남도 서산시 예천동 108동 302호			
토 지	지목 대	대지권 비율	40514분의33.8607	면적 40514 ㎡
건 물	구조 철근콘크리트	용 도	아파트	면적 59.9848 ㎡

2. 계약내용

제1조) [목 적] 위 부동산의 매매에 있어 매수인은 매매대금을 아래와 같이 지불하기로 한다.

매매대금	金이억칠천팔백만	원정 (₩278,000,000)	
계 약 금	金이천팔백만	원정은 계약시 지불하고 영수함.	영수인 계좌이체(장
중 도 금	金	원정은 년 월 일 에 지불하며,	
	金	원정은 년 월 일 에 지불하며,	
잔 금	金오천만	원정은 에 지불한다.	
보 증 금	金이억	원정은 현상태에서 승계 하기로 한다.	

제2조) [소유권이전 등] 매도인은 매매대금의 잔금을 수령과 동시에 매수인에게 소유권이전등기에 필요한 모든 서류를 교부하고

| 실투자금 500만원으로 1년 만에 7,000만원 수익 완료!

규제로 인해 1억원 이상 아파트에는 취득세가 중과되므로 여기에 묶인 명의로 다른 물건에 투자하기 위해 2021년 12월에 전세를 끼고 매도했다. 매도가격은 2억 7,800만원으로 500만원의 투자금으로 1년 동안 약 7,000만원의 수익을 올렸다.

부동산 흐름을 안다면 꼭 경매가 아니라 일반 아파트 투자로도 얼마든지 수익을 낼 수 있다는 것과 지방 소도시는 입주물량에 더욱 민감하게 반응한다는 것을 배울 수 있는 사례다.

엠제이 코멘트

수익률이 100%가 아닌 70%일 때 선매도하라

나는 수익의 많고 적음을 떠나서 매도계약서를 쓰는 시점에 기분이 가장 좋다. 매도계약서에 도장을 찍는 순간 매수시점으로 돌아가 이 물건을 어떻게 조사했고, 어떻게 수익구조를 분석했으며, 그 결과가 어떠했는지가 떠오르면서, 그 모든 것이 담긴 매도계약서를 통해 그간 열심히 뛰어다닌 상을 받는 기분이 든다.

오래가는 투자자는 다음 투자자가 먹을 것을 남겨둔다. 내가 다 먹으려고 하는 순간 매도타이밍을 놓쳐 수익이 손실로 바뀔 수 있고, 투자금을 회전시키지 못해 많은 기회비용을 잃어버리게 되기 때문이다. 그래서 나는 다음 투자자가 확실한 수익을 벌 수 있게 상품을 만들고 내 수익이 100%가 아닌 70% 지점에 도달했을 때 대부분 선매도했다. 이 사례의 물건도 호가는 3억 2,000만원이었지만 그보다 4,000여만원 낮은 2억 7,800만원에 급매로 내놓아, 부동산 중개업소에 물건을 내놓은 지 이틀 만에 매수자가 나타나 계약이 성사되었다. 이 물건을 구입한 매수자는 시세보다 4,000만원 싸게 사서 이득을 봤고, 나 또한 투자금 500만원으로 7,300만원이라는 투자수익을 냈으니 이득이었다. 이처럼 남보다 조금 더 노력해 투자 물건을 선정하고 선진입하면 더 안전하게 수익을 낼 수 있다.

26

마산 소도시 구축아파트의 회복장 무피투자

1억 1,500만원 낙찰 → 1억 8,000만원 매도

경상도에 집중되는 아파트 공급

투자를 하다 보면 인구 100만명 이하의 소도시들이 모여 있는 지방이 있다. 나는 경매투자 시 주로 구축아파트를 대상으로 하는데 구축으로 안전하게 수익을 올리려면 지방이지만 어느 정도 인구가 받쳐줘야 하고, 작은 도시일수록 지역산업이 호황이어야 하고, 인구유입이 계속 늘어나야 한다. 그래야 매수 수요가 안전하게 뒷받침될 수 있다.

아무래도 전라/충청/강원권보다는 경남권이 인구나 산업, 수요층이 많다 보니 타 도시 대비 주택물량이 많을 수밖에 없다. 2017~2019년 경남권에서는 신축아파트 입주물량으로 인해 구축아파트 가격이 본격적으로 하락했다. 옆의 이미지는 경남권의 수급물량이지만, 인근 다른 지역들도 상황이 비슷해 전국적으로 구축아파트의 가격하락이 일어났다.

그러나 나는 물량이 급감하는 2020년부터 하락했던 부동산 가격이 다시 회복되리라 보았기에 구축아파트 가격이 반토막난 경남과 경북에 집중적으로 투자하기 시작했다. 2020~2022년에 반값으로 매수해 전세를 놓은 뒤 2022년부터 순차적으로 원가에 매도하는 방향으로 전략을 세우고, 이 지역에서 경매로 진행되던 공동주택 공시가격 1억원 이하 구축아파트에는 거의 다 입찰했다.

| 경상남도 기간별 수요/입주 |

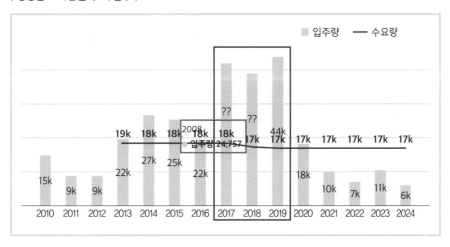

이날도 창원 마산 쪽에 계속 입찰하다 내서읍 쪽에 나온 아파트를 보게 되었다. 읍이라서 입지는 조금 떨어져도 인근 대도시의 가격상승에 편승해 시간이 지나면서 충분히 가격을 회복할 수 있을 거라고 생각했고, 무엇보다 세대수가 많고 아파트들이 모여 있어 수요가 많을 거라 예상했다. 마침 이 물건이 감정가 약 1억 6,000만원, 최저가 약 1억원에 경매로 나왔을 때 1억 1,500만원에 낙찰받아 전세를 맞춘 후 시세가 회복되는 2년 후를 기다리기로 했다.

경매 2019타경 █████

진행내역: 경매개시 **82일** 배당요구종기일 **101일** 최초진행 **154일** 매각 **27일** 납부 **36일** 배당종결 (400일 소요)

마산지원 1계 (055-240-9413)

매각일자 **2020.10.15 (목) (10:00)**

아파트 토지·건물 일괄매각

경상남도 창원시 마산회원구 내서읍 삼계리 260 대동이미지아파트 ████ ███ █████ `새주소검색`
(도로명주소:경상남도 창원시 마산회원구 내서읍 광려로 28)

대지권	38.9512㎡(11.783평)	소유자	조███	감정가		161,000,000
건물면적	72.5162㎡(21.936평)	채무자	조███	최저가	(64%)	103,040,000
개시결정	2019-11-13(임의경매)	채권자	제이티친애저축은행	매각가	(72%)	115,770,000

전경도

전경도

● · ·

`간략보기 ▲`
오늘: 1 누적: 60 평균(2주): 0

구분	매각기일	최저매각가격	결과
1차	2020-05-14	161,000,000	유찰
2차	2020-06-11	128,800,000	
	매각 131,000,000원 (81.37%) / 1명 / 불허가		
3차	2020-08-13	128,800,000	유찰
	2020-09-10	103,040,000	변경
4차	2020-10-15	103,040,000	
	매각 115,770,000원 (71.91%) / 입찰 5명 / 장██		
	(차순위 112,000,000원)		

지방 구축아파트를 바닥지점에 사서 장기 보유했다가 시세차익을 보려면

나홀로아파트보다는 단지가 조성된 아파트에 투자해야 한다. 이 물건의 경우 위치는 외지지만 인근에 공원 및 초등학교 그리고 상권형성이 잘되어 있어 매도 시 충분히 수요층을 공략할 수 있을 것으로 판단했다.

경남/경북은 2015년 시세를 반드시 확인

실거래가 상세내역 ◎검색 : 18 건 · 최저가 : 🔲 18,200 · 평균가 : 🔲 19,790 · 최고가 : 🔲 20,900 72.5162㎡ ▼

No	년도	분기	전용면적(㎡)	계약일	층	거래금액(만원)	건축년도
18	2016	1	72.5162	2016.2.11	13	19,120	2003
17	2015	3	72.5162	2015.8.7	12	19,600	2003
16	2015	3	72.5162	2015.8.15	10	20,000	2003
15	2015	2	72.5162	2015.6.26	6	20,900	2003
14	2015	2	72.5162	2015.4.16	14	19,800	2003
13	2015	2	72.5162	2015.4.17	10	20,500	2003
12	2015	1	72.5162	2015.3.14	6	20,300	2003
11	2015	1	72.5162	2015.1.6	16	20,700	2003
10	2014	3	72.5162	2014.9.18	9	19,900	2003
9	2014	3	72.5162	2014.9.5	12	19,500	2003
8	2014	3	72.5162	2014.9.18	20	19,400	2003
7	2014	3	72.5162	2014.8.19	1	18,200	2003
6	2014	3	72.5162	2014.7.21	9	19,500	2003
5	2014	2	72.5162	2014.6.4	20	19,000	2003
4	2014	2	72.5162	2014.4.26	9	20,400	2003
3	2014	1	72.5162	2014.3.27	15	20,300	2003
2	2014	1	72.5162	2014.3.20	4	19,500	2003
1	2014	1	72.5162	2014.2.25	12	19,600	2003

경남과 경북의 하락장 투자 시 포인트는 항상 원가격 시점인 2015년 인근의 평균가격을 확인할 필요가 있다는 것이다. 2015년 시세가 1억 9,000만원 정도였는데 낙찰받은 가격은 1억 1,500만원이니, 2년 보유 후 안전하게 7,000만원 정도 가격상승을 기대할 수 있을 것으로 보였다.

1억 1,500만원에 낙찰받은 후 투자금을 회수하기 위해 인근 부동산 중개업소에 전세매물을 뿌렸고, 전세가 귀한 시기여서 3명 정도 집을 본 후 1억 3,500만원에 계약을 맺었다. 경매의 장점은 시세보다 싸게 산다는 것인데 이 시기에는 매매가격과 전세가격이 비슷해 낙찰받은 후 전세를 맞췄을 때 거의 투자금이 들지 않거나 반대로 돈이 더 들어오는 경우가 많았다. 그리고 2년이 흘러 계약만기 시점이 되어 매매로 내놓았더니 어느새 인근 부동산 가격이 회복되어 1억 8,250만(250만원 인하)에 매도하며 고수익 무피투자를 마무리했다.

[아파트매매]
▶주소: 내서읍 삼계리260번지 대동이미지
207동1201호
▶매매대금 1억8250만원
▶계약금일부 선금입금저
부산
서
가계약금
✔계약일:2022년10월
✔잔금예정일:202
✔ 잔금시 까지 전세권설정 및 근저당
전액상환 및 말소
✔준비물:신분증.도장
매도분: 등기필증
매수분: 계약금
✔계약서 작성관련해서 매도
매수분인적사항(주소.주민번호.성함)문자주
시면 당일 좀더 빨리 계약진행됩니다

1억 1,500만원 낙찰 → 1억 3,500만원 전세 → 1억 8,000만원 매도

부동산(아파트) 전세 계약서

임대인과 임차인 쌍방은 아래 표시 부동산에 관하여 다음 계약 내용과 같이 임대차계약을 체결한다.

1. 부동산의 표시

소 재 지	경상남도 창원시 마산회원구 내서읍 삼계리					207동 1201호		
토 지	지 목	대	면 적	21605 ㎡	대지권종류	소유권	대지권비율	216050000분의389512
건 물	구 조	철근콘크리트구조		용 도	아파트		면 적	72.5162 ㎡
임대부분	대동이미지아파트 207동 1201호 전유부분 및 대지권전체						면 적	72.5162 ㎡

2. 계약내용

제1조 [목적] 위 부동산의 임대차에 한하여 임대인과 임차인은 합의에 의하여 임차보증금 및 차임을 아래와 같이 지불하기로 한다.

보증금	금 일억삼천오백만(₩135,000,000)원정		
계약금	금 일천삼백만(₩13,000,000)원정	은 계약시에 지불하고 영수함 ※영수자	
잔 금	금 일억이천만(₩122,000,000)원정		에 지불한다

제2조 [존속기간] 임대인은 위 부동산을 임대차 목적대로 사용할 수 있는 상태로 2021년04월21일 까지 임차인에게 인도하며, 임대차 기간은 인도일로부터 까지로 한다.
제3조 [용도변경 및 전대 등] 임차인은 임대인의 동의없이 위 부동산의 용도나 구조를 변경하거나 전대, 임차권 양도 또는 담보제공을 하지 못하며 임대차 목적 이외의 용도로 사용할 수 없다.
제4조 [계약의 해지] 임차인이 제3조를 위반하였을때 임대인은 즉시 본 계약을 해지 할 수 있다.
제5조 [계약의 종료] 임대차 계약이 종료된 경우 임차인은 위 부동산을 원상으로 회복하여 임대인에게 반환한다. 이러한 경우 임대인은 보증금을 임차인에게 반환하고, 연체 임대료 또는 손해배상금이 있을 때는 이를 제하고 그 잔액을 반환한다.
제6조 [계약의 해제] 임차인이 임대인에게 중도금(중도금이 없을때는 잔금)을 지불하기 전까지 임대인은 계약금의 배액을 상환 하고, 임차인은 계약금을 포기하고 이 계약을 해제 할 수 있다.
제7조 [채무불이행과 손해배상의 예정] 임대인 또는 임차인이 본 계약상의 내용에 대하여 불이행이 있을 경우 그 상대방은 불이행 한 자에 대하여 서면으로 최고하고 계약을 해제 할 수 있다. 이 경우 계약 당사자는 계약해제에 따른 손해배상을 각각 상대방에게 청구할 수 있으며, 손해배상에 대하여 별도의 약정이 없는 한 계약금을 손해배상의 기준으로 본다.

| 실투자금 0원으로 2년 만에 7,000만원 수익 완료!

▶ 정리하면 2020년 1억 1,500만원 낙찰 → 1억 3,500만원 전세 → 2년 뒤 1억 8,250만원 매도로 내 투자금을 한 푼도 들이지 않고 약 7,000만원의 수익을 올린 사례였다.

가격투자는 하락장의 최대 방어전략

부동산 투자를 시작할 때 '투자금 만들기'가 아닌 '투자금 불리기'부터 시작하는 투자자가 대부분이다. 즉, 가격투자를 선행하여 나온 수익으로 가치투자를 하는 방법이 아닌 가치투자를 선행하여 원금을 투자한 후 2년 뒤 발생하는 수익으로 재투자를 이어가는 방식인데, 이런 가치투자의 단점이 지금과 같은 부동산 하락장에서 명확히 나타나고 있다.

2022년 후반부터 전국 부동산 시장에서 보합 및 매매거래 자체가 아예 되지 않는 본격적인 하락장이 시작되면서 가치투자는 아무 소용 없는 마이너스 투자방법이 되어버렸다. 물론 매도타이밍을 잘 맞춰 하락하기 전 수익을 남기고 잘 빠져나간 투자자들도 있겠지만 대부분의 투자자들이 임대기간이 만료되지 않거나 흐름을 알아차리지 못해 매도타이밍을 놓치고 가격하락을 그대로 맞을 수밖에 없었다. 그렇다고 해서 부동산 가치투자를 아예 하지 않을 수는 없으니 이제부터라도 본인이 가진 원금으로 투자하는 방식이 아닌 가격투자에서 얻은 수익금으로 가치투자를 해보자. 부동산 가격이 떨어지고 거래가 불가능한 지금과 같은 하락장에서도 남아 있는 기존 원금으로 가격투자를 이어간다면 또 다른 투자기회를 만들 수 있다.

다섯,

경쟁 없는
비인기종목을 노려라,
나홀로아파트 단기투자

27

종목을 다양화하면
투자수익이 극대화된다

담배만 판매해서는 편의점을 유지할 수 없다

편의점을 창업할 때 꼭 필요한 확인 절차가 있는데 바로 편의점 내 담배 판매가 가능한지 여부다. 해당 편의점 브랜드의 점포개발팀이 새로운 점포를 낼 때는 제한거리 내에 담배판매권을 가진 다른 편의점이 있는지를 반드시 확인한다. 그 결과에 따라 편의점 창업이 불가할 수도 있다. 그만큼 편의점에서 담배 판매의 매출 기여도는 전체 매출 대비 상당히 크다.

| 편의점에서 담배 매출 비중은 약 44%로 전체 매출의 절반 정도를 차지한다.

그런데 이렇게 한번 생각해보자. 편의점에서 담배 판매가 차지하는 비중이 굉장히 크다고 해서 담배 판매만으로 편의점을 유지할 수 있을까? 결론은 불

가능하다는 것이다. 그 이유는 담배를 제외한 매출이 여전히 반이 넘기 때문이다. 편의점을 유지하려면 당연히 담배를 제외한 음료, 과자, 생필품 등 나머지 품목들의 판매가 꾸준히 이루어져야 한다. 즉, 한 가지 품목이 아닌 다양한 품목에서 매출이 균형을 이루어야 편의점이 운영을 지속할 수 있다.

편의점의 매출구조는 부동산 투자와 유사한 부분이 많다. 편의점에서 담배와 다른 품목의 매출이 균형을 이뤄야 하듯, 부동산 투자에서는 아파트(=수요가 많은 담배)와 하위종목(=다른 품목)이 균형을 이뤄야 한다. 그래야 더욱더 다양한 투자의 기회와 수익이 발생하고, 상승장이든 하락장이든 부동산 시장 흐름에 크게 영향받지 않고 계속해서 투자를 이어나갈 수 있다.

부동산 투자 시 여러 종목을 활용해 다양하게 투자하면 한 가지 종목만 활용할 때보다 투자수익을 극대화할 수 있다.

그간 부동산 투자를 해오며 경매와 공매 그리고 일반 부동산 투자방법으로 돈을 벌기 위해 활용할 수 있는 나만의 투자기술을 정리해보니, 대략 20가지 정도로 정리가 되었다.

부동산으로 돈 버는 방법

경매 (5%)	공매 (5%)	신탁 공매 (5%)	아파트 (5%)	빌라 (5%)
주택 (5%)	오피스텔 (5%)	단타 (5%)	플피 (5%)	무피 (5%)
유치권 (5%)	가장임차인 (5%)	분양권 (5%)	재개발 (5%)	나홀로아파트 (5%)
상승장 (5%)	하락장 (5%)	인테리어 (5%)	상가 (5%)	상가주택 (5%)

나는 부동산 투자에서 종목을 이렇게 정의한다

보통 부동산 투자자에게 첫 번째 투자물건을 물어보면 본인 동네 인근의 가장 잘 아는 부동산에 투자했다고 하는 경우가 많다. 초보투자자의 경우 자신의 동네가 가장 안전하다고 여기기 때문이다. 그렇게 낙찰 및 매도 경험이 하나둘 쌓이며 계속해서 수익이 발생하다 보면 한 지역을 고집하기보다 점점 투자지역을 넓히게 되고, 투자종목도 신축아파트에서 구축이나 나홀로 등으로 점점 더 다양해진다.

통상 상승장에서는 지역마다 상승금액과 속도의 차이가 있을 뿐, 가격이 가장 높은 대장아파트부터 가격이 가장 낮은 빌라까지 키맞추기 현상이 일어나는 흐름은 대동소이하다. 그러나 부동산 상승장에 올라타 아파트에 주로 투자했던 투자자는 가격상승이 없는 나홀로아파트/빌라/오피스텔/상가 등에 눈을 돌려도, 각각의 부동산이 가진 개별성 및 리스크 관리 그리고 시장 변화에 어려움을 느껴 선뜻 투자를 시작하지 못한다. 이렇듯 하위종목을 활용해 투자수익을 내려면 무조건 원가격보다 싸게 사서 원가격에 판다는 원리에 충실해야 한다.

우리 아카데미에 오시는 수강생분께 빌라 투자 요령을 알려드리면, 늘 다음과 같이 불안에 찬 질문을 받는다.

"이 빌라를 낙찰받아도 과연 살 사람이 있을까요?"

내가 본격적으로 주거용 하위종목인 나홀로아파트와 빌라에 투자하기 시작한 것은 경매를 시작하고 나서 8년 후였다. 그전까지는 아파트만 주로 낙찰받았는데, 권리관계가 깨끗하고 멀쩡한 아파트는 과도한 입찰경쟁으로 인해 저가로 낙찰받을 확률이 매우 낮았다. 그러다 보니 수익을 내는 데 한계를 느껴 어쩔 수 없이 나홀로아파트와 빌라 투자를 시작했다. 그런데 나홀로아파트와 빌라를 공부하고 투자를 시작했더니 의외로 이런 하위종목이 가격상승이 없어도 돈을 벌 수 있는, 즉 싸게 사서 싸게 팔 수 있는 가장 좋은 대상이라는 것을 알게 되었다.

경매에서 경쟁 없는 비인기종목을 노려라

보통 경매물건을 계속 검색하다 보면, 투자자들이 선호하는 위치 좋은 아파트나 재개발/재건축 등의 개발호재가 반영된 경매물건은 전체의 약 10%를 넘지 않는다. 나머지 90%가 가격상승이 반영되지 않은 구축아파트/빌라/상가/토지 등인데 이 하위종목의 경매물건들도 꼼꼼히 조사해 수익이 날 만한 물건을 선정하면 투자를 이어나갈 수도 있다.

경매에서 비인기종목의 수요는 10%인 반면 공급은 90%다.

초보 경매투자자의 입찰수요층을 살펴보면, 입지 좋은 신축아파트를 낙찰받으려는 수요층이 90%이고 그 외 나머지 하위종목 물건의 입찰수요층이 10%다. 그만큼 거의 모든 투자자가 좋은 물건을 싸게 사고 싶어 하지만, 신축아파트 경매물건 공급비율은 10%가 채 되지 않다 보니 입찰자 간에 경쟁이 심할 수밖에 없다.

이와는 반대로 수요층이 10%인 하위종목 물건의 공급량은 90% 정도로 수요 대비 공급량이 많아 큰 경쟁 없이 경매물건을 낙찰받을 수 있다. 여기서 본질은 "10%의 수요와 90%의 공급, 즉 수요보다 공급이 훨씬 더 많아 경쟁이 없는 하위종목 시장을 어떻게 활용해 수익을 얻을 수 있을까?"라는 질문의 해답을 찾는 것이며, 그 해답을 찾은 투자자는 경쟁 없는 블루오션에서 투자수익을 얻을 수 있다.

일반 경매	**10%** A, B등급 아파트/재건축	**90%** 구축아파트/상권/토지 빌라/근린주택/특수물건

| 매물의 90%를 차지하는 쪽을 공략해야 경쟁이 적다!

주거용 물건에 안전하게 오래 투자하자

엠제이 코멘트

수업할 때 일반 투자자들이 하기 힘든 상가 투자나 상가주택 투자 등의 비인기종목에 투자해 수익을 얻은 사례를 공개하면 수강생들의 부러움을 사곤 했다. 하지만 상가의 경우 조금이라도 상품성이 떨어지면(수요 부족) 환가(매도)가 매우 힘들었기에 반복해서 진행하기 힘들다는 결론을 냈다. 그 후 수요가 부족한 비주거 경매물건들은 A급이 아닌 이상 과감하게 투자에서 제외했다. 단순히 투자를 경험하는 것을 넘어 안정된 수익을 꾸준히 내는 것이 훨씬 더 중요하기 때문이다.

비주거용 경매물건에 대한 기준을 세우고, 가급적 주거용 물건에 더 집중하는 전략을 택하고 나서부터 투자가 한결 더 단순해졌을 뿐 아니라 수익구조도 더 간단해졌다. 투자를 계속하며 늘 가지고 있던 불안감이 많이 사라져 이제는 안전하게 오래 투자하는 여유를 지니게 되었다.

부동산 경매 단기투자의 기적

28

법인으로 단기투자하기

> **7.10대책 전 투자 환경**
>
> - 법인으로 투자 유리
> - 법인세 경비처리 및 추가과세 10%
> - 개수에 관계없이 대출 가능

    7.10대책 이전, 즉 정부의 부동산 규제가 없었을 때는 개인 명의보다 주로 법인 명의를 활용해 주거용 경매물건에 투자했다. 개인 명의로 단기투자 시 발생하는 경비처리(경비처리 불가) 문제 및 양도세 50%(1년 이내 중과)를 감안하면 개인보다는 법인 명의로 부동산을 매수·매도하는 게 훨씬 더 유리했기 때문이다. 이때는 법인으로 낙찰받아도 낙찰개수와 관계없이 잔금대출이 가능했고, 낙찰 후 단기매도 시에도 양도세가 아닌 법인세+추가과세(10%)를 납부했다. 게다가 법인세는 법인지출비용으로 경비 처리가 가능해 단기매도하는 경매투자자에게 매우 좋은 환경이었다. 다음의 사례들은 법인 명의를 활용해

> 필자 역시 이때 주거용 단기
> 투자에는 법인을 활용했으며
> 특히 매도에 대비한 경비처리
> 에 신경을 많이 썼다.

4~6개월 이내에 낙찰 및 매도를 반복한 사례들이며 현재는 법인 규제로 인해 이 방법이 불가하다.

그런데도 이런 법인투자 사례를 소개하는 이유는 정부의 부동산 규제가 아무리 심해도 늘 방법이 있다는 것을 말씀드리기 위함이다. 정부의 규제는 시장의 흐름에 따라 항상 바뀌기에 투자자는 앞으로의 부동산 시장을 예측하며 투자해야 한다. 지금부터 부동산 시장이 계속 하락해 아무도 집을 사지 않아 역대급 미분양에 동종업계의 줄파산이 이어지면, 정부에서는 경제를 살리기 위해서라도 규제완화를 넘어서 부동산 투자를 선호하는 정책으로 가게 될 것이다. 그리고 그 시기에는 부동산과 관련된 모든 세금 및 대출이 정상화되고 부동산 법인을 규제 없이 정상적으로 투자에 활용할 수 있게 될 것이다. 법인투자의 장점은 양도세를 최소화하여 투자할 수 있다는 것이다. 경매투자를 하는 투자자라면 앞으로 법인의 단기투자가 활성화되는 시기가 오기 전에 미리미리 준비할 필요가 있다.

29

풀레버리지로 수익률 높인 포항 나홀로아파트
1억 700만원 낙찰 → 1억 5,000만원 매도

키맞추기 시작한 2019년의 지방

2019년 가을부터 지방의 대장아파트 가격이 상승하기 시작했다. 이때쯤 가격 움직임이 거의 없던 구축/나홀로아파트/빌라가 경매로 많이 나오기에 이런 하위종목들을 많이 낙찰받았다. 낙찰 당시에는 하위종목들의 매수자가 많지 않았으나 낙찰받고 명도하면서 시간이 좀 흘러 4~6개월 후 매도시점에는 신축아파트의 가격상승 분위기가 하위종목까지 번져 실거주자들의 매수 심리가 강하게 나타났다. 그러면서 전세보다는 매매를 선호하는 분위기로 전환되었다.

연식이 오래되지 않은 나홀로아파트의 경우 인테리어를 포함해 수리할 부분이 크게 없어, 아파트 내부수리가 꼭 필요한 구축아파트보다 투자금도 적게 들고 매도기간이 빨라 단기투자 시 가격을 낮춰 적당한 가격에 빠르게 매도하는 것이 수익 측면에서 용이하다.

2019년 10월 감정가 1억 8,500만원, 최저가 9,000만원, 호가는 약 1억

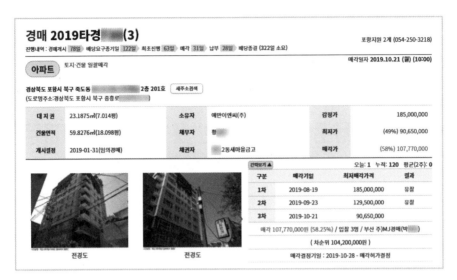

경매 **2019타경   (3)**

포항지원 2계 (054-250-3218)

진행내역 : 경매개시 78일 배당요구종기일 122일 최초진행 63일 매각 31일 납부 28일 배당종결 (322일 소요)

매각일자 **2019.10.21 (월) (10:00)**

아파트 토지·건물 일괄매각

경상북도 포항시 북구 죽도동   2층 201호 세주소검색
(도로명주소:경상북도 포항시 북구 중흥로   )

대지권	23.1875㎡(7.014평)	소유자	예만이엔씨(주)	감정가	185,000,000
건물면적	59.8276㎡(18.098평)	채무자	황	최저가	(49%) 90,650,000
개시결정	2019-01-31(임의경매)	채권자	2동새마을금고	매각가	(58%) 107,770,000

오늘: 1 누적: 120 평균(2주): 0

구분	매각기일	최저매각가격	결과
1차	2019-08-19	185,000,000	유찰
2차	2019-09-23	129,500,000	유찰
3차	2019-10-21	90,650,000	

매각 107,770,000원 (58.25%) / 입찰 3명 / 부산 주)MJ경매(박   )

(차순위 104,200,000원)

매각결정기일 : 2019-10-28 - 매각허가결정

전경도   전경도

| 외관상으로도 상태가 매우 좋아 보이는 나홀로아파트

🏠 토지/건물 현황

감정원 : 경상 / 가격시점 : 2019-03-22 / 보존등기일 : 2016-05-18

구분(목록)	면적	감정가	비고
토지	대지권 571.9㎡(173평) 중 23.1875㎡(7.014평)	37,000,000원	

구분(목록)	현황/구조	면적	감정가	비고
건물	9층 중 2층 주거용	59.8276㎡ (18.098평)	148,000,000원	사용승인일:2016-05-03 * 도시가스 개별난방

| 현황·위치
주변환경 | * 오거리 남서측 인근에 위치하며, 부근 일대는 간선도로변의 노선상가, 업무시설,후면 일대의 다세대주택,근린생활시설 등으로 형성되어있음
* 본 아파트단지까지 차량 출입 용이하며, 간선도로 접근성, 대중교통수단 이용 편의성 등으로 보아 제반 교통 사정은 편리시됨
* 세로장방형 토지로서, 인접지와 등고평탄하며 아파트 부지로 이용중임
* 본 아파트단지는 남동측으로 폭 약 8미터 포장도로와 접함 |

5,000만원인 포항의 나홀로아파트가 경매로 나왔다. 사용승인이 2015년으로 낙찰일 기준 4년 차 아파트라 내외부가 깨끗해 크게 손댈 것 없이 간단히 청소만 한 후 매매로 내놓으면 될 것 같았다. 입찰 당일 법인 명의로 1억 770만원에 입찰해 3명 중 최고가로 낙찰받았고, 6개월 뒤 1억 5,000만원에 매도했다.

부동산(아파트) 매매 계약서

매도인과 매수인 쌍방은 아래 표시 부동산에 관하여 다음 계약 내용과 같이 매매계약을 체결한다.

1. 부동산의 표시

소재지	포항시 북구 중흥로310번길 ▨▨▨ 201호						
토 지	지 목	대	면 적	571.9 ㎡	대지권종류	소유권대지권	
					대지권비율	571.9분의23.1875	
건 물	구 조	철근콘크리트구조			용 도	아파트	연 적 59.8276 ㎡

2. 계약내용

제1조 [목적] 위 부동산의 매매에 대하여 매도인과 매수인은 합의에 의하여 매매대금을 아래와 같이 지불하기로 한다.

매매대금	금 일억오천만원정	(₩150,000,000)	▨▨▨
계 약 금	금 일천만원정	은 계약시에 지불하고 영수함 ※영수자	▨▨
중 도 금	금 이천만원정	은 2020년 04월 27일에 지불한다	
잔 금	금 일억이천만원정	은 2020년 05월 08일에 지불한다	

제2조 [소유권 이전 등] 매도인은 매매대금의 잔금 수령과 동시에 매수인에게 소유권 이전등기에 필요한 모든 서류를 교부하고 등기절차에 협력 하여야 하며, 위 부동산의 인도일은 2020년 05월 08일 로 한다.

제3조 [제한물권 등의 소멸] 매도인은 위 부동산에 설정된 저당권, 지상권, 임차권 등 소유권의 행사를 제한하는 사유가 있거나 제세공과금 기타 부담금의 미납 등이 있을 때에는 잔금 수수일까지 그 권리의 하자 및 부담 등을 제거하여 완전한 소유권을 매수인에게 이전한다. 다만, 승계하기로 합의하는 권리 및 금액은 그러하지 아니하다.

| 실투자금 2,000만원으로 6개월 만에 3,500만원 수익 완료!

당시 법인의 경락잔금대출 시 낙찰가의 80% 정도는 큰 문제없이 나왔다. 1억 700만원에 낙찰받고 대출을 80% 받으면 실투자금은 2,500만원 정도로, 대출 레버리지를 활용해 실투자금을 줄이고 수익을 극대화하기 좋은 시기였다.

▶ 위 물건을 1억 700만원에 사서 1억 5,000만원에 매도한다면 차익이 약 5,000만원이다. 법인이므로 법인세(11%, 약 550만원)가 적용되는데, 법인세는 경비처리가 가능하니 그 외 10%의 추가과세(이 당시 법인의 추가과세는 차익분의 10%였다. 차익분 4,000만원의 10%=400만원)만 납부하면 되었다. 투자수익 관점에서 약 2,500만원의 실투자금으로 6개월 만에 3,500만원의 수익을 낸 셈이다. 투자금 대비 약 175%의 놀랄 만한 단타 수익이었다.

30

'대항력 있는 임차인'에 기회가!
울산 나홀로아파트

1억 1,800만원 낙찰 → 1억 6,000만원 매도

실수요자가 찾는 적당한 가격의 나홀로아파트

2020년 4월 이후로 전국의 절반 이상 지역에서 신축아파트의 가격상승이 일어났다. 전국적인 상승기였다. 결국 신축아파트 가격이 너무 높아지자 구축아파트 또는 나홀로아파트의 매수를 희망하는 실수요자가 늘어났다. 모든 매수자가 입지 좋은 대장아파트를 살 수는 없으므로 본인의 자산에 맞는 실거주용 부동산(구축/나홀로/빌라)은 항상 수요가 있다. 시장이 좋으니 신축아파트가 아니더라도 다른 종목 부동산 가격 또한 상승할 거라는 기대심리가 매수세로 이어졌다. 앞서 매수 심리가 얼어 있을 때 낙찰받고 매수 심리가 살아나 실수요자 및 투자자들의 매수가 시작될 때 매도하는 것을 선진입 투자 전략이라고 했다. 이 시기는 특히 하위종목 단기투자에 이 전략을 적용하기에 무척 좋은 환경이었다.

2020년 4월, 울산에서 가장 가격하락이 심했던 동구 방어동 지역에서도 대장아파트들의 가격상승이 일어나기 시작했다. 방어동은 현대중공업의 경영 악화로 인해 다른 지방보다 특히 더 하락기가 길었던 만큼, 다음 물건의 경우 입찰가를 안전하게(최대한 낮게) 53%대로 결정해 낙찰받았다. 나홀로아파트인 이 물건의 감정가는 2억 2,000만원, 최저가는 1억 800만원, 호가는 대략 1억 5,000만원 정도였다. 입찰가격은 1억 1,800만원으로 최저가에서 1,000만원만 올려 보수적으로 입찰했다. 이 시기에는 법인으로 낙찰받았기에 단기에 매도해도 중과세가 없었으므로 투자금 대비 수익률 약 100%에 맞춰 투자를 계획했다.

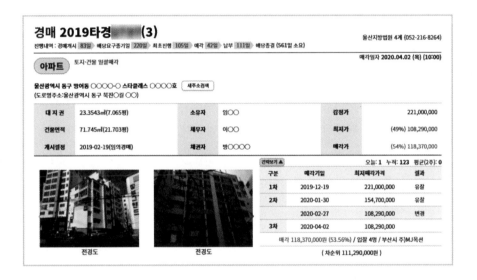

경매현황조사서를 보면 이 물건의 권리분석에는 특이한 사항이 있었는데, 등기부등본과 임차내역을 살펴보면 말소기준등기일인 2015년 12월 14일 근저당설정등기보다 전입이 13일 빠른 세대주 임○○이 전입되어 있었다. 낙찰자에게 대항할 수 있는 대항력 있는 임차인인지 여부

> **경매현황조사**
> 부동산이 경매개시결정이 되면, 집행법원은 집행관을 통하여 법에 명시된 절차대로 현황조사를 하고, 제출된 현황조사(보고)서의 사본을 입찰자가 열람할 수 있도록 기회를 부여하고 있다.

가 불분명해서인지 다른 물건보다 유독 경쟁이 적었다.

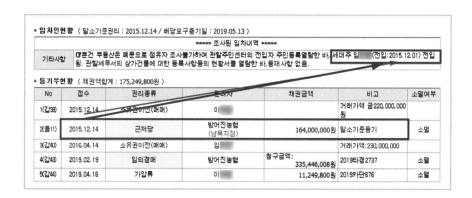

해당 물건의 임차인 현황을 확인하기 위해 등기부등본 갑구를 확인하니 현 경매사건 이전에 취하된 예전 경매 사건이 있었다. 경매사건 현황을 자세히 살펴본 결과, 임차인으로 보이던 임○○이 개명해 현 소유자로 바뀐 내용을 찾을 수 있었다. 즉, 대항력 있는 임차인이 아니라 소유자와 임차인이 동일인이었다.

▶ 경매는 이렇듯 사소한 권리관계로 인해 경쟁이 줄어들 수 있으므로 기본적인 권리분석이 탄탄하면 남들보다 빨리 판단하고 빨리 행동할 수 있다. 낙찰 후 명도를 끝내고 약 4개월 만에 매도했으며 매도 금액은 1억 6,000만원으로 투자금 대비 약 100%의 수익률을 달성했다.

1억 1,800만원 낙찰 → 1억 6,000만원 매도

부동산(아파트) 매매 계약서

매도인과 매수인 쌍방은 아래 표시 부동산에 관하여 다음 계약 내용과 같이 매매계약을 체결한다.

1. 부동산의 표시

소 재 지	울산광역시 동구 방어동 ███ 1002호						
토 지	지 목	대	면 적	771.9 ㎡	대지권종류	소유권대지권	대지권비율 771.9분의23.3543
건 물	구 조	철근콘크리트구조		용 도	아파트	연 적	71.745 ㎡

2. 계약내용

제1조 [목적] 위 부동산의 매매에 대하여 매도인과 매수인은 합의에 의하여 매매대금을 아래와 같이 지불하기로 한다.

매매대금	금 일억육천만(₩160,000,000)원정	
계약금	금 일천만(₩10,000,000)원정	은 계약시에 지불하고 영수함 ※영수자 대련 ██
잔 금	금 일억오천만(₩150,000,000)원정	은 2020년 08월 14일에 지불한다

제2조 [소유권 이전 등] 매도인은 매매대금의 잔금 수령과 동시에 매수인에게 소유권 이전등기에 필요한 모든 서류를 교부하고 등기절차에 협력 하여야 하며, 위 부동산의 인도일은 　2020년 08월 14일　로 한다.

제3조 [제한물권 등의 소멸] 매도인은 위 부동산에 설정된 저당권, 지상권, 임차권 등 소유권의 행사를 제한하는 사유가 있거나 제세공과금 기타 부담금의 미납 등이 있을 때에는 잔금 수수일까지 그 권리의 하자 및 부담 등을 제거하여 완전한 소유권을 매수인에게 이전한다. 다만, 승계하기로 합의하는 권리 및 금액은 그러하지 아니하다.

제4조 [지방세 등] 위 부동산에 관하여 발생한 수익의 귀속과 제세공과금 등의 부담은 위 부동산의 인도일을 기준으로 하되, 지방세의 납부의무 및 납부책임은 지방세법의 규정에 의한다.

| 실투자금 3,000만원으로 4개월 만에 3,000만원 수익 완료!

31

막 살아나는 시장을 포착한
경주 나홀로아파트

1억 1,500만원 낙찰 → 1억 4,500만원 매도

경상북도에 위치한 경주는 인구 약 25만명의 대표적인 관광도시다. 경주 부동산 시장은 2015년부터 2021년까지 지속적으로 하락했다. 경북의 타 도시(포항/구미)와 다르게 유독 경주의 부동산 가격하락이 더 심했던 이유는 2016년 발생한 지진의 영향이 굉장히 컸다. 또한 연이은 입주물량에 비해 매수수요가 따라주지 못했다. 그러다가 2020년부터 지진이라는 부정적인 기억도 거의 잊히고 입주물량 대비 수요가 더 많아져 가격상승 가능성이 있는 지역으로 변했다. 나는 이때쯤 최저가로 매입하기에 적정하다고 판단해 경주의 주거용 물건에 본격적으로 투자하기 시작했다.

다음 물건은 경주의 황오동에 있는 나홀로아파트로 감정가는 2억 800만원이고 1억 1,500만원에 낙찰받았다. 지방의 나홀로아파트는 단지가 적고 세대수가 많지 않은 단점이 있어 매수수요를 확보하기 위해서는 입지(위치)를 굉장히 중요하게 검토해야 한다. 지도를 보면 학교나 공원은 없지만 인근이 상가이고 관광수요가 넘쳐나 장사하는 상인들의 매수수요가 충분해 보였다. 또한 5년 차 준신축아파트라 외관상 깨끗해 내부 공사가 필요 없어 보였기에 수리하기보다는 매도 가격을 낮춰 빠르게 매수자를 찾는 방법을 선택했다.

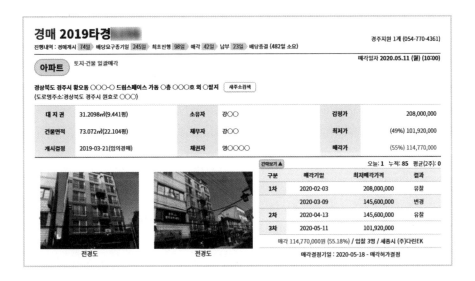

| 지방의 나홀로아파트에는 입지 및 주변 환경 등 단점을 극복할 요소가 필요하다.

▶ 인근 부동산 중개업소에서 조사한 결과 매도가만 적당하면 충분히 실거주 수요가 있다는 점을 확인하고, 서울의 수강생에게 입찰을 추천해 낙찰 후 빠르게 수익을 냈다.

부동산은 가격만 저렴하면 시장 상황에 상관없이 실수요자가 붙기 마련이다.

매도가격은 1억 4,500만원으로 4개월 만에 투자금의 70% 정도의 매도수익을 냈다.

1억 1,500만원 낙찰 → 1억 4,500만원 매도

| 실투자금 3,000만원으로 4개월 만에 2,000만원 수익 완료!

32

개인 명의로 단기투자하기

7.10대책 이후
- 법인 명의로 투자 불가 - 대출제한 및 취득세 중과 - 개인 명의로 단기투자

　앞서 살펴본 것처럼 2020년 7.10대책이 나오기 전까지는 법인으로 투자하기에 좋은 환경이었다. 이에 법인의 아파트 투자가 지나치게 성행하자 정부는 법인 투자를 저지하기 위해 법인의 대출 규제 및 주거용 부동산 취득세 중과 등 규제를 시행했다.

　그 결과 법인 명의로 주거용 부동산을 구입할 때 대출(불가) 및 취득세(12% 중과)의 벽이 너무 높아져 더 이상 법인 명의의 단기투자로는 수익을 내기 힘들어졌다. 따라서 취득세 1%로 진행할 수 있는 개인 명의 단기투자 방법을 연구해야 했는데, 여기서 가장 고민했던 부분이 공동주택 공시가격 1억원 이상인 부동산을 계속 낙찰받을 경우 주택 수가 늘어남에 따라 중과되는 취득세율

(8~12%)과 양도세(50~70%)를 어떻게든 해결해야 한다는 것이었다.

고심 끝에 내가 찾은 방법은 비규제지역의 공동주택 공시가격 1억원 이상인 여러 하위종목의 부동산들을 싸게 매입해 빠르게 매도하는(이 시기는 상승장이라 매도가격만 적당하면 단기매매가 가능했다) 단기투자 전략이었다. 특히 비규제지역에서는 공동주택 공시가격이 1억원을 넘는 물건의 경우 2개까지는 기본세율(1%)로 취득이 가능해 2개 모두 낙찰 후 즉시 매도해 무주택자가 된 후 다시 낙찰받는, 즉 개인 명의를 비웠다가 채우며 취득세를 기본세율로 맞추는데 집중해 단기투자를 진행했다.

33

인구 3만 6,000명 소도시 장흥의 나홀로아파트 매도법

1억원 1,100만원 낙찰 → 1억 4,500만원 매도

외면받는 1억원 이상 아파트에 기회가 있다!

7.10대책 이후 법인의 투자가 대출과 취득세의 벽에 막히면서 공동주택 공시가격 1억원 이상인 아파트의 투자가 급격히 줄어들었다. 다들 명의가 아쉬운 터라 똘똘한 한 채(지역 대장아파트)에 집중했고, 지방 나홀로아파트의 투자수요 또한 급격히 줄어들 수밖에 없었다.

나는 이때 투자자들의 이런 심리를 이용해 반대로 지방 아파트 경매 투자에 나섰다. 관심이 급격히 떨어진 공동주택 공시가격 1억원 이상인 지방의 나홀로아파트를 저가에 낙찰받고 적당한 가격에 팔아 수익을 실현하기로 한 것이다. 나는 낙찰받아 빠르게 매도해서 명의를 회복 후 다시 기본세율로 주택을 취득할 수 있는 나홀로아파트 단기투자(공동주택 공시가격 1억원 이상 지방 아파트 단기매도)를 반복했다.

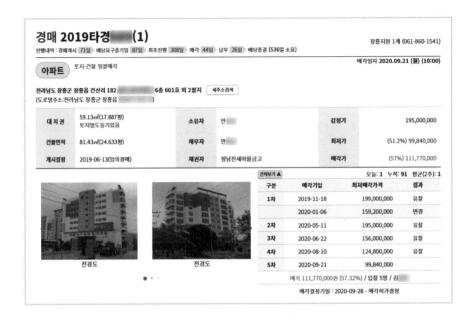

이 물건은 전남 장흥에 위치한 나홀로아파트인데, 장흥은 인구가 3만 6,000명밖에 되지 않는 매우 작은 도시다. 그래서 입찰 전 물건을 조사할 때 이 물건을 구입할 매수수요가 확실히 존재하는지 확인하는 데 집중했다. 이 아파트를 잘 아는 인근 부동산 중개업소에서 매수호가는 1억 6,000만원이지만 조금만 저렴하면 살 사람이 충분히 있다는 정보를 얻어 매도가를 1억 5,000만

공시기준	단지명	동명	호명	전용면적(㎡)	공동주택가격(원)
2020. 1. 1	아파트	동명없음	601	81.43	133,000,000
2019. 1. 1	아파트	동명없음	601	81.43	133,000,000
2018. 1. 1	아파트	동명없음	601	81.43	122,000,000

원으로 잡고 1억 1,100만원에 입찰해 낙찰받았다.

이 물건은 입찰 당시 공동주택 공시가격 1억 3,300만원으로 공동주택 공시가격 1억원 이상인 지방의 나홀로아파트라 입찰 경쟁이 그리 높지 않았다.

▶ 집 내부 확인을 위해 장흥으로 내려가 임차인이 없는 상태였기에 물티슈와 슬리퍼/디퓨저 등을 구입한 뒤 내부를 청소하고 각 소품들을 깔끔하게 세팅했다. 그런 다음 인근 부동산 중개업소에 매도를 부탁하니 1억 5,000만원에서 500만원만 깎아주면 바로 매수하겠다는 손님이 있었다. 더 조율하지 않고 바로 매도계약을 진행했다.

1억 1,100만원 낙찰 → 1억 4,500만원 매도

| 실투자금 3,000만원으로 4개월 만에 3,000만원 수익 완료!

수요자가 넘치는 대단지아파트는 계약이 취소되어도 다음 손님이 빠르게 붙지만, 수요가 부족한 지방 도시의 나홀로아파트는 다음 손님이 붙을 때까지 오랜 시간이 걸린다. 따라서 매수자가 있을 때 손해 보지 않는 선에서 매수자의 요구 조건을 들어주고 적당한 가격에 매도하는 것이 유리하다.

34

수도권 투자자에게 넘긴
거제도 외국인아파트

1억 1,800만원 낙찰 → 1억 7,000만원 매도

월세시장이 활발한 거제, 공매로 진입

공매는 진행 주체에 따라 여러 종류가 있다. 그중 권리분석이나 명도 난이
도가 가장 높은 공매 종류는 압류재산공매인데, 세금을 납부하지 않은 체납을
원인으로 세무서에서 한국자산관리공사(캠코)에 위임해 진행하는 매각절차를
말한다. 여기서 말하는 난이도는 권리분석상 하자가 존재할 가능성이 높다는
것이며, 「민사집행법」이 동일하게 적용되므로 압류재산공매와 경매는 거의 비
슷하게 진행된다고 볼 수 있다.

이 물건은 2020년 12월에 낙찰받은 거제도 외국인아파트 공매 물건이다.
감정가는 2억 3,000만원, 최저가는 50%인 1억 1,500만원. 호가(시세)는 약 1
억 8,000만원으로 최저가로 낙찰받으면 기본적인 매도수익이 보장되는 물건
이었다.

특이한 점은 내국인이 거의 거주하지 않는 외국인아파트라는 것이었는데,
삼성중공업의 경우 고현동 인근에 직원아파트 및 직원들이 싸게 임차할 수 있

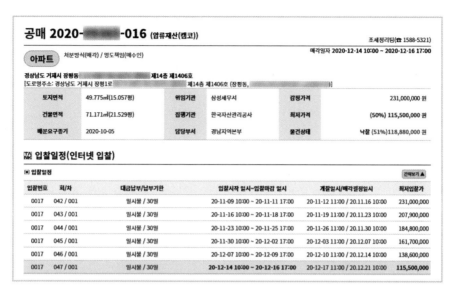

공매 2020-███████-016 (압류재산(캠코))

조세정리팀(☎ 1588-5321)

아파트 처분방식(매각) / 명도책임(매수인)

매각일자 2020-12-14 10:00 ~ 2020-12-16 17:00

경상남도 거제시 장평동 ████████ 제14층 제1406호
[도로명주소: 경상남도 거제시 장평1로 ████████ 제14층 제1406호 (장평동, ████████)]

토지면적	49.775㎡(15.057평)	위임기관	삼성세무서	감정가격	231,000,000 원
건물면적	71.171㎡(21.529평)	집행기관	한국자산관리공사	최저가격	(50%) 115,500,000 원
배분요구종기	2020-10-05	담당부서	경남지역본부	물건상태	낙찰 (51%)118,880,000 원

🏷 입찰일정(인터넷 입찰)

☑ 입찰일정   간략보기 ▲

입찰번호	회/차	대금납부/납부기한	입찰시작 일시~입찰마감 일시	개찰일시/매각결정일시	최저입찰가
0017	042 / 001	일시불 / 30일	20-11-09 10:00 ~ 20-11-11 17:00	20-11-12 11:00 / 20.11.16 10:00	231,000,000
0017	043 / 001	일시불 / 30일	20-11-16 10:00 ~ 20-11-18 17:00	20-11-19 11:00 / 20.11.23 10:00	207,900,000
0017	044 / 001	일시불 / 30일	20-11-23 10:00 ~ 20-11-25 17:00	20-11-26 11:00 / 20.11.30 10:00	184,800,000
0017	045 / 001	일시불 / 30일	20-11-30 10:00 ~ 20-12-02 17:00	20-12-03 11:00 / 20.12.07 10:00	161,700,000
0017	046 / 001	일시불 / 30일	20-12-07 10:00 ~ 20-12-09 17:00	20-12-10 11:00 / 20.12.14 10:00	138,600,000
0017	047 / 001	일시불 / 30일	20-12-14 10:00 ~ 20-12-16 17:00	20-12-17 11:00 / 20.12.21 10:00	115,500,000

| 거제도 삼성외국인아파트 공매물건 낙찰!

는 숙소 형식 주택을 많이 보유했다. 조선업의 특성상 여러 분야의 외국인 근로자들이 같이 근무해야 하다 보니 특히 연봉이 높은 외국인 근로자들이 생활할 수 있게 만든 외국인 전용 아파트가 등장했다. 이런 외국인아파트는 일반인이 분양받아 자체적으로 임대가를 정해 임대를 놓거나 자유롭게 매수·매도할수 있었다. 운영방식은 일반아파트와 크게 다르지 않았지만 거제도의 특성이나 외국인 근로자의 수요층을 알 수 없는 투자자들은 아무래도 쉽게 투자하기힘든 부분이 있었다.

나는 2015년 거제도 옥포에 위치한 30평형 렌털 아파트 월세가 250만원(그 당시 서울보다 높았음)인데도 임대가 나가는 것을 보고 거제도 임대시장은경기에 따라 엄청난 가격 차이를 보인다는 것을 알게 되었다. 따라서 이 물건또한 당장은 임대가와 수익률이 낮을지 몰라도 어느 정도 시간이 지나면 충분히 수익률이 받쳐줘 좋은 가격에 매도할 수 있을 것으로 예상했다.

이 물건은 공동주택 공시가격이 1억원 이상이라 명의가 없고 경험이 부족한 일반 아파트 투자자들이 접근하기에는 조금 난이도가 있는 물건이었다.

공시기준	단지명	동명	호명	전용면적(㎡)	공동주택가격(원)
2021.1.1	▒빌리지	B	1406 산정기초자료	71.171	143,000,000
2020.1.1	▒빌리지	B	1406	71.171	129,000,000

⊙ 공동주택공시가격   ⊙ 열람지역 : 경상남도 거제시 장평1로 86(거제시 장평동 5)

| 공동주택 공시가격이 1억원 이상이라 경쟁이 적었다.

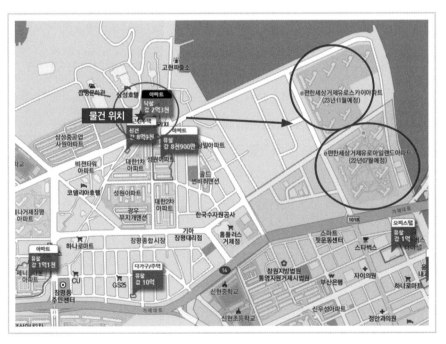

| 외국인아파트지만 직주 근접에 인근 신축아파트 단지 입주로 인프라 확장!

이 지역 실거주자의 수요가 적은 외국인아파트지만 바로 앞에 삼성중공업이 위치해 직주 근접 측면에서 매우 유리했고, 인근 신항만 재개발로 신축아파트들이 입주해 인프라가 확장되고 있었다. 이런 요인들로 볼 때 지금은 인근 구축아파트의 가격이 낮아도 향후 충분히 회복할 수 있을 것으로 보였다. 그리고 현장답사 시 관리실의 보안이 매우 철저했고 생각보다 건물 내부 관리가 잘 되어 있어, 향후 조선업이 정상적으로 회복되면 연봉이 높은 외국인 근로자들의 임대수요가 충분히 있을 것으로 예측되었다.

| 옵션이 좋아서 월세 받는 수익형 아파트로 장점이 많은 외국인아파트

이파트 내부에 가전제품부터 숟가락까지 모든 옵션이 구비되어 있는 덕분에 임대가격이 다른 아파트 대비 높게 측정되어 수익형 아파트로 매력있는 물건이었다. 바로 앞에 위치한 삼성중공업의 외국인 근로자들이 아무것도 없이 몸만 들어오면 되어 수요 측면에서도 괜찮을 것으로 판단했다.

　보통 조선업이라고 하면 힘든 3D 업종에 종사하는 외국인 노동자가 많을 거라고 생각하지만 그렇지 않은 고급인력 외국인 근로자들도 많다. 그래서 용접이나 3D 업종이 아닌 설계 파트 쪽 외국인 근로자의 경우 일반 업종에 비해 연봉이 높아 오피스텔이나 원룸보다는 풀옵션 외국인아파트에 거주하는 경우가 대부분이며, 이 아파트 역시 그런 임대수요를 겨냥하여 분양한 경우였다.

1억 1,800만원 낙찰 → 1억 7,000만원 매도

부동산(아파트) 매매 계약서

매도인과 매수인 쌍방은 아래 표시 부동산에 관하여 다음 계약 내용과 같이 매매계약을 체결한다.

1. 부동산의 표시

소 재 지	경상남도 거제시 장평동				제14층 제1406호.		
토 지	지 목	대	연 적	9889 ㎡	대지권종류	소유권의대지권	대지권비율	9889분의35,104
건 물	구 조	철근콘크리트구조			용 도	아파트	면 적	71,171 ㎡

2. 계약내용

제1조 [목적] 위 부동산의 매매에 대하여 매도인과 매수인은 합의에 의하여 매매대금을 아래와 같이 지불하기로 한다.

매매대금	금 일억칠천만(₩170,000,000)원정		
계 약 금	금 일천칠백만(₩17,000,000)원정	은 계약시에 지불하고 영수함 ※영수자	
잔 금	금 일억오천삼백만(₩153,000,000)원정	은 2021년 03월 31일에 지불한다	

제2조 [소유권 이전 등] 매도인은 매매대금의 잔금 수령과 동시에 매수인에게 소유권 이전등기에 필요한 모든 서류를 교부하고 등기절차에 협력 하여야 하며, 위 부동산의 인도일은 2021년 03월 31일 로 한다.

| 실투자금 3,000만원으로 3개월 만에 5,000만원 수익 완료!

▶ 문제는 공동주택 공시가격 1억원 이상 아파트라 빠르게 매도해 명의를 재사용해야 했는데, 수익형 아파트다 보니 실수요자보다는 투자자에게 매도해야 해서 수요층이 제한적이라는 점이었다. 그러다가 3개월 후 임대수익을 얻으려

는 수도권의 투자자가 1억 7,000만원이면(호가는 1억 8,000만원) 매수하겠다고 해서 매도계약을 진행했다. 매도 후 수익을 계산해보니 낙찰 1억 1,800만원, 매도 1억 7,000만원으로 단기에 투자금(3,000만원) 대비 150%(5,000만원)의 꽤 괜찮은 단기투자 수익률을 올렸다.

35

'3개월 매도' 공약을 지킨
정읍 나홀로아파트 공매 물건

1억 8,700만원 낙찰 → 2억 3,500만원 매도

인구 10만의 정읍, 드디어 가장 큰 도시 전주의 영향을 받다

전북의 총인구는 180만명으로 그중 전주가 65만명으로 가장 많고 그다음
이 익산(28만명), 군산(27만명), 정읍(10만명) 순이다. 일반 아파트 투자자들은
거의 100만명 이상의 광역시나 어느 정도 인구가 받쳐주는 중소형 도시들에
투자하는 경우가 많고, 상대적으로 인구가 적은 10만명 이하 도시에는 투자한
경험이 별로 없다 보니 지방 소도시들에 투자할 때 기준을 잡기가 쉽지 않다.

다음 물건은 전북에서 4번째로 인구가 많은 정읍시의 상동에 위치한 나홀
로아파트 공매 물건으로 2021년 4월 감정가 2억 6,000만원이던 것이 최저가
1억 8,200만원까지 떨어졌다.

전북에서는 2020년부터 공급물량이 빠르게 감소해 전주에서 군산으로 신
축아파트 및 분양권 가격이 급격히 상승했고(2억~3억원), 그 흐름이 인근 아파
트로 퍼져 전주 및 군산의 웬만한 준신축아파트들에도 1억원 정도 가격상승이
발생했다. 그러한 상승 분위기는 인구 10만명의 소도시인 정읍까지 번졌다.

소도시 가격조사는 주변을 묶어서 해야

다음 지도는 정읍의 주요 생활권을 나타낸 것인데, 지도상에 동그라미 친 4개의 아파트 단지들은 당시 사려고 해도 매물이 없어 매수자가 대기 중인 상황이었다.

인근 부동산 중개업소에서 빠르게 팔아주겠다는 답변을 듣고, 추가로 몇 군데 더 조사하니 비슷한 대답이 돌아왔다. 이 정도면 낙찰받아 가격만 경쟁력

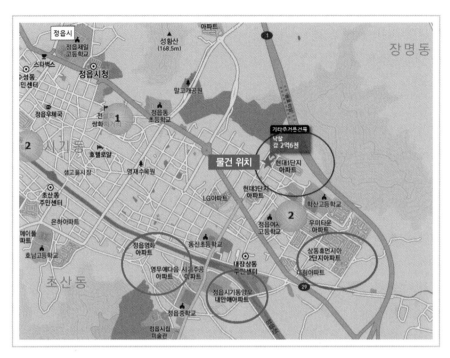

| 정읍, 아파트 공급이 부족해 살 집이 없다!

있으면 충분히 매도할 수 있다고 판단했다.

　압류재산공매는 세무서와 체납자 사이에 세금 체납으로 인해 발생하는 공적인 매매의 일환으로, 경매의 「민사집행법」과 공매의 「국세징수법」이 합쳐져 매각절차가 진행된다. 그러면서 공매상의 권리관계를 정리해 놓은 공매재산명세서가 만들어진다.

　경매의 기본적인 권리분석은 「민사집행법」에 기준을 두지만 공매에서는 「국세징수법」을 같이 사용해 국가(세무서)에만 압류설정일이 아닌 법정기일이라는 또 다른 순위배당이 추가로 이뤄지니 항상 이 명세서를 유심히 확인해야 한다. 세무사나 각종 지자체에서 세금을 판단할 때는 등기부설정일 기준이 아닌 법정기일(세금고지일)을 기준으로 배당순위를 판단하기에 대항력 있는 임차인이 존재할 시 임차인의 대항력 여부 및 배당금액과 압류의 법정기일 간의 배당금액을 정확히 분석해야 한다.

■ 배분요구 및 채권신고 현황

번호	권리관계	성명	압류/설정 (등기)일자	법정기일 (납부기한)	설정금액(원)	배분요구 채권액(원)	배분요구일
1	전세권	이	2018-01-16		185,000,000	185,000,000	2021-02-24

■ 배분요구 및 채권신고 현황

번호	권리관계	성명	압류/설정 (등기)일자	법정기일 (납부기한)	설정금액(원)	배분요구 채권액(원)	배분요구일
2	근저당권	김	2018-04-06		110,000,000	110,000,000	2021-02-09
3	교부청구	국민건강보험공단 정읍지사		2018-04-02 ~ 2021-02-23	0	12,116,570	2021-02-23
4	교부청구	전주세무서		2018-03-31 ~ 2020-11-15	0	500,317,570	2020-12-10
5	물건지지방자치단체	정읍시청		2018-07-10 ~ 2021-01-10	0	8,363,570	
6	가압류	유한회사 전우창호건설	2018-10-29		173,000,000	0	배분요구 없음
7	위임기관	정읍시청	2020-03-13	2018-07-10 ~ 2021-01-10	0	8,363,570	2020-12-01

- 채권신고 및 배분요구현황은 배분요구서를 기준으로 작성하였으며 신고된 채권액은 변동될 수 있습니다.
- 배분요구일자 미등록 건에 대해서는 담당자를 통해 배분요구 여부를 반드시 확인하여 주시기 바랍니다.

이 사례의 물건은 대항력 있는 임차인이 보증금(1억 8,500만원) 전액에 대해 배당을 요구해 선순위 압류채권보다 먼저 전액배당이 가능한 물건이다. 그러므로 낙찰자가 잔금을 납부한 후 1개월 안에 배당기일이 지정되면, 임차인은 이사와 동시에 낙찰자에게 명도확인서를 교부받아야 한다. 즉, 낙찰 후 2개월 이내(잔금일로부터 30일 이후 배당)에 점유자의 명도가 확실한 물건이었다.

경매나 공매에서 배당받는 임차인이 있는 경우 배당 여부에 따라 낙찰자의 명도확인서가 있어야 배당이 가능하다. 따라서 특별한 사정이 없는 한 임차인은 정해진 날짜에 배당받기 위해 정해진 배당기일에 퇴거하므로 빠르게 매도를 진행할 수 있다.

▌상세입찰결과			
물건관리번호	2020-15026-001		
재산구분	압류재산(캠코)	담당부정	전북지역본부
물건명	전라북도 정읍시 상동 ▨▨▨▨▨	제1동 제13층 제1302호	
공고번호	202101-01803-00	회차 / 차수	014 / 001
처분방식	매각	입찰방식/경쟁방식	최고가방식 / 일반경쟁
입찰기간	2021-04-12 10:00 ~ 2021-04-14 17:00	총액/단가	총액
개찰시작일시	2021-04-15 11:00	집행완료일시	2021-04-15 11:03
입찰자수	유효 4명 / 무효 0명(인터넷)		
입찰금액	187,770,000원/ 183,000,000원/ 182,600,000원/ 182,110,000원		
개찰결과	낙찰	낙찰금액	187,770,000원
감정가 (최초 최저입찰가)	260,000,000원	최저입찰가	182,000,000원
낙찰가율 (감정가 대비)	72.22%	낙찰가율 (최저입찰가 대비)	103.17%

당시 4명의 입찰자와 경쟁해 2등 입찰자와 400만원 차이인 약 1억 8,700만원에 낙찰받았다. 이때 엠제이경매스쿨 네이버 카페에 3개월 안에 이 공매 물건을 매도하겠다는 글을 올렸는데, 이처럼 매도에 자신 있었던 이유는 첫 번째로 점유자가 전액 배당받아 2개월 안에 이사가 가능했고, 두 번째로 당시 정읍에 입주 가능한 매물이 없어 바로 매도가 가능할 것으로 예상했기 때문이다.

부동산(아파트) 매매 계약서

매도인과 매수인 쌍방은 아래 표시 부동산에 관하여 다음 계약 내용과 같이 매매계약을 체결한다.

1. 부동산의 표시

소 재 지	전라북도 정읍시 상동 ████ 1동 1302호						
토 지	지 목	대	면 적	2879.3 ㎡	대지권종류	소유권대지권	대지권비율	2879.3분의43.049
건 물	구 조	철근콘크리트구조			용 도	아파트	면 적	84.35 ㎡

2. 계약내용

제1조 [목적] 위 부동산의 매매에 대하여 매도인과 매수인은 합의에 의하여 매매대금을 아래와 같이 지불하기로 한다.

매매대금	금 이억삼천오백만(₩235,000,000)원정		
계 약 금	금 삼천만(₩30,000,000)원정	은 계약시에 지불하고 영수함 ※영수자	(인)
잔 금	금 이억오백만(₩205,000,000)원정	은 ████ 지불한다	

제2조 [소유권 이전 등] 매도인은 매매대금의 잔금 수령과 동시에 매수인에게 소유권 이전등기에 필요한 모든 서류를 교부하고 등기절 차에 협력 하여야 하며, 위 부동산의 인도일은 ████ 로 한다.

제3조 [제한물권 등의 소멸] 매도인은 위 부동산에 설정된 저당권, 지상권, 임차권 등 소유권의 행사를 제한하는 사유가 있거나 제세공 과금 기타 부담금의 미납 등이 있을 때에는 잔금 수수일까지 그 권리의 하자 및 부담 등을 제거하여 완전한 소유권을 매수인에게 이전한다. 다만, 승계하기로 합의하는 권리 및 금액은 그러하지 아니하다.

제4조 [지방세 등] 위 부동산에 관하여 발생한 수익의 귀속과 제세공과금 등의 부담은 위 부동산의 인도일을 기준으로 하되, 지방세의 납부의무 및 납부책임은 지방세법의 규정에 의한다.

| 실투자금 4,000만원으로 3개월 만에 3,000만원 수익 완료!

▶ 실제로 2021년 4월에 낙찰받아 잔금을 납부하고 1개월이 지나 배당기일에 명도를 완료한 후 2억 4,000만원에 매물을 내놨다. 2021년 6월에 500만원을 깎아준 2억 3,500만원에 매도하여 정확히 3개월 안에 매도를 완료했다.

36

신탁공매로 단기수익 5,000만원, 부산 신축 나홀로아파트

1억 5,500만원 낙찰 → 2억 1,400만원 매도

플러스피 투자의 전략 및 수익구조

부동산 투자 시 임차인의 전세금을 활용해 투자할 때 '갭투자/무피투자/플피(플러스피)투자'라는 용어를 쓴다. 보통 전세가와 매매가의 차이가 작은 아파트에 소액으로 투자한 후 시간이 지나 물건가격이 상승하며 시세 차액을 얻는 투자를 갭투자(매매가 1억원→전세 7,000만원)라 하고, 무피투자(매매가 1억원→전세 1억원)는 전세가와 매매가의 가격이 같거나 전세가가 더 높아 내 투자금이 전혀 들지 않는 투자 방법을 말한다. 그리고 플피투자(매매가 1억원→전세 1억 3,000만원)는 전세가가 매매가보다 월등히 높아 전세를 놓는 동시에 차액만큼 수익이 바로 발생하는 투자방식을 말한다.

갭투자: 1억원(전세 7,000만원)

무피투자: 1억원(전세 1억원)

플피투자: 1억원(전세 1억 3,000만원)

이 중에서 플피투자의 전략 및 수익 구조를 살펴보자.

첫째, 플피투자에서는 시장에 매매수요보다 임대수요가 월등히 많다고 판단되면 매도보다 전세로 내야 하는 경우가 있다. 플피투자는 수요층이 풍부해 투자금을 회수하는 기간이 많이 줄어든다.

둘째, 플피투자에서는 바로 매도하는 것이 아니라 임대를 내므로 보유 시 양도세가 발생하지 않는다. 즉, 계속 전세로 세팅하며 양도세 걱정 없이 보유주택 개수를 늘릴 수 있다.

셋째, 임대기간이 2~4년이라 그동안 하락장이 오면 가격이 내릴 수도 있다는 단점이 있다. 따라서 입찰할 때부터 매입가격을 철저히 낮춰 가격이 상승하지 않아도 2년 뒤 최소한 정상가에 매도할 수 있는 수익구조를 만들어야 한다.

언제나 수익을 주었던 신탁공매

내가 공매투자를 해오면서 가장 많은 수익을 냈던 투자기술이 신탁공매를 활용해 플피투자 한 후 매도하는 것인데, 어떤 투자 방식인지 함께 살펴보자.

다음 물건은 부산 금정구에 위치한 나홀로아파트로 2021년 8월 신탁공매로 나왔다. 신탁공매는 일반적인 공매매각 방식과는 달리 말소주의가 아닌 인수주의를 채택하며, 공매이긴 하지만 일반 개인 간의 매매와 동일하게 진행된다. 그래서 입찰 전 등기부상의 숨은 권리와 불법임차인 여부 그리고 미납관리비 및 각종 공과금까지 모두 낙찰자 인수사항이라 일반 경매물건보다 더 꼼꼼히 조사할 필요가 있다. 나의 경우 아직까지 신탁공매를 입찰할 때 2명 이상 입찰자가 들어온 적이 거의 없었고, 물건조사(권리사항 및 수익 여부)만 확실히

할 수 있다면 낙찰확률이 높은 편이라 2021년 상승장 시기에도 꾸준히 신탁공매 단기투자를 이어왔다.

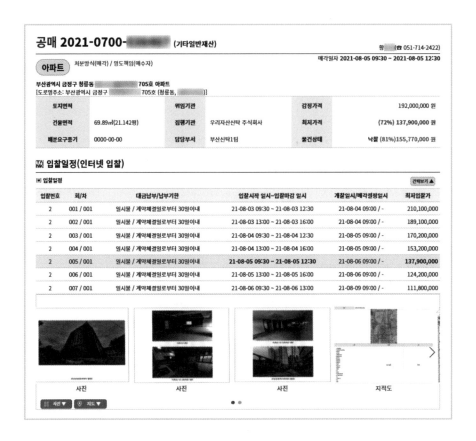

당시 부산은 지역 전체가(중구/기장군 제외) 규제지역이어서 무주택이 아니면 취득세 중과 및 대출 불가로 인해 공동주택 공시가격 1억원 이상 아파트에 투자하기가 쉽지 않았다.

물건을 싸게 사려고 할 때는 장점과 단점을 잘 따져봐야 하는데, 물건이 너무 좋아서 장점만 많으면 경쟁률이 높아 저가매입이 쉽지 않고 물건의 사용가치 없이 단점만 많으면 투자가치가 없어 투자할 이유가 없다. 그러나 장단점이 섞여 있는 경우에는 단점과 장점을 비교한 후 장점을 최대한 살려 투자해 수익을 낼 수 있어야 한다. 특히 대단지아파트가 아닌 나홀로아파트의 경우 장단점을 더 확실히 따져야 한다.

이 물건 조사 당시 감정가는 2억 1,000만원, 최저가는 1억 3,700만원이었고 매수호가는 2억 3,000만원, 전세호가는 2억원 선이어서 최저가격 대비 시세가 높아 충분한 수익을 거둘 수 있다고 판단했다.

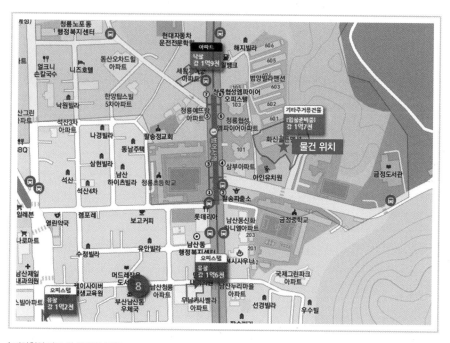

| 지하철역 바로 앞 역세권 신축!

기호(1) 내부   기호(2~5) 5호라인 내부

| 주변 대단지아파트에 비해 저평가

    또한 나홀로아파트이긴 하지만 연식이 오래되지 않아 인테리어를 포함한 추가 공사비용이 발생하지 않는다는 점, 인근의 대단지아파트 대비 가격이 저평가되어 향후 상승 가능성이 충분하다는 점 등이 이 물건의 장점이었다.

    신탁공매 물건이 대단지에 입지 좋은 아파트가 아닌 이상 입찰자들의 신탁공매 참여도는 아직 경매에 비해 낮은 편이다. 이 물건 역시 최저가에서 가격을 올려 1억 5,577만원에 입찰했으며 예상한 대로 역시 단독낙찰이었다.

▍상세입찰결과

물건관리번호	2021-0700-036467	기관명	우리자산신탁 주식회사
물건명	부산광역시 금정구 청룡동 705호 아파트		
공고번호	202107-21362-00	회차 / 차수	005 / 001
처분방식	매각	입찰방식/경쟁방식	최고가방식 / 일반경쟁
입찰기간	2021-08-05 09:30 ~ 2021-08-05 12:30	총액/단가	총액
개찰시작일시	2021-08-06 09:13	집행완료일시	2021-08-06 09:20
입찰자수	유효 1명 / 무효 1명(인터넷)		
입찰금액	155,770,000원		
개찰결과	낙찰	낙찰금액	155,770,000원

경매투자를 시작한 지 얼마 되지 않은 초보시절엔 낙찰 후 2등과 가격 차이가 많이 나면 차액이 아깝기도 하고 '좀 더 낮게 적어야 했나.'라는 아쉬움이 많이 남았다. 그러나 투자 횟수가 어느 정도 늘다 보니 2등과의 입찰가격 차이가 중요한 게 아니라 입찰가 산정 당시에 계산한 목표수익을 창출하는 게 중요하다는 걸 알게 되었다. 즉, 이 물건에 입찰할 때 5,000만원의 수익을 예상하고 입찰했다면 2등과 차이가 얼마나 나든지 내가 목표했던 수익만 얻으면 된다. 1,000만원을 더 싸게 사지 못한 아쉬움은 빠른 수익 실현에 도움이 되지 않는다. 그러니 단독낙찰이더라도 아쉬워하지 말자.

어쨌든 이 물건은 낙찰 후 원만하게 명도를 마치고 부동산에 매매와 임대를 동시에 냈는데, 나홀로아파트이고 규제지역이라 아무래도 매수수요보다는 전세를 희망하는 임대수요가 월등히 높아 2억 500만원에 전세로 계약해 플피 (5,000만원) 수익을 먼저 달성했다.

1억 5,500만원 낙찰 → 2억 500만원 전세

부 동 산 임 대 차 계 약 서

■ 전세

임대인과 임차인 쌍방은 아래 표시 부동산에 관하여 다음 계약내용과 같이 임대차계약을 체결한다.
1.부동산의 표시

소 재 지	부산광역시 금정구 청룡동　　　　　　　제6층 제705호		
토 지	지　목	대	면 적	대지지분 841분의10.3290㎡
건 물	구조·용도	철근콘크리트 · 아파트	면 적	전용면적 69.89 ㎡
임대할부분	705호 전체	면 적	전용면적 69.89 ㎡

2. 계약내용
제 1 조 (목적) 위 부동산의 임대차에 한하여 임대인과 임차인은 합의에 의하여 임차보증금 및 차임을 아래와 같이 지불하기로 한다.

보 증 금	금이억오백만원(₩205,000,000-)정		
계 약 금	금일천팔백만원(₩18,000,000-)정 중 (가계 　　0만원 2021.9.13.지급)하고, 금17,000,000원은 계약일에 지급하고 영수함. 영수인(기		
잔 금	금일억팔천칠백만원(₩187,000,000-)정은 　　년　　　　　에 지불한다.		
차 임	해당사항없음.		

제 2조 (존속기간) 임대인은 위 부동산을 임대차 목적대로 사용·수익할 수 있는 상태로 　　　　　일까지 임차인에게 인도하며, 임대차 기간은 인도일로부터 　　　　　일까지 (24 개월)로 한다.

| 투자금 3,500만원으로 3개월 만에 5,000만원 수익 완료!

부동산(아파트) 매매 계약서

매도인과 매수인 쌍방은 아래 표시 부동산에 관하여 다음 계약 내용과 같이 매매계약을 체결한다.

1. 부동산의 표시

소 재 지	부산광역시 금정구 청룡동				1동 705호			
토 지	지 목	대	면 적	846 ㎡	대지권종류	소유권대지권	대지권비율	841분의10.3290
건 물	구 조	철근콘크리트구조			용 도	아파트	면 적	69.89 ㎡

2. 계약내용

제1조 [목적] 위 부동산의 매매에 대하여 매도인과 매수인은 합의에 의하여 매매대금을 아래와 같이 지불하기로 한다.

매매대금	금 이억일천사백만원정	(₩214,000,000)	
계 약 금	금 오백만원정	은 계약시에 지불하고 영수함 ※영수자	
현임대보증금	금 이억오백만원정	은 현 상태에서 매수인이 승계함	
잔 금	금 사백만원정	은 2022년 02월 17일에 지불한다	

제2조 [소유권 이전 등] 매도인은 매매대금의 잔금 수령과 동시에 매수인에게 소유권 이전등기에 필요한 모든 서류를 교부하고 등기절차에 협력하여야 하며, 위 부동산의 인도일은 **2022년 02월 17일**로 한다.

제3조 [제한물권 등의 소멸] 매도인은 위 부동산에 설정된 저당권, 지상권, 임차권 등 소유권의 행사를 제한하는 사유가 있거나 제세공과금 기타 부담금의 미납 등이 있을 때에는 잔금 수수일까지 그 권리의 하자 및 부담 등을 제거하여 완전한 소유권을 매수인에게 이전한다. 다만, 승계하기로 합의하는 권리 및 금액은 그러하지 아니하다.

제4조 [지방세 등] 위 부동산에 관하여 발생한 수익의 귀속과 제세공과금 등의 부담은 위 부동산의 인도일을 기준으로 하되, 지방세의 납부의무 및 납부책임은 지방세법의 규정에 의한다.

| 투자금 3,500만원으로 6개월 만에 6,000만원 수익 완료!(기존 플피수익에서 1,000만원 추가)

▶ 이 물건은 공동주택 공시가격이 1억원이 넘어 전세로 계속 두면 명의가 묶이다 보니 다른 투자를 진행하기에 어려움이 많아 전세를 끼고 매수할 수 있도록 소액투자 상품으로 만들었다. 전세 2억 500만원 + 투자금 1,000만원 = 매수가 2억 1,500만원으로 1,000만원만 있으면 이 물건에 투자할 수 있도록 세팅한 것이다. 투자자 또는 2년 뒤 입주할 실수요자를 대상으로 부동산 중개업소에 광고를 의뢰했고, 100만원만 빼주면 계약하겠다는 투자자가 나타나(알고 보니 내가 매매를 의뢰한 부동산 중개업소 소장님이었다) 최종 2억 1,400만원에 매도했다. 그리고 곧 다시 무주택 명의로 공동주택 공시가격 1억원 이상 경매물건의 단기투자를 진행할 수 있었다.

플피투자는 단기간에 임대수익을 창출할 수 있다는 장점이 있는 반면, 2년 뒤 만기에 물건이 매도되지 않으면 계속 보유 및 관리해야 하는 리스크가 있으므로 물건 조사 당시 임대 후 만기 시 매도가 가능한 물건을 선별해야 한다. 즉,

물건을 조사할 때 어느 시기든 매도가 가능한지에 대한 분석이 필수다. 플피투자의 마지막 출구전략은 항상 매도라는 점을 반드시 기억하자.

플러스피 투자의 핵심은 출구전략(매도)이다

2022년 상반기 뉴스에서 화제가 된 인물이 있다. '빌라의 신'이라는 희대의 전세 사기범이다. 자기 돈 한 푼 없이 1,277채의 빌라를 매입한 후 더 높은 가격에 전세를 맞추고, 전세 기간이 도래해도 내어줄 전세금이 없자 잠적해 버려 1,277명의 임차인들이 보증금을 받지 못하고 피해를 봐야 했다. 입주물량이 적어 공급이 부족했던 수도권 시장에 2020년 정부가 임대차 3법이라는 무리수를 두자 전국의 전세가격이 빠르게 상승했는데, 이러한 가격상승을 활용해 수익을 내기 위해 임차인의 전세금을 이용한 사건이었다. 이 사건이 범죄행위가 된 이유는 해당 빌라를 비싼 분양가에 매입한 후 분양가보다 더 높은 전세가격을 받았기 때문이다.

만약 이 사람이 해당 빌라를 분양가 대비 50%인 반값에 매입해 그보다 약간 더 높은 가격에 전세를 주었다면 어떻게 되었을까? 이렇게 가정하면 전세 만기 후 두 가지 방안이 나오는데 첫 번째는 50%인 반값에 샀으니 80%인 급매가로 매도하는 것이고, 두 번째는 조금 더 오른 전세가격(70%)으로 재계약하는 것이다. 이 두 가지 방법 중 하나를 선택했다면 이렇게 빠른 시일 내에 범죄로까지 이어지진 않았을 것이다. 즉, 매입시점에 매우 낮은 가격으로 매입하면 어떻게든 매도하고 빠져나올 수 있지만 그렇지 않다면 매도가 불가능해 자포자기할 수밖에 없다.

아파트 투자 시 일명 '폭탄 돌리기'라는 것이 있다. 투자에서도 가격상승기에 맨 마지막에 가장 고가로 매입한 사람이 손해를 본다. 즉, 폭탄을 떠안게 된다. 그러므로 항상 매입 시점부터 매도 가능성을 충분히 열어두고 저가매입할 수 있는 투자를 시작해야 한다. 부동산으로 돈을 벌려다가 범죄자가 될 수도 있다니, 웃기고도 슬픈 현실이다.

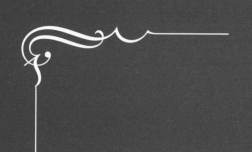

 여섯,

대박 수익률
100%, 200%, 300%
빌라 단기투자

37

부산 빌라 단기투자로 배우는
빌라 가격조사법

7,200만원 낙찰 → 1억 1,000만원 매도

아파트가 아닌 빌라 투자로 수익을 내기까지

2017년 나는 아파트 경매투자로는 더 이상 높은 수익창출이 어렵다고 판단하고 하위종목인 나홀로아파트와 빌라 투자를 본격적으로 시작했다. 그러나 막상 경매로 빌라 투자를 해보니 정말 쉽지 않았고 미처 생각하지 못했던 돌발변수도 상당히 많이 발생했다. 그래도 빌라 투자를 포기할 수 없었던 것은 일반 아파트로는 불가능한 수익이 가능했기 때문이다. 그래서 어떻게든 많은 빌라 물건을 낙찰받아 여러 종류의 빌라 단기투자를 진행해 수익의 완성도를 높이는 것이 나의 가장 큰 목표였다.

내가 아파트로 내지 못하는 수익을 빌라로 낼 수 있다고 자신한 가장 큰 이유는 경·공매 입찰 시 빌라의 경쟁률이 아파트보다 확실히 낮다는 데 있었다. 일반인이 빌라 투자를 두려워하는 이유 중 가장 큰 것은 아파트 대비 매도가 쉽게 되지 않는다는 것이다.

내가 여러 종류의 빌라를 낙찰받아 팔리는 빌라와 팔리지 않는 빌라의 차이점을 경험한 뒤에야 알게 된 사실은 빌라 투자의 시작은 내 물건의 매수수요와 매도가격을 정확하게 알아내는 것이고, 이 부분의 조사 정확도가 떨어지면 그 결과는 마이너스 수익 또는 매도불가로 연결된다는 것이었다. 그래서 아파트를 조사할 때보다 통상 3~4시간이 더 소요되는 빌라 매도가격 조사의 연습(현장조사 포함)이 필요했고, 필히 3곳 이상의 부동산 중개업소에서 가격을 조사해 잘 팔릴 만한 평균 매도가격을 산정하는 기술 또한 필요했다. 그리고 낙찰 후 빠르게 임대 및 매도하기 위한 인테리어 및 광고 전략도 중요하며 마지막으로 이 투자방식을 통해 지속적으로 수익을 낼 수 있도록 우량 물건을 찾는 기술이 필요했다.

결론은 수익률 좋은 빌라를 경쟁 없이 낮은 가격으로 낙찰 후 높은 가격으로 빠르게 매도해 안전한 수익을 계속 창출해내야 한다는 것이었다.

빌라 투자의 장단점

아파트 대비 가격조사가 어렵다.
→ 아파트 대비 경쟁자가 적다.

아파트 대비 매도/임대가 어렵다.
→ 저가낙찰 후 고가매도로 수익 내기에 용이하다.

빌라는 아파트와 다르게 정확한 가격과 수요층이 존재하지 않는다. 따라서 기본적으로 물건의 매수호가를 조사한 다음 해당 지역의 수요공급 비율을 폭넓게 분석하고 해당 빌라를 매수할 수요층이 충분히 존재하는지 확인 작업을 선행해야 한다. 그리고 부동산 중개업소에 나와 있는 다른 빌라 물건 대비 빠른 기간 내에 경쟁력 있게 매도할 수 있도록 항상 매도가격을 보수적으로 잡는

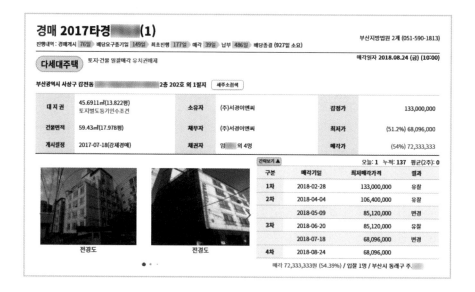

경매 **2017타경[   ](1)**

진행내역 : 경매개시 **76일** 배당요구종기일 **149일** 최초진행 **177일** 매각 **39일** 납부 **486일** 배당종결 (927일 소요)

부산지방법원 2계 (051-590-1813)

다세대주택 토지·건물 일괄매각 유치권배제

매각일자 **2018.08.24 (금) (10:00)**

부산광역시 사상구 감전동[   ] 2층 202호 외 1필지 [새주소검색]

대지권	45.6911㎡(13.822평) 토지별도등기인수조건	소유자	(주)서경이엔씨	감정가	133,000,000
건물면적	59.43㎡(17.978평)	채무자	(주)서경이엔씨	최저가	(51.2%) 68,096,000
개시결정	2017-07-18(강제경매)	채권자	임[ ] 외 4명	매각가	(54%) 72,333,333

전경도

전경도

[건너보기 ▲] 오늘: 1 누적: 137 평균(2주): 0

구분	매각기일	최저매각가격	결과
1차	2018-02-28	133,000,000	유찰
2차	2018-04-04	106,400,000	유찰
	2018-05-09	85,120,000	변경
3차	2018-06-20	85,120,000	유찰
	2018-07-18	68,096,000	변경
4차	2018-08-24	68,096,000	

매각 72,333,333원 (54.39%) / 입찰 1명 / 부산시 동래구 주.[ ]

것이 중요하다. 그래서 빌라 물건을 조사할 때는 나무가 아니라 숲을 보는, 즉 넓게 보는 시야를 키울 필요가 있다.

2018년 8월 부산 사상구 감전동에 위치한 전용 18평, 분양 24평형의 빌라가 감정가 1억 3,300만원에 시작해 최저가 6,800만원까지 약 50% 떨어진 가격에 유찰되었다. 가격이 워낙 많이 떨어져 해당 경매사건을 유심히 살펴보니 첫 번째는 빌라여서 인기가 없다는 것, 두 번째는 2018년 여름이 부산의 하락장(보합장) 시기였다는 점, 세 번째는 토지별도등기 및 유치권 등의 권리상 하자가 존재했다는 점이다.

앞서 여러 차례 이야기한 것처럼 경매는 물건의 장점만 보면 경쟁이 높아져 내가 원하는 가격에 낙찰받기가 힘들다. 물건에 장단점이 동시에 존재해야 수익을 낼 포인트가 보인다. 이 물건의 단점은 종목(빌라)과 시기(하락장) 그리고 하자(유치권 등)였

> **유치권**
> 다른 사람의 물건이나 유가 증권을 담보로 하여 빌려준 돈을 받을 때까지 그 물건이나 유가 증권을 맡아 둘 수 있는 권리

고, 장점은 4차까지 유찰된 저렴한 가격이다. 이 단점 3가지를 잘 보완하면 괜찮은 수익을 낼 수 있다. 최저가에서 약 400만원 올린 7,200만원에 입찰해 단독으로 낙찰받았는데, 이 물건에 입찰하면서 가장 조사를 많이 한 부분은 권리분석이 아닌 시세분석 및 매도가능성이었다. 이 빌라의 시세를 조사했던 방법을 살펴보자.

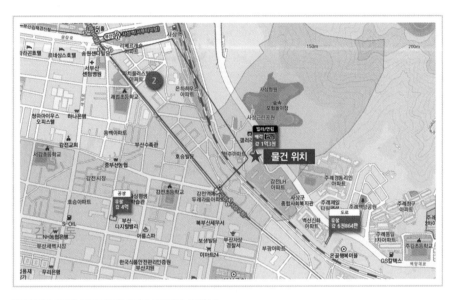

| 빌라 평균 가격은 인근 지역을 폭넓게 조사하여 산정한다.

　　빌라 가격은 아파트 가격과 다르게 네이버 부동산에 한 번에 정리되어 나오지 않는다. 따라서 해당 빌라 가격을 정확하게 판단할 수 있는 인근 부동산 중 개업소 소장님이 존재하지 않는 이상 온라인을 활용한 여러 경로를 통해 가격조사를 진행해야 한다. 위 지도의 빌라에서 인접한 감전역 2번 출구에서 사상역 2번 출구까지 구간을 정해 해당 구역에 나와 있는 빌라 가격을 매도자/매수

자/임대인/투자자의 네 가지 입장으로 구분해 전화로 조사하고, 이를 통해 해당 구역 빌라의 평균 매물가격을 먼저 산정한다. 이렇게 조사하는 이유는 폭넓게 조사하지 않고 해당 물건만 조사하면 넓은 수요층을 분석할 수 없고 그 지역에서 가격에 영향을 주는 중요 요인도 알 수 없기 때문이다.

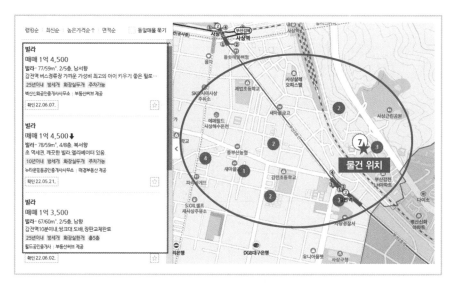

| 평균 가격 산정 후 보수적인 가격으로 입찰!

이 물건의 매도가격을 조사하기 위해 지도상의 파란 동그라미 구역 안에 있는 빌라들의 평균 매매가격을 조사해보니, 가장 연식이 좋고 시설이 깨끗한 빌라의 호가가 1억 4,500만원이었다.

▶ 낙찰 후 해당 경매물건의 매도호가는 1억 2,000만원이었으나 1,000만원 내린 1억 1,000만원으로 가격을 협상해 보다 빠르게 매도했다.

거래가 진행되면서 매도호가에는 항상 변동이 있을 수 있다는 점을 염두에

두고, 특히 세대수가 적어 정확한 가격이 나오지 않는 빌라의 경우에는 호가 대비 거래 가능한 매도가를 보수적으로 낮게 산정해야만 실제 매도 시 안전하게 수익을 얻을 수 있다.

| 7,200만원 낙찰 → 1억 1,000만원 매도

| 실투자금 2,000만원으로 10개월 만에 4,000만원 수익 완료!

약 7,000만원에 사서 1억 1,000만원에 매도했으니 수익률 측면에서 단순 계산하면 수익만 4,000만원이다. 실투자금은 2,000만원이었으니 수익률은 200%로 투자금 대비 수익률이 매우 높은 소액투자 상품이었다.

이는 소액으로 투자가 불가능하다고 생각해 투자를 포기하는 투자자들이 꼭 배워야 하는 투자방법이다. 좋은 물건에 투자하는 것이 아니라 하위종목이라도 보완할 수 있는 단점과 수익을 올릴 수 있는 장점이 혼재된 물건을 찾아 싸게 사서 싸게 팔 수 있다면, 적은 경쟁 속에 수익을 계속해서 창출할 수 있을 것이다.

38

산골짜기 빌라를 파는 방법!
마산 빌라 단기투자

1억 300만원 낙찰 → 1억 3,700만원 매도

불리한 입지를 극복하는 유일한 무기는 가격이다

　많은 전문가가 부동산 투자에서 입지를 최우선으로 강조한다. 수급에서 좋은 위치의 상급지 아파트는 공급이 한정적이라 주변의 하급지 물건보다 가격 상승이 빠르고 높게 일어날 요인이 다분하기 때문이다. 앞서 투자로 수익을 얻으려면 미래수익형인 가치투자와 현재수익형인 가격투자를 병행해야 한다고 계속 강조해왔는데, 가격상승을 기반으로 하는 가치투자에서는 인구와 입지를 최우선으로 보는 반면 현재 수익을 기반으로 하는 가격투자에서는 저가매입 기회와 빠른 매도(기간)를 최우선으로 본다. 돈을 만드는 투자와 돈을 불리는 투자 중 한 가지만 잘하면 투자금이 마르거나, 일정한 수익을 올린 후 더 이상 수익이 늘어나지 않기 때문에 시간이 걸리더라도 이 두 가지 투자를 항상 같이 진행할 필요가 있다.

　부동산 투자 시 위치가 나빠도 돈을 벌 수 있고 인구가 적어도 돈을 벌 수 있는 것이 가격투자의 특징이다. 다음 물건은 마산회원구 내서읍 삼계리라는,

어떻게 보면 기존 도시와는 동떨어진 읍·면·리에 위치한 빌라로 감정가는 1억 9,000만원, 최저가는 반값인 9,700만원이었다.

경매투자 시 단점과 장점이 혼재되어 있어야 한다는 공식을 이 물건에 대입하면, 단점은 읍·면·리라는 입지와 저층이라는 부분이고 장점은 감정가 대비 50%의 저렴한 최저가격이라고 볼 수 있다. 자, 지금부터 장점이 단점을 능가하게 만들기 위해 매도수요 및 매도가격을 조사해보자.

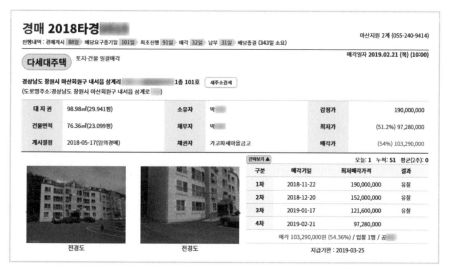

| 산골짜기 빌라도 팔 수 있을까?

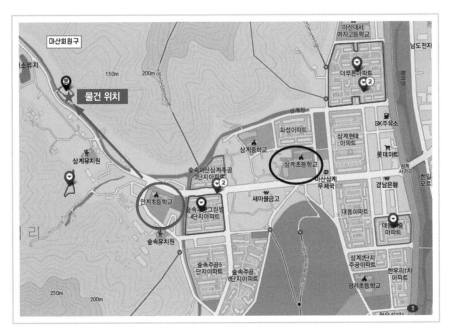

| 지도 보고 판단하면 오판! 교과서가 답은 아니다.

　　위 지도를 살펴보면 아파트가 모여 있는 도심지에 삼계초등학교, 안계초등
학교가 각각 위치해 있으며, 해당 빌라는 안계초등학교에서 차로 5분, 도보로
15분 거리에 위치해 있고, 빌라 전방에는 천이 흘러 말 그대로 배산임수의 형
상을 띠고 있다. 아파트나 빌라 물건 1층이 경매로 나왔을 때 가장 먼저 찾아야
하는 것이 초등학교다. 초등학교가 인근에 있을 경우 학령기 자녀를 둔 부모
입장에서 층간소음을 고려해 1층만 고집하는 수요가 분명히 있어 매매 및 임
대를 내기가 용이할 수 있기 때문이다. 이런 학부모들은 1층 건물의 확실한 수
요층이 될 수 있다.

| 자연 친화적 빌리지 전경

　해당 빌라는 주차장을 제외한 나머지 부분인 마당에 잔디가 깔려 있어 공터에서 아이들이 뛰어놀기에 좋고, 바로 앞 개울가에는 천이 흘러 여름에도 시원하고(모기가 많을 수도 있다) 물이 깨끗하다는 전제하에 아이들이 물놀이(송사리 잡기) 등을 할 수 있는 환경이다. 어찌 보면 아스팔트만 깔린 도시의 빌라보다 훨씬 더 자연 친화적인 요소가 장점이 될 수 있다. 인근 부동산 중개업소에서 가격을 조사하니, 이 위치의 빌라를 원하는 수요 중에는 오히려 저층을 원하는 수요가 더 있다는 설명과 함께 매도가격이 1억 4,000만원 정도라면 충분히 매수자를 붙일 수 있다는 자신감을 내비쳤다.

| 실투자금 2,500만원으로 6개월 만에 3,000만원 수익 완료!

입찰 전 부동산 중개업소에서 산정한 평균 매도가격 1억 4,000만원을 기준으로 삼아 입찰가를 1억 300만원으로 산정했고, 산골짜기 빌라를 입찰할 사람은 없을 것으로 예상했던 대로 입찰당일 단독으로 낙찰받았다. 부동산 중개업소 열 군데 정도에 1억 4,000만원으로 매도를 의뢰하니 유독 열정이 많던 한 부동산 중개업소 소장님이 초등학생 자녀를 둔 학부모님을 연결해 매매호가에서 300만원만 조정해주면 계약하겠다고 해 바로 승낙했다. 낙찰가 1억 300만원, 매도가 1억 3,700만원에 단기매도를 완료한 후 수익을 계산해보니 2,500만원의 투자금(대출 80%)으로 3,000만원이 조금 안 되는 수익을 올려 투자금 대비 100%의 안전한 수익률을 만든 물건이었다.

39

하락장 이용한 청주 빌라 반값 낙찰

1억 2,400만원 낙찰 → 2억 3,600만원 매도

일전에 낙찰받았던 빌라에서 경매물건이 또 나왔다!

2020년 1월 전국의 대장아파트들이 상승하던 시기에 청주에서도 흥덕구를 선두로 아파트 가격이 심상치 않게 상승곡선을 그리고 있었다. 그러던 중 청원구 주중동에 위치한 반값 빌라 경매물건이 눈에 들어왔다.

이 빌라의 경우 2019년(1년 전) 이미 3채를 반값에 낙찰받았는데 이렇게 반값에 낙찰받을 수 있었던 이유는 마무리공사팀(하청업체)의 유치권 신고 때문이었다. 그때 당시 엠제이 법무팀에서 이 부분을 조사 후 충분히 유치권을 해결할 수 있다고 판단하여 낙찰 후 유치권 부존재 확인 소송을 제기했고, 그로부터 1년이 지나 소송의 마무리 단계 시점에 동일한 빌라가 추가로 경매에 나와 다시 낙찰받은 사례다.

> **유치권 부존재 확인 소송**
> 낙찰자가 유치권자를 상대로 유치권이 존재하지 않는다는 유치권 부존재 확인 소송을 제기하여 판결을 받게 되면(승소) 유치권이 존재하지 않는 걸로 보아 정상적인 명도가 가능해진다. 유치권의 성립 및 그에 기반한 점유 및 견련성을 피고(유치권자)가 입증해야 하므로 입증하기가 쉽지 않은 경우가 많다. 소송기간이 1~2년으로 길고 그 기간 동안 목적물의 사용수익이 불가하여 자금이 묶일 수 있는 게 단점이다.

경매 **2019타경** [흐림]

진행내역 : 경매개시 99일 배당요구종기일 38일 최초진행 140일 매각 40일 납부 55일 배당종결 (372일 소요)

청주지방법원 4계 (043-249-7304)

매각일자 **2020.01.03 (금) (10:00)**

도시형생활주택 토지·건물 일괄매각

충청북도 청주시 청원구 주중동 [흐림] 201동 4층 401호 외 5필지 새주소검색

(도로명주소:충청북도 청주시 청원구 공항로220번길 [흐림])

대 지 권	154.9375㎡(46.869평)	소유자	(주)파인퍼스트	감정가	216,000,000
건물면적	84.9875㎡(25.709평)	채무자	(주)파인퍼스트	최저가	(51.2%) 110,592,000
개시결정	2019-04-01(임의경매)	채권자	충북개인택시사회복지새마을금고	매각가	(58%) 124,770,000

오늘: 1 누적: 211 평균(2주): 0

구분	매각기일	최저매각가격	결과
1차	2019-08-16	216,000,000	유찰
2차	2019-09-20	172,800,000	유찰
3차	2019-10-25	138,240,000	유찰
	2019-11-29	110,592,000	변경
4차	2020-01-03	110,592,000	

매각 124,770,000원 (57.76%) / 입찰 1명 / 주)에스제이아이

매각결정기일 : 2020-01-10 - 매각허가결정

전경도 전경도

이 물건의 감정가는 2억 1,600만원인데 최저가는 1억 1,000만원으로 감정가 대비 51% 유찰된 가격에 경매가 진행되었다. 그러나 물건 종목이 빌라이고 유치권이 신고된 탓에 일반인의 입찰이 쉽지 않아 최저가에서 1,000만원 올린 1억 2,400만원에 입찰해 단독으로 낙찰받았다.

| 청주 주중동 빌라 타운하우스 위치와 전경

해당 빌라의 위치를 보면 한 동짜리 빌라가 아니라 빌라 여러 동이 모여 있는 타운하우스임을 알 수 있다. 세대수가 어느 정도 있어 아파트만큼은 아니지만 웬만한 전원주택단지를 능가하는 규모였다. 그리고 도심과 도보로는 거리가 좀 있었지만 차량을 이용하면 주중동 인근의 상권 인프라와 초등학교까지 10~15분 안에 갈 수 있다는 장점이 있었다. 단점은 아직까지는 신축을 제외한 나머지 구축아파트 및 빌라는 매매거래가 잘되지 않는 시기여서 당장 단기투자가 쉽지는 않다는 것이었다. 그러나 이러한 단점이 입찰경쟁에서는 독점으로 싸게 매입할 수 있는 장점이 된다.

입찰 전 인근 부동산 중개업소에 해당 물건에 대해 문의하니, 매도가 쉽지는 않으나 가격만 낮으면 거래가 가능하며, 유치권이 해결되고 내부만 깨끗하면 복층임을 감안해 2억 3,000만원 정도에 매도가 가능하다는 정보를 얻었다. 이에 최대한 빠른 시일 내에 유치권을 해결한 후 매도한다는 계획을 세웠고, 당시 부동산 시장이 회복장이어서 (기간이 조금 걸린다 한들) 매매가격이 내려갈 일은 없어 보였다.

| 복층이라 외부에 테라스가 있다.

내가 빌라로 많은 수익을 냈던 사례 중에는 특이하게도 복층 빌라를 싸게 낙찰받아 매도한 사례가 많았다. 그 이유는 경매나 공매 가격을 감정할 당시 감정평가사들이 복층 부분을 감정가격에 산입하지 않는 경우가 많아, 그 덕분에 부동산 시장에 나와 있는 일반적인 복층 빌라 시세보다 월등히 싼 가격에 낙찰받을 수 있었기 때문이다. 이 물건 역시 총 4층 중 4층의 복층 빌라였지만 감정평가 가격 자체가 일반층 빌라 가격으로 산정되어 입찰 당시 한층 저렴한 가격으로 낙찰받을 수 있었다.

목록	임차인	점유부분/기간	전입/확정/배당	보증금/차임	대항력	분석	기타
1	권◯◯외	주거용 전부	전입:없음 확정:미상 배당:없음	보:2,850,000,000원	없음	배당금 없음	보:공사대금 약28억5,000만원
기타사항	☞기타점유 ☞본건은 권◯◯외 13개 업체에서 공사대금 약28억5,000만원을 받지 못하여 공동으로 유치권을 주장하며 점유하고 있다고함. ☞주민등록상 전입자 없음.

임차인 현황   말소기준일(소액) : 2016-07-21   배당요구종기일 : 2019-07-09

| 유치권 신고로 인해 입찰경쟁 저하

입찰 당시 이 물건에는 공사업자의 유치권 신고로 28억원이 신고되어 있었으나 크게 개의치 않았다. 다행히 1년 전 동일 빌라를 3채 낙찰받아 동일한 유치권자와 유치권 부존재 확인 소송의 마무리 단계였고, 유치권자의 불법 점유 현황과 어느 정도 보상이 이루어져 소송의 흐름이 우리 쪽(낙찰자)으로 많이 기울어진 상황이었기 때문이다. 많은 물건들을 낙찰받다 보면 이렇게 동일한 물건이 추가로 경매에 나오는 경우가 종종 있는데, 이럴 경우 해당 물건의 내용을 정확히 아는 만큼 다시 낙찰받아 해결하는 과정도 한층 더 수월하다.

부동산(연립주택) 매매 계약서

| 실투자금 3,000만원으로 1년 만에 1억원 수익 완료!

▶ 해당 물건을 낙찰받은 후 1년이 지나 유치권이 존재하지 않는다는 최종판결을 받은 다음에야 낙찰받은 호실을 개문할 수 있었다. 그나마 다행이었던 건 유치권 신고가 되어 있어도 정상적으로 대출받아 투자금을 최소화할 수 있었기에 유치권을 해결하는 1년이란 기간이 그렇게 길게 느껴지지 않았다는 점이다. 어쨌든 이 물건은 경매시장에서 하위종목인 빌라인 데다 권리상 하자인 유치권이 더해져 저가매입이 가능했던 덕분에 낙찰가 1억 2,400만원, 매도가 2억 3,600만원으로 1년이란 기간 내에 실투자금 3,000만원(대출 80%)으로 1억원 정도의 높은 매도수익을 올린 사례였다.

40

지방 빌라 단기투자 시 유의사항

덜컥 투자했다가는 물리기 쉬운 지방 빌라

이 책에 나와 있는 수많은 빌라 투자 사례들을 보고 아무 준비 없이 덜컥 지방 소도시 빌라를 낙찰받는다면, 기대하던 아름다운 수익보다는 매도할 때까지의 과정이 순탄하지 않거나 아예 매도가 안 되는 경우도 있을 것이다. 나 또한 처음 빌라 투자를 시작할 수익을 내기보다 때 실패한 경험이 더 많다. 지금 생각해보면 이런 이상한 물건을 무슨 생각으로 낙찰받았을까 할 정도로 악성 물건들을 수없이 많이 낙찰받아 힘들게 매도하거나 또는 손해 보고 팔거나, 최악의 경우에는 아예 매도가 되지 않아 아직까지 보유 중인 물건들도 더러 있다. 물론 투자 경험이 쌓여야 물건을 보는 눈이 좋아지긴 하지만 초보투자자의 경우 최소한 악성 물건은 피했으면 하는 마음에 지방 빌라 단기투자 시 유의해야 할 사항을 한번 정리해보았다.

1 | 입지

광역시급이 아닌 지방(인구 100만명 이하 도시) 빌라 물건에 투자할 경우 해당 빌라가 무조건 도심 내에 위치해야 한다. 수도권의 빌라는 물 좋고 공기 좋고 청정지역에도 수요가 있지만 지방의 경우 수요가 부족한 데 비해 아파트 선호도가 높아 지방 빌라에서는 첫 번째로 인프라, 학교, 병원 등의 입지가 굉장히 중요하다. 경매에 주로 많이 나오는 지방의 외곽지 빌라들은 아무리 가격이 저렴해도 웬만하면 입찰하지 말고 결과만 지켜보길 권한다.

2 | 조망 및 채광

빌라는 대단지아파트와 다르게 건축 시 각 호실의 조망과 채광이 보장되지 않는 경우가 많다. 부산에 있는 빌라 중에도 연식이 제법 있는 경우 창문을 열면 바로 앞집의 창문이 붙어 있거나 3층 밑으로는 해가 아예 들지 않는 경우도 많다. 따라서 항상 빌라 물건 입찰 전에는 로드뷰를 돌려 막히는 곳이 없는지, 해가 잘 들어오는지 여부를 최대한 꼼꼼히 확인해야 한다. 그리고 가급적 현장에 직접 방문하여 해당 빌라의 조망과 채광을 직접 확인해보기 바란다. 빌라 투자 시 매도포인트는 최소한 사람이 쾌적하게 살 수 있는 집이어야 하기 때문이다.

3 | 승강기 유무 및 층수

지방 빌라를 포함해 모든 빌라는 승강기가 없는 경우보다 구비되어 있는 경우에 가격이 더 높다. 그리고 층이 높은 빌라의 경우 웬만하면 승강기가 구비되어 있어야 쉽게 매도가 가능하니 빌라 입찰 전 승강기 유무 및 그에 따른 매매가격을 정확하게 확인할 필요가 있다.

4 | 누수 및 하자 여부

지방 빌라를 낙찰받으면서 가장 힘들었던 부분은 바로 각종 하자(누수)였다. 빌라 물건을 낙찰받으면서 누수 있는 집들을 너무 많이 해결하다 보니, 이제는 낙찰받은 집이 아무리 엉망이라도 누수만 없으면 인테리어 공사가 전혀 힘들지 않을 정도로 누수가 싫었다. 그중에서 특히 제일 힘들었던 건 건물 자체의 누수(드라이비트)로 건물 외벽에서 물을 머금어 건물 내부 복도 및 세대 내부에서 동시에 누수가 발생하는 현상이었는데, 그런 물건은 아예 매도 자체가 불가하니 현장조사 없이 그런 물건을 낙찰받았다면 불허가신청으로 최대한 빨리 빠져나오길 바란다. 그다음으로 힘들었던 건 탑층(옥상) 누수였는데(윗집에서 누수를 잡는 게 아닌 옥상 전체 방수공사를 해야 한다), 웬만한 세대누수는 윗집이 누수공사를 하며 아랫집 하자(도배 등)까지 다 공사해주지만 옥상 누수의 경우는 별도의 관리업체가 없다면 탑층 소유자가 자비로 공사해야 할 수도 있기 때문이다. 이런 누수 및 하자 여부는 노력하면 현장에서 어느 정도 확인이 가능하니 이런 리스크를 사전에 방지하기 위해서도 입찰 전 현장조사는 꽝장히 중요하다.

5 | 인근 부동산 중개업소를 통한 매수수요 및 매도가격 조사

빌라 투자 시 가장 중요한 부분은 매수수요 및 매도가격이다. 싸게 사는 것도 중요하지만 우리가 빌라 투자를 하는 목적은 팔아서 수익을 내는 것이므로, 경매로 나온 빌라를 과연 누구에게 팔 수 있을지 그리고 어느 정도 가격이면 팔릴지에 대한 수요와 가격 부분이 빌라 투자의 시작점이 되어야 할 것이다. 특히 지방의 빌라 가격은 인터넷이나 부동산 중개업소에 정보가 없는 경우도 굉장히 많고 조사가 쉽지 않아 매도수요와 매도가격이 나올 때까지 더 많은 조사가 필요하며, 심지어는 부동산 중개업소에서 잘못된 정보를 알려줄 수도 있으므로 조사내용을 정리한 뒤 본인만의 투자판단이 중요한 수익포인트가 될 수 있다. 남들이 투자하기 싫어하고 어려워하는 종목에는 다 이유가 있다. 그러나 우리나라 주거용 수요의 절반은 곧 빌라 수요라는 걸 생각하면, 아직까지 경매로 싸게 사서 비싸게 팔 수 있는 빌라의 수가 헤아리지 못할 정도로 많다는 것을 다시 한번 숙고할 필요가 있을 것이다.

41

실패에서 얻은 교훈으로
10억원 수익 낸 서귀포 유령 빌라 7채

1억 6,000만원 낙찰 → 2억 4,000만원 전세

인구 67만명, 아파트의 힘이 좋은 제주도

2020년 6월 전국 부동산 가격이 상승장 국면에 들어섰지만 지방 도시들에는 아직까지 찬바람이 불었다.

과거 제주도에서는 2013년부터 2016년까지 중국 투자자들의 토지투자 유입과 국내 부동산 상승이 맞물려 유례없는 부동산 가격 폭등이 일어났고, 2017년부터 2021년까지는 국내외 투자자들이 빠지고 신규 입주물량이 늘어나면서 부동산 가격하락이 계속 이어졌다. 그런데 가만 보니 2020년에 인구 50만명의 지방 도시인 포항에서도 분양권 가격이 많이 상승했는데, 포항보다 아파트 가격의 힘이 좋은 제주도 아파트 가격이 주변 도시와 키를 맞추지 않고 계속 하락한다는 건 뭔가 맞지 않는 것 같았다. 보통 아파트 가격은 대도시부터 소도시까지 지역별로 키를 맞춘 후 분양권 및 대장아파트부터 하위종목으로 키를 맞춰나가며, 거의 맨 마지막 순서인 빌라 가격이 키를 맞추기까지는 1년 이상, 길면 2년까지 오랜 기간이 소요된다. 아무튼 이 시기에 인구 50만명

이 넘는 도시 중 가격상승이 일어나지 않은 도시는 제주도밖에 없었으니 제주도 부동산 경매시장에 관심을 가지지 않을 수 없었다. 2021년 상반기부터 인구 67만명의 관광도시 제주도에 가격하락이 멈추고 곧 상승이 시작되려는 기운이 움텄다.

| 2021년 상반기: 제주시 상승 / 노형동 노형2차아이파크

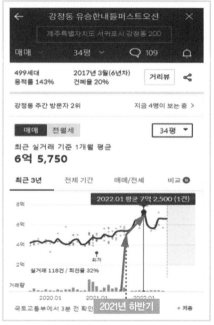

| 2021년 하반기: 서귀포시 상승 / 강정동 유승한내들퍼스트오션

나는 2019년부터 제주도 경매시장을 계속 모니터링하며 최저가격이 40% 정도 떨어진 나홀로아파트와 빌라를 단독으로 낙찰받기 시작했다. 그 이유는 제주도 아파트 가격이 본격적으로 상승하는, 즉 남들이 다 아는 시장에 같이 들어가서 물건을 매입해봐야 내가 원하는 가격으로는 결코 살 수 없다는 사실

을 인지하고 있었기 때문이다.

나도 제주도 부동산이 고점일 때 투자했다가 매매가 안 되고 가격이 하락해 고생한 뒤, 2년이 지나 다시 매수타이밍을 잡아 남들보다 조금 더 빨리 진입하는 투자로 손실을 만회했던 기억이 있다. 누구나 투자하며 실패할 수 있다. 그러나 실패를 인정하고 실패한 원인을 다시 공부해 더 많은 수익을 내는 사람도 있고, 실패 후 복기하지 않고 바로 투자를 포기해 버리는 사람도 있다. 투자는 길게 보고 정신력은 강하게 단련하자. 많이 벌든 적게 벌든 시장에서 끝까지 살아남는 투자자가 승리한 투자자다.

빌라 10채가 동시에 경매로 나오다!

67만 명인 제주도 인구는 제주시 50만명, 서귀포시 17만명으로 거의 모든 인구와 인프라가 제주시에 집중되어 있으며 부동산 가격 역시 제주시가 상승한 후 시간이 지나면 서귀포시가 키를 맞춰 상승하는 형님, 동생의 가격순환 구조를 가지고 있다.

제주도 부동산 시장의 경우 2021년 하반기부터 제주시의 중심지(노형동/연동) 아파트 가격이 많이 상승했으며, 2022년에는 서귀포의 강정지구(혁신도시) 아파트들 가격이 키를 맞추고 그 후 서귀포 원도심의 아파트와 빌라 가격이 서서히 상승할 것으로 보였다.

2020년 6월 햇볕이 강하게 내리쬐던 여름, 서귀포시 서호동에 위치한 빌라 10채의 경매가 동시에 진행되었다. 감정가는 3억 1,800만원이었고 최저가는 반값인 1억 5,500만원이었다. 내부 전용면적은 34평형으로 분양면적이 40

평이 넘었으며 위치나 건물 현황을 봐서는 제주도 부동산이 경기만 회복한다면 아무리 못해도 향후 3억 원 이상에 매도가 가능할 것으로 보였다.

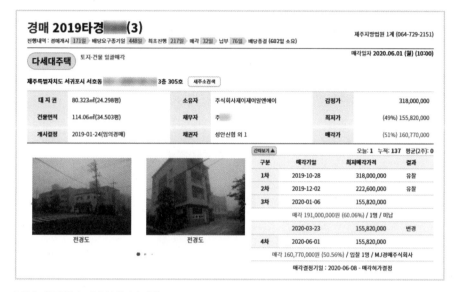

| 서귀포 반값 빌라 7개 호실 최저가 낙찰!

| 유치권 신고가 있으나 현장사진을 보니 공실로 예상되었다.

이 빌라의 가격이 이렇게 많이 떨어진 데는 두 가지 이유가 있었다. 첫 번째는 부동산 하락장 시기라 투자자들이 빌라 투자에 아예 관심이 없다는 점이었

고, 두 번째는 물건 명세서에 3명의 유치권자가 유치권 신고를 해놓아 현장에 가지 않고서는 대출 및 유치권 해결의 답이 나오기 힘들어 보인다는 점이었다. 내 경험상 제주도에서 경매입찰을 하다 보면 낙찰률이 그렇게 낮지만은 않고 제법 경쟁이 있는 편인데, 유독 유치권이 신고된 경매물건이 나오면 아무도 입찰에 나서지 않아 원하는 가격에 단독으로 낙찰받은 적이 많았다. 제주도가 규모는 크지만 아직 특수물건에 대한 교육이 체계적으로 이뤄지지 않아, 유치권 신고로 인해 경쟁에서 약간 자유로울 수 있는 빈틈이 생긴 것 같았다.

| 서귀포 강정지구에서 차로 5분 거리 + 바다 조망

물건을 검색하며 지도에서 해당 물건의 위치를 확인하니 서귀포시청 제2 청사 신도시인 강정지구에서 차로 5분, 도보로 20분 정도 소요되는 위치에 있었고, 로드뷰를 돌려보니 남향에 지대가 높아 웬만하면 모든 층에서 바다 조망이 가능해 보였다. 제주시 아파트 가격이 상승하고 난 뒤 서귀포 부동산 가격

이 상승할 때는 아무래도 신도시급인 강정지구의 아파트 가격이 첫 번째로 올라갈 것이고, 그 인근에 위치한 빌라들도 서서히 키를 맞춰나갈 것으로 예상되었다.

| 경매 현황 사진상으로는 입주 흔적이 없고 새시도 없는 상태

감정평가서와 현황 사진을 계속해서 살펴보니 빌라 전체 호실에 거주자가 한 명도 없어 보였으며, 현관 방화문도 도어락 없이 일반 문손잡이로 되어 있어 공사가 100% 마무리되지 않은 것으로 추측되었다. 어서 빨리 현장에 가서 빌라 내외부를 확인해봐야 유치권 여부 및 수익에 대한 답이 나올 것 같아서 서둘러 경매물건 현장으로 향했다.

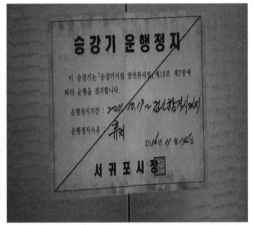

| 현장방문 공사폐기물, 전기와 승강기 운행정지

　　2020년 여름만 해도 코로나로 인해 제주 관광객 수요가 반도 안 되게 줄어든 탓에 부산/제주 비행기 표값이 1만~2만원 사이로 부산에서 대구로 가는 기차 값(1만원대)이나 별반 차이가 없어 제주도 현장답사를 가기에는 최적의 조건이었다. 경매물건 현장을 방문해 입구에 들어서니 주차장에 다 쓰고 버린 페인트통들이 가득 나뒹굴고 있었는데 못해도 얼추 200개는 넘어 보였다. 건물 안으로 들어가니 모든 전기가 끊겨 있었고 심지어 승강기에 운행정지 스티커가 붙어 있는 등 공사가 80%만 진행되고 나머지 20%는 마감이 안 되어 보였다. 그러나 항상 위기 속에 기회가 있는 법, 현장은 쓰레기로 어수선했지만 그 안에서 확실히 돈이 보였다. 오히려 이런 어수선한 현장으로 인해 입찰자가 거의 없을 것이므로 마감공사 비용만 정확히 측정해 낙찰가에 산정한 후 수익을 계산해보았다. 그 결과 공사비용이 추가로 들어가도 한 호실당 1억원 이상 수익을 낼 수 있을 것 같았다.

앞서도 말했듯 경매투자에서는 항상 해당 물건에 장점과 단점이 동시에 존재해야 경쟁에서 벗어나 자유롭게 저가매입을 할 수 있고, 단점보다 장점이 더 커야 수익을 실현할 수 있다. 나 역시 권리나 현황이 깨끗한 물건보다 약간 복잡한 물건이 경매로 나왔을 때 훨씬 더 큰 수익을 실현한 사례가 많았다.

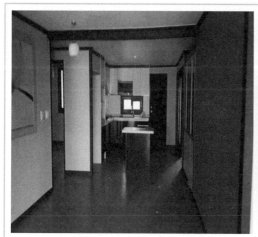

| 잠금장치 없음 = 내부 공실 확인(유치권 점유 없음)

이 빌라는 승강기가 작동되지 않아 걸어서 계단을 타고 2층부터 한 층씩 올라가 내부를 점검했는데 마침 3층 2개 호실의 문이 열려 있어 쉽게 내부를 확인할 수 있었다. 인테리어 디자인이 예전 체리색 몰딩 및 걸레받이로 되어 있어 집이 어둡고 오래된 느낌이 많이 났으나, 그 외 가구들은 다 상태가 좋아서 최대한 필름 작업을 해 내부 색을 환한 화이트로 바꿔 더 예쁘고 넓어 보이도록 공사한다면 지금 모습과 180도 다른 새집이 될 것 같았다. 5층까지 문이 열리는 호실들의 내부를 확인하니 모든 호실의 내부가 동일했으며 사람이 산 흔

적은 전혀 느껴지지 않았다. 해당 현장이 공실이라면 가장 중요한 유치권자의 점유 부분이 인정되지 않으므로 최대한 현장 사진을 많이 찍어 낙찰 후 유치권 부분에 대한 증거자료를 모으기 시작했다.

입찰 당일 10개 호실 중 바다가 보이는 4, 5라인인 7개 호실만 입찰하기로 결정했다. 그리고 혹시 한두 명이라도 입찰할 가능성을 염두에 두고 최저가에 300만~400만원을 더해 1억 6,000만원대에 입찰했으며, 7개 호실에 우리 말고 아무도 입찰하지 않아 전원 단독 낙찰받았다. 하지만 기쁨도 잠시, 최대한 빠른 시일 내에 유치권을 해결하고 대출을 실행해야 잔금을 납부할 수 있었기에 은행 대출 작업부터 신속히 진행했다.

| 1억 6,000만원에 낙찰받아 수리 후 전세 2억 4,000만원에 광고 시작!

다행히 낙찰가가 무척 낮고 유치권에 대한 증거자료를 충분히 제시해 은행

에서 낙찰가 대비 80% 이상 대출을 받을 수 있었으며, 호실당 200만원씩 이사 비용을 지급하는 조건으로 유치권자에게서 유치권 포기각서를 받을 수 있었다.

그리고 서귀포 부동산 시장을 조사해보니 아직 아파트 가격이 오르지 않아 해당 빌라 물건을 당장 매매하기는 힘들어 보였으나 그에 비해 전세 물건은 많이 모자랐다. 그래서 전세가격을 최대한 높게 설정해 플피투자로 수익을 만든 후 2년 뒤 부동산 가격이 상승해 해당 빌라가 감정가격을 회복하는 시기에 매매로 내놓으면 최고의 수익률을 얻을 수 있을 것으로 보였다. 결국은 7개 호실 전체 내부 인테리어 공사를 직접 진행하며 바로 전세 광고를 냈다. 낙찰가 1억 6,000만원 + 호실당 공사비 3,000만원 = 1억 9,000만원 정도로 원가가 형성되어 여기에 5,000만원 정도를 올린 2억 4,000만원에 전세를 내놓았다.

| 외부 페인트 작업 및 내부 도배/미루/전기/디일/가구 공사를 직접 진행했다.

| 세련되게 바꾼 욕실 인테리어. 나는 아파트 인테리어 시 욕실에 가장 큰 비중을 둔다.

▶ 현장조사부터 낙찰, 유치권 해결 및 마지막 인테리어까지 마무리하고 2억 4,000만원에 전세를 완료해 6개 호실(한 호실은 매매 완료)에 대해 1개 호실당 대략 5,000만원의 플피투자 수익을 완료하고 나니 수익도 수익이지만 그 과정이 의미 있고 아주 많은 공부가 되었다.

이렇게 또 한 지역에 빠르게 선진입해 내 돈을 들이지 않고(오히려 1개 호실당 5,000만원씩 수익) 투자하고 나니, 2년 뒤 매도 시 추가 수익이 어떻게 형성될지 기대가 되었다. 이 사례는 이렇게 서귀포라는 지역을 한 번 더 공부할 수 있는 기회가 되어주었고, 이로부터 3년 후 대략 10억원 정도의 수익창출을 예상하며, 서귀포 1청사에 위치한 나홀로아파트 10개 호실을 신탁공매로 단독 낙찰받는 계기가 되었다.

부동산 경매 단기투자의 기적

부동산(연립주택) 전세 계약서

| 7개 전 호실 매매/전세계약 완료!

　　경매투자를 하며 낙찰과 매도 경험이 하나하나 쌓일수록 이 경험이 경매시장에서 엄청난 무기가 되어, 수익을 낼 수 있는 기회가 왔을 때 남들보다 더 빨리 결정할 수 있게 해주고 더 안전하게 수익을 올릴 수 있게 해준다는 것을 낙찰과 매도를 반복할 때마다 늘 느낀다. 남들보다 더 흘린 땀 한 방울, 한 방울이 모여 노력의 결실로 이어진다는 옛말이 틀리지 않다는 것을 이 사례를 통해 다시 한번 강조하고자 한다. 투자는 머리로 하는 게 아니라 발로 하는 것이다.

| 2022년 매매가 3억 8,000만원

    낙찰 후 3년이 지난 2023년 현재 매도가격은 3억 8,000만원으로 최초 경매 감정가보다 높게 형성되어, 2년 전 전세가격인 2억 4,000만원에 비하면 1개 호실당 약 1억 4,000만원의 추가수익을 얻을 수 있었다.

    투자금이 많다고 투자를 잘하는 게 아니다. 계속 경험을 쌓다 보면 투자금이 없어도 남의 돈을 활용해 최대한 안 좋은 시기에 싸게 사고, 좋은 시기에 비싸게 팔아서 수익을 낼 수 있는 나만의 기술이 생긴다.

    씨름 선수가 힘만 좋다고 씨름을 잘하는 게 아닌 것처럼 투자 또한 기술이 있어야 준비된 기회를 잡을 수 있으므로, 항상 노력하고 움직이며 돈을 벌 수 있는 수많은 기회를 수익으로 연결해야 할 것이다. 지금도 늦지 않았다. 나도

했으니 이 책을 읽는 누구나 다 할 수 있을 거라고 생각한다.

나만의 투자원칙을 세우고
나만의 투자시장을 개척하라

엠제이 코멘트

무릇 투자를 할 때는 자신만의 철학과 투자원칙이 서있어야 한다. 자신만의 투자원칙 없이 남들과 무리 지어 투자하기 시작하면 비록 당장 수익을 얻을 수 있을지는 몰라도 계속 이어갈 수 없고, 막상 부동산 하락장이 시작되면 언제 있었느냐는 듯 소리소문없이 시장에서 사라질 수 있기 때문이다. 그러니 수익을 내든 못 내든 본인만의 투자원칙을 세워라. 그리고 남들과 비교하지 말고 자신만의 투자시장을 꿋꿋이 개척하라.

42

투자금 2,000만원으로 2,000만원 벌기, 군산 빌라 플피투자

6,400만원 낙찰 → 9,000만원 전세

수익률 100% 전략

2,000만원의 소액투자로 4개월 뒤 수익률 100%인 2,000만원의 안전한 수익을 내는 투자방법이 있다면, 그리고 그 방법에 대략 70% 이상 지속가능성이 있다면 대한민국 국민 누구나 투자하지 않을 이유가 없을 것이다.

다음은 '군산 빌라 낙찰! 3개월 안에 2천만원으로 2천만원 벌기'라는 제목으로 찍은 유튜브 영상이다. 이 영상은 해당 물건을 낙찰받은 후 결과가 나오기 전 미리 올린 것으로 낙찰 후 3개월 안에 명도와 임대를 완료해 수익을 낼 수 있다는 내용이었다.

이 투자방법은 4개월 내에 투자금 대비 100%의 수익을 내는 방법인데, 통상적인 방법으로는 불가능하지만 부동산 시장이 좋지 않은 하락장과 투자지역의 풍부한 임대수요를 활용해 최적의 타이

밍에 저가로 매입하면 충분히 가능하다. 자, 지금부터 이 투자방법에 숨어 있는 비밀을 하나씩 파헤쳐보자.

2020년 10월 군산시 조촌동에 위치한 빌라의 경매가 감정가 1억 1,800만 원에서 2회 유찰되어 최저가 5,700만원에 진행되고 있었다. 통상 경매 유찰률은 20%씩 떨어지는 지역이 많지만 일부 지역(부동산 시장이 안 좋은 지역 편입)에서는 한 번에 30%씩 가격이 떨어져 2회만 유찰되어도 감정가의 반값이 되어 가격 측면에서 메리트가 굉장히 좋다.

해당 물건의 감정가는 1억 1,800만원에 최저가는 절반가격인 5,700만원이었고 입찰가격은 최저가에서 700만원 올린 6,400만원에 입찰해 단독으로 낙찰받았다. 3개월 후 정확히 9,000만원에 전세계약을 완료해 2,000만원의 실투자금(대출 5,000만원)으로 2,000만원의 단기 플피투자 수익을 냈던 사례다.

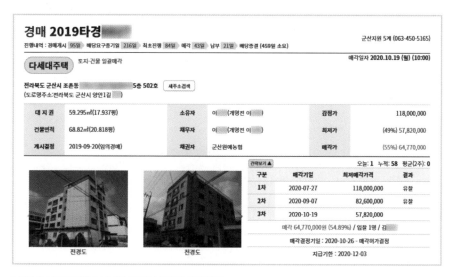

| 실투자금 2,000만원으로 3개월 만에 2,000만원 수익 완료!

플피투자는 잘 쓰면 약이 되고 잘못 쓰면 독이 될 수 있는 투자방법이라 입찰 전 투자물건 선택부터 굉장히 신중하게 시작해야 한다. 자, 지금부터 소액빌라 플피투자의 접근방법부터 하나씩 알아보자.

지방의 입지는 대도시의 입지와는 다른 개념

| 입지 및 설비내역 확인|

인구 27만명인 군산은 전북에서는 3번째로 인구가 많지만 전국으로 봤을 때는 지방 소도시에 속한다. 이런 지방 소도시에 위치한 빌라에 투자할 때는 앞서 말했듯 물건의 입지가 가장 중요하다.

부동산 투자에서 물건의 종류를 막론하고 첫 번째로 강조하는 부분이 입지, 즉 위치인데 그 이유는 부동산의 특성상 똑같은 위치를 만들어낼 수 없는 개별성으로 인해 희소가치가 있어 가격상승의 주된 원인이 되기 때문이다. 그러나 여기서 강조하는 입지는 수도권이나 광역시의 경우 중심 입지를 뜻하고, 지방에서 말하는 입지는 무조건 도심 안을 뜻한다. 여기서 도심이란 지도를 열었을 때 학군 외 인프라가 주변에 근접한 지역이다. 도심에서 벗어나면 상대적으로 작은 도시의 적은 매수수요로 인해 매매 자체가 불가능하니 보다 신중히 투자할 필요가 있다.

위 지도를 보면 해당 물건은 군산의 중심지인 조촌동 디오션시티에서 차로 5분, 도보로 15분 거리에 있어 인프라가 가까우며 빌라 주변 환경이 그렇게 좋지는 않지만 기본적으로 주택지가 형성되어 있어 주거 수요층의 매매/임대 거래가 충분히 가능해 보였다. 그리고 이 빌라는 총 5층 중 5층에 위치해 승강기 유무를 필히 확인할 필요가 있는데, 이는 해당 감정평가서의 설비내역에서 확인이 가능하다. 감정평가서에서 승강기가 운행 중인 것을 확인한 다음 이 빌라의 가격조사를 시작했다.

경매투자 시 빌라 가격조사 방법을 다시 설명하면, 빌라는 일반적인 아파트와는 다르게 네이버 부동산에 가격이 노출되지 않고 인근 부동산 중개업소에서도 정확히 가격을 알기 힘들다. 즉, 조사가 힘들어 고충이 많은데 반대로 생각하면 조사가 힘든 만큼 투자수요가 없어 입찰하면 크게 경쟁이 없는 물건이 대부분이다. 내 생각에는 남이 하기 싫어하는 투자를 연구하고 여기에 노력을 조금 더 추가해 경쟁 없이 독점할 수 있다면 그게 블루오션 투자의 시작이다. 그런 틈새시장 투자를 하나씩 늘리다 보면 어느새 남들은 하지 못하고 나만이 할 수 있는, 독점 가능한 경매투자로 지속적으로 수익을 창출할 수 있게 될 것이다.

군산 조촌동에 위치한
대우█████████매물입니다
군산 교육문화회관 인근에 있습니다

| 거실, 방3, 주방, 욕실2 구조로 베란다 확장형이다. 정남향으로 채광이 좋다.

네이버에 경매로 나온 빌라를 검색하니 부동산 블로그가 떴고, 여기에 들어가 보니 해당 빌라의 다른 호실 매매계약이 완료된 내용이 올라와 있었다. 네이버에 빌라 이름을 검색했을 때 노출되는 블로그가 있다면 해당 빌라를 알고 있는 부동산 중개업소에서 진행하는 블로그 광고인 경우가 많아 가격조사 시 더욱더 정확한 가격을 산출할 수 있다는 장점이 있다.

해당 부동산 중개업소에 경매로 나온 빌라 호실 가격을 문의한 결과 매매는 1억 1,000만 원, 전세는 9,000만원인데 매매에는 3개월 정도의 기간이 예상되며 전세는 2~3주 안에 충분히 거래가 가능하다는 답변을 들었다. 플피투자를

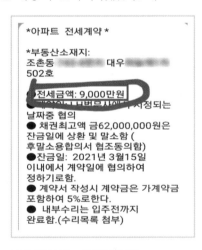

*아파트 전세계약 *

*부동산소재지:
조촌동 ███-███ 대우 ███-███
502호

● **전세금액: 9,000만원**
● 계약일 : 나번으사에서 지정되는
날짜중 협의
● 채권최고액 금62,000,000원은
잔금일에 상환 및 말소함 (
후말소용합의서 협조동의함)
● 잔금일: 2021년 3월15일
이내에서 계약일에 협의하여
정하기로함.
● 계약서 작성시 계약금은 가계약금
포함하여 5%로한다.
● 내부수리는 입주전까지
완료함.(수리목록 첨부)

| 6,400만원 낙찰 → 9,000만원 전세

할 때 가장 중요한 것은 임대가 잘 나가는 것보다 향후 임대 만기 후 매매가 가능한지 여부이므로, 전세 만기 후 매도 가능성을 중점적으로 조사해야 하고 매매가 불가능한 물건이라면 과감히 투자목록에서 삭제해야 한다.

수익구조 파악하기

6,400만원에 낙찰받은 후 9,000만원에 전세를 놓았을 때의 투자수익 구조를 살펴보자. 낙찰가의 80%까지 나오는 경락잔금대출을 활용해 받은 대출금 5,120만원을 제하면 실투자금은 대략 1,500만원 정도이고, 9,000만원의 전세금액에서 총투자금액을 제하면(9,000만-6,400만원=2,600만원) 낙찰가 대비 대략 2,000만원 정도의 단기수익이 발생한다. 또한 전세라서 양도세가 없다. 투자금이 많지 않은 투자자들이 할 수 있는 소액투자(1,500만원)로 단기간(3개월)에 좋은 수익(2,000만원)을 만들 수 있는 투자다.

이 투자의 핵심은 전세 만기인 2년 후 정상가격인 1억~1억 1,000만원에 매도가 가능해야 한다는 것이다. 빌라 플피투자는 상승을 기반으로 하는 것이 아니라 현재 가격에서 최대한 싸게 매입하는 것이다. 즉, 하락장에 1억원짜리 빌라를 5,000만원에 낙찰받아 7,000만원에 전세를 놓은 후(하락장이라 매수손님이 없음) 2년 뒤 회복장에 정상가격인 1억원에 매도하여 최초 2,000만원 수익(플피)+추가 수익 3,000만원(매도)으로 계단식 수익을 기대할 수 있는 투자방법이다.

여기서 정상가격이란 시장이 회복할 때 입지와 건물에 대해 제대로 평가받는 가격을 말한다. 만약 2년 뒤에도 가격이 회복되지 않는다면 전세를 한 번 더 회전시킨 후 매매하거나 좀 더 낮은 가격에 매도할 수도 있다.

▶ 정리하면 정상가격의 반값에 낙찰받아 좀 더 높은 가격으로 전세를 맞춘 후 임대기간이 지난 다음 정상가격으로 매매하는 투자방법으로, '플피 전세 세팅 후 일반 매도'라고 이름 붙일 수 있겠다. 투자금이 적거나 투자금을 만들어야 하는 소액투자자일수록 꼭 배워야 할 투자방법 중 하나이니 잘 활용해 실전에서 응용해보기 바란다.

43

서산 반값 플피빌라 낙찰

6,600만원 낙찰 → 9,300만원 전세

2등부터 10등까지 골고루 매수하라!

충남 서산은 인구 17만명의 소도시로 2016년부터 2021년까지 대략 6년간 부동산 가격이 하락했다. 2018년 신축아파트 입주물량이 과도하게 많았던 탓에 구축아파트 거주자의 갈아타기 심리로 인해 아파트 매수수요층이 없어 부동산 하락장이 계속 이어졌다. 그러나 2020년 인근의 천안 신불당과 인근 아산에서도 신축아파트를 중심으로 가격상승의 불길이 번지며 2021년에는 서산 아파트 시장까지 부동산 상승장의 바람이 불어왔다. 서산에는 2018년 이후 입주물량이 거의 없다시피 했으나 인구 17만명이라는 지방 소도시의 한계와 전체적인 부동산 시장의 보합으로 인해 빠른 가격회복이 어려웠다. 그러나 2021년 서산에도 분양권을 시작으로 신축아파트의 가격상승이 본격적으로 시작되었다.

통상 투자자들은 1등의 가격이 상승하면 인근의 2, 3등을 빠르게 매수해 조금 더 단기간에 가격상승의 목표를 이루지만, 나는 1등이 오를 때 2~10등에 동시에 투자를 진행했다. 보통 순위가 낮은 빌라나 나홀로아파트는 저가매수

후 2년 뒤 원가매도하는 방법을 썼고 순위가 높은 2~3등, 즉 신축아파트는 상승 전 가격으로 최대한 빠르게 매입한 후 매입가격에 최대한 비슷한 가격으로 전세를 맞춰 놓고, 가격상승이 시작되면 전세를 낀 상태로 투자자에게 매도하는 방법을 많이 사용했다.

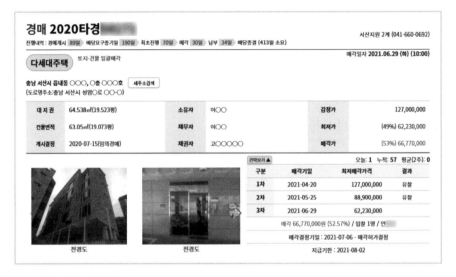

| 서산 플피투자 반값 빌라 낙찰!

이 물건은 감정가 1억 2,700만원, 최저가 6,200만원, 낙찰가 6,677만원에 단독으로 낙찰받은 빌라이며, 시세 대비 반값에 나왔는데도 아무도 입찰하지 않아 경쟁 없이 쉽게 낙찰받은 물건이었다.

서산의 대장아파트인 e편한세상서산예천 아파트의 가격 흐름을 보면 33평 가격이 2017~2020년 2억 7,000만원으로 4년간 동결되었다가 2021년부터 상승해 최고가 5억 5,000만원까지 형성되었다. 이 아파트의 가격상승이 신호

탄이 되어 서산 전체 구축아파트 가격도 점차 상승세를 타게 되었다.

| 서산 대장아파트 2억원 이상 상승!

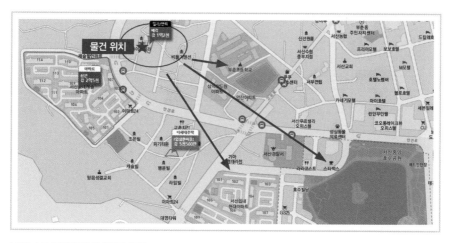

| 지방 소도시 빌라일수록 입지가 중요!

나는 2018년 후반부터 서산의 신축 및 구축 아파트들을 경매 및 급매로 계속해서 매입해 왔으나 일정 기간이 지나니 서서히 투자자(경쟁자)들이 많이 늘어나 종목을 좀 더 낮춰 빌라로 종목을 전환하게 되었다. 앞서 강조했듯이 지방 소도시 빌라는 입지, 즉 위치가 제일 중요하므로 도심 안에 위치하는지를 가장 먼저 확인했고, 부수적으로 초등학교와 상권이 가까운 점을 참고해 경매 입찰을 결정하게 되었다.

해당 빌라는 낙찰 후 5개월 만에 전세로 플피 세팅한 후 2년 뒤 정상가격으로 매매 예정이다. 빌라의 경우 하락장에서 상승장으로 넘어간 후 신축아파트가 상승하는 시기에 구축아파트/빌라 가격도 회복되는데, 이렇게 모든 시장이 정상화될 때 정상가격으로 매도하는 전략을 세울 수 있다.

6,600만원 낙찰 → 9,300만원 전세

▓▓▓ **전 세 계 약 서**					No 1
본 부동산에 대하여 임대인과 임차인 쌍방은 다음과 같이 합의하여 임대차 계약을 체결한다.					
1.부동산의 표시					
소 재 지	충청남도 서산시 읍내동 ▓ C동 202호				
토 지 지목 대	대지권비율 517분의64.538	면적			517㎡
건 물 구조 철근콘크리트	용 도 다세대주택	면적			64.538㎡
임대부분 전체		면적			64.538㎡
2.계약내용					
제1조) [목적] 임대인과 임차인은 합의에 의하여 임대차보증금을 아래와 같이 지불하기로 한다.					
보 증 금 金구천삼백만	원정(₩93,000,000)				
계 약 금 金일천만	원정은 계약시 지불하고 영수함.			영수인	계좌이체
중 도 금 金일천만	원정은 2021년 11월 05일 에 지불하며,				
잔 금 金칠천삼백만	원정은 2022년 01월 27일 에 지불한다.				
제2조) [존속기간] 임대인은 위 부동산을 임대차 목적대로 사용할 수 있는 상태로 2022년 01월 27일 까지 임차인에게 인도하며, 임대차기간은 인도일로부터 2024년 01월 26일까지 24개월 로 한다.					

| 실투자금 2,000만원으로 5개월 만에 2,000만원 수익 완료!

이 물건의 수익을 정리해보면 낙찰가 6,600만원, 전세가 9,300만원으로,

경락잔금대출을 제외하면 실투자금 2,000만원으로 단기수익 2,000만원을 만들어 투자금 대비 100%의 수익률을 올렸다. 소액으로 투자하기에 수익률이 굉장히 좋았던 사례다. 즉, 종목을 다양화해 투자할 수 있는 지역이 넓어지면 돈을 벌 기회도 자연히 많아진다는 당연한 사실을 결과로 증명한 셈이다. 그러나 빌라 투자에는 항상 변수가 많으므로 이 책을 읽는 초보투자자들은 빨리 돈을 벌려고 하기보다 기초체력(인구/공급/가격/흐름 파악)을 충분히 쌓아 저가매입 기회가 왔을 때 안전하게 수익을 내는 투자자가 되길 바란다.

일곱,

오피스텔,
근생아파트, 주택,
상가 단기투자 노하우

44

오피스텔 단타 기본 전략,
포항 오피스텔 매도사례

1억 300만원 낙찰 → 1억 3,600만원 매도

오피스텔
• 법인으로 대출 가능(취득 시 주택으로 보지 않아 규제지역에서도 법인으로 대출 가능)
• 오피스텔의 취득세는 중과 없는 동일세율(4.6%)
• 매도 시 법인세 + 추가과세 20%
• 보유 시 종부세 6%(오피스텔은 경우에 따라 종부세 부과 ×)

주거용 오피스텔의 경우 아파트처럼 실수요가 많지 않아 수익구조를 정확히 숙지한 후 투자를 시작할 필요가 있다. 2020년 정부의 7.10대책 이후 오피스텔도 공동주택 공시가격 1억원 이상과 1억원 이하로 구분해 개인 명의의 경우 공동주택 공시가격 1억원 이상의 오피스텔은 주택수에 포함되도록 바뀌었다. 따라서 개인 명의보다는 법인 명의로 투자하게 되었고, 아파트보다는 대출이 자유로워 7.10대책의 틈새시장으로서 경·공매 오피스텔 단기&플피 투자로 많은 수익을 달성할 수 있었다. 모든 투자는 직접 경험해봐야 빠르게 수익 여부를 판단할 수 있지만, 매수수요층이 절대적으로 부족한 오피스텔 투자의 경우 한 번만 잘못 낙찰받아도 많은 손해를 볼 수 있으니, 투자 전 유의사항 및

수익구조를 미리 꼼꼼히 공부해 실제 투자 시 응용하기 바란다.

2019년 8월 포항시 남구 해도동에 위치한 나홀로아파트 10개 호수가 경매로 나왔다. 감정가 대비 최저가격이 절반(49%)으로 떨어진 데다 2016년 사용승인으로 내외부도 양호해 보여 단기투자 가능 여부 조사를 시작했다. 앞에서도 언급했지만 경매는 특성상 비공개입찰이기에, 이렇게 대량으로 나온 경매물건에는 특정한 호수에 입찰자가 몰리는 경우가 많아 호수마다 균일한 가격에 낙찰이 불가능하다. 따라서 <mark>수익이 날 수 있는 입찰가격으로 최대한 많은 호수에 동시 입찰하는 것이 저가낙찰 확률을 높이는 방법이다.</mark>

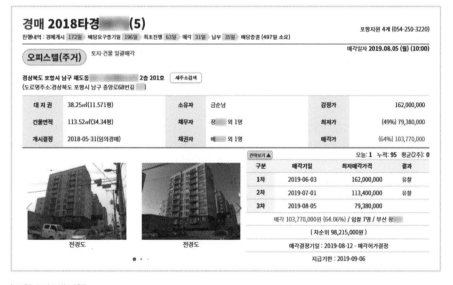

| 포항 오피스텔 낙찰!

이 물건의 경우에도 적정한 입찰가격으로 7개(3개는 전 회차에 낙찰)에 모두 입찰해 6개는 패찰하고 1개만 낙찰받았는데, 유독 이 물건에만 입찰자가 몰리

지 않았던 이유는 물건종별이 아파트가 아닌 오피스텔이었기 때문이다.

	아파트 **2018-3671(1)** 경상북도 포항시 남구 해도동 7층 801호 (경상북도 포항시 남구 중앙로68번길) 건물 84.51㎡(25.564평), 대지권 28.5㎡(8.621평) 토지·건물 일괄매각	178,000,000 87,220,000 126,500,001	낙찰 (배당종결) (49%) (71%)	포항4계 19.08.05 (10:00)	162
	아파트 **2018-3671(2)** 경상북도 포항시 남구 해도동 7층 802호 (경상북도 포항시 남구 중앙로68번길) 건물 84.51㎡(25.564평), 대지권 28.5㎡(8.621평) 토지·건물 일괄매각	180,000,000 88,200,000 119,100,000	낙찰 (배당종결) (49%) (66%)	포항4계 19.08.05 (10:00)	108
	아파트 **2018-3671(3)** 경상북도 포항시 남구 해도동 9층 1002호 (경상북도 포항시 남구 중앙로68번길) 건물 84.51㎡(25.564평), 대지권 28.5㎡(8.621평) 토지·건물 일괄매각	180,000,000 88,200,000 121,110,000	낙찰 (배당종결) (49%) (67%)	포항4계 19.08.05 (10:00)	113
	오피스텔(주거) **2018-3671(5)** 경상북도 포항시 남구 해도동 2층 201호 (경상북도 포항시 남구 중앙로68번길) 건물 113.52㎡(34.34평), 대지권 38.25㎡(11.571평) 토지·건물 일괄매각	162,000,000 79,380,000 103,770,000	낙찰 (배당종결) (49%) (64%)	포항4계 19.08.05 (10:00)	95 01/20 16:05
	아파트 **2018-3671(8)** 경상북도 포항시 남구 해도동 3층 302호 (경상북도 포항시 남구 중앙로68번길) 건물 84.51㎡(25.564평), 대지권 28.5㎡(8.621평) 토지·건물 일괄매각	169,000,000 82,810,000 110,850,000	낙찰 (배당종결) (49%) (66%)	포항4계 19.08.05 (10:00)	101
	아파트 **2018-3671(9)** 경상북도 포항시 남구 해도동 4층 502호 (경상북도 포항시 남구 중앙로68번길) 건물 84.51㎡(25.564평), 대지권 28.5㎡(8.621평) 토지·건물 일괄매각	169,000,000 82,810,000 116,119,900	낙찰 (배당종결) (49%) (69%)	포항4계 19.08.05 (10:00)	106
	아파트 **2018-3671(10)** 경상북도 포항시 남구 해도동 5층 601호 (경상북도 포항시 남구 중앙로68번길) 건물 84.51㎡(25.564평), 대지권 28.5㎡(8.621평) 토지·건물 일괄매각	175,000,000 85,750,000 114,750,000	낙찰 (배당종결) (49%) (66%)	포항4계 19.08.05 (10:00)	100

감정가 1억 6,200만원, 최저가 7,938만원인 이 물건을 1억 377만원에 낙찰받았다. 내가 낙찰받은 호수는 201호였는데 동일한 평수의 바로 옆 호수인 202호의 낙찰가격이 1억 3,200만원이라(비공개 입찰이라는 특성상 가격이 일관되지 않는다) 낙찰받은 시점부터 다른 낙찰자와 3,000만원 정도 금액 차이가 나므로 향후 매도 시 매매가격을 가장 저렴하게 낼 수 있을 것으로 예상하고

부동산 경매 단기투자의 기적

빠르게 명도를 진행했다.

| 32평형 아파트&오피스텔(공부)

오피스텔을 단기에 매도하는 법

오피스텔 경매물건에 입찰할 경우 낙찰 후 매도를 통한 단기투자로 갈 것인지 임대수익으로 갈 것인지 방향을 미리 설정해야 한다. 매도가 아닌 임대수익으로 갈 거라면 임대 후 어느 시점에 어떻게 매도할 것인가에 대한 출구전략이 매우 중요하다.

오피스텔을 단기에 매도하려면 내부면적과 구조가 가장 중요한데 내 투자 경험상 기존 아파트 평형대인 25평이나 32평 규모에 방3, 화2의 주거용 구조가 되어야 실수요 매수층을 대상으로 빠르게 단기매도가 가능했다. 오피스텔 평수가 32평이라도 사무실 구조로 방 없이(확장형) 거실과 욕실만 있거나

10~15평형대의 소형 원룸형 구조는 실거주 수요층이 거의 없어(주요 매수층이 투자자) 단기매도가 불가능했다. 따라서 아파트와 오피스텔이 섞여 있는 대단지 아파트나 나홀로아파트처럼 주거용 구조로 된 오피스텔에 입찰하는 것이 가장 좋고, 투자 전 해당 물건의 입지와 구조/채광/조망 등을 분석한 다음 부동산 중개업소를 통해 매수수요가 충분히 있는지 여부를 파악한 후 입찰하는 것이 바람직하다.

1억 300만원 낙찰 → 1억 3,600만원 매도

부동산(아파트) 매매 계약서

매도인과 매수인 쌍방은 아래 표시 부동산에 관하여 다음 계약 내용과 같이 매매계약을 체결한다.

1. 부동산의 표시

소 재 지	경상북도 포항시 남구 해도동	제2층 제201호				
토 지	지 목	대	면 적	532.5 ㎡	대지권종류	소유권대지권 대지권비율 53250분의3825
건 물	구 조	철근콘크리트구조	용 도	오피스텔	면 적	113.52 ㎡

2. 계약내용

제1조 [목적] 위 부동산의 매매에 대하여 매도인과 매수인은 합의에 의하여 매매대금을 아래와 같이 지불하기로 한다.

매매대금	금 일억삼천육백만원정	(₩136,000,000)	
계 약 금	금 일천사백만원정	은 계약시에 지불하고 영수함 ■영수자	
잔 금	금 일억이천이백만원정	은	에 지불한다

제2조 [소유권 이전 등] 매도인은 매매대금의 잔금 수령과 동시에 매수인에게 소유권 이전등기에 필요한 모든 서류를 교부하고 등기절차에 협력 하여야 하며, 위 부동산의 인도일은 _____ 로 한다.

제3조 [제한권 등의 소멸] 매도인은 위 부동산에 설정된 저당권, 지상권, 임차권 등 소유권의 행사를 제한하는 사유가 있거나 제세공과금 기타 부담금의 미납 등이 있을 때에는 잔금 수수일까지 그 권리의 하자 및 부담 등을 제거하여 완전한 소유권을 매수인에게 이전한다. 다만, 승계하기로 합의하는 권리 및 금액은 그러하지 아니하다.

| 실투자금 2,500만원으로 4개월 만에 3,000만원 수익!

다른 낙찰자보다 저렴한 가격으로 낙찰받았기에 부동산 중개업소에 기존 매매가격인 1억 5,000만원보다 1,000만원 낮춰 내놓을 수 있었고, 집을 보고 마음에 들어한 매수 희망자가 아파트보다 높은 오피스텔 취득세(4%) 때문에 고민하기에 취득세에 해당하는 금액을 시원하게 깎아주고 1억 3,600만원에 매도계약을 완료했다. 실투자금 2,500만원으로 4개월 만에 3,000만원대의 단기수익이 발생해 100% 수익률을 달성한 고마운 단기투자 오피스텔 물건이었다.

45

높은 플Ⅱ 수익률 올린
울산 원룸형 오피스텔

8,711만원 낙찰 → 1억 4,000만원 전세

이번에도 신탁공매로 발견한 투자물건

2020년 지역별 부동산 시장 분위기를 살펴보면 신축아파트 위주로 가격 상승이 점점 빠르게 지속되었으나, 그 힘이 소형단지아파트나 오피스텔까지는 전달되기 힘들어 고가주택과 저가주택의 양극화 현상이 계속 유지되었다.

그러던 중 울산 남구 신정동에 위치한 신축오피스텔 여러 개 호수가 신탁공매로 진행되었는데 감정가격 2억 2,500만원 대비 최저가격이 8,710만원까지 떨어졌다. 평소 눈여겨보지 않던 원룸형 오피스텔이었음에도 가격이 너무나 싸서 관심을 가지지 않을 수 없었다.

보통 신탁공매의 경우 감정가가 시세의 130%(감정가 자체가 높음)이고 유찰률을 감정가 대비 70% 이상으로 낮추지 않아 상승장이 아니면 낙찰 후 수익이 발생하기 힘든 구조다. 하지만 물건 자체가 특이한 경우(오피스텔/유치권/권리상의 하자)에는 유찰률을 50% 아래까지 내리는 경우도 있으므로, 공매가 진행되어도 너무 빠른 차수에 입찰하기보다 여유를 가지고 좀 더 유찰되기를 기다리

공매 2020-0300-████████ (기타일반재산)

권용휘 (☎ 02-3404-3559)

오피스텔 처분방식(매각) / 명도책임(매수자)

매각일자 2020-04-16 10:00 ~ 2020-04-16 17:00

울산광역시 남구 신정동 ████████ 1307호 오피스텔
[도로명주소: 울산광역시 남구 두왕로 ██████ 1307호 (신정동)]

토지면적		위임기관		감정가격	134,000,000 원
건물면적	33.33㎡(10.082평)	집행기관	교보자산신탁(주)	최저가격	(65%) 87,100,000 원
배분요구종기	0000-00-00	담당부서	사업관리팀	물건상태	낙찰 (65%)87,110,000 원

🏠 입찰일정(인터넷 입찰)

◎ 입찰일정
간략보기 ▲

입찰번호	회/차	대금납부/납부기한	입찰시작 일시~입찰마감 일시	개찰일시/매각결정일시	최저입찰가
0007	001 / 001	일시불 / 매매계약체결일로부터 30일이내	20-04-02 10:00 ~ 20-04-02 17:00	20-04-03 09:00 / -	225,000,000
0007	002 / 001	일시불 / 매매계약체결일로부터 30일이내	20-04-03 10:00 ~ 20-04-03 17:00	20-04-06 09:00 / -	202,200,000
0007	003 / 001	일시불 / 매매계약체결일로부터 30일이내	20-04-06 10:00 ~ 20-04-06 17:00	20-04-07 09:00 / -	182,000,000
0007	004 / 001	일시불 / 매매계약체결일로부터 30일이내	20-04-07 10:00 ~ 20-04-07 17:00	20-04-08 09:00 / -	163,800,000
0007	005 / 001	일시불 / 매매계약체결일로부터 30일이내	20-04-08 10:00 ~ 20-04-08 17:00	20-04-09 09:00 / -	147,400,000
0007	006 / 001	일시불 / 매매계약체결일로부터 30일이내	20-04-09 10:00 ~ 20-04-09 17:00	20-04-10 09:00 / -	132,700,000
0007	007 / 001	일시불 / 매매계약체결일로부터 30일이내	20-04-10 10:00 ~ 20-04-10 17:00	20-04-13 09:00 / -	119,400,000
0007	008 / 001	일시불 / 매매계약체결일로부터 30일이내	20-04-13 10:00 ~ 20-04-13 17:00	20-04-14 09:00 / -	107,500,000
0007	009 / 001	일시불 / 매매계약체결일로부터 30일이내	20-04-14 10:00 ~ 20-04-14 17:00	20-04-16 09:00 / -	96,700,000
0007	010 / 001	일시불 / 매매계약체결일로부터 30일이내	20-04-16 10:00 ~ 20-04-16 17:00	20-04-17 09:00 / -	87,100,000

| 오피스텔 + 신탁공매 플피투자

는 것도 좋은 방법이다. 그리고 신탁공매 입찰 시 오피스텔 및 국민주택 규모 (25평) 이상 아파트의 경우 건물분의 부가세가 별도로 10% 부과되니 이 부분도 참고해서 투자할 필요가 있다. 어쨌든, 2억원짜리 신축오피스텔이 8,700만 원까지 떨어졌는데 과연 수익이 발생할 수 있을지 조사에 들어갔다.

주거용 하위종목(빌라/나홀로아파트/오피스텔)의 경·공매 물건 투자 시 가장 중요한 사항은 입지라고 여러 번 강조했다. 일단 위치가 도심 안이어야 하고 그 외에 방향/채광/조망/하자/인근 건축 여부 등을 확인해야 한다.

이 오피스텔의 경우 울산 남구 공업탑로터리(교차로) 바로 하단에 위치해 있으며 북쪽으로는 울산의 대장아파트인 문수로아이파크 및 아파트단지들이

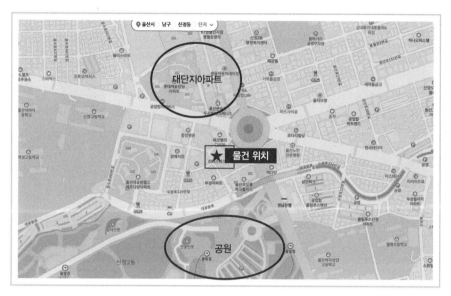

| 역세권은 아니나 기본적인 인프라 + 공원으로 입지 양호

위치하고 아래쪽으로는 울산의 명소인 울산대공원이 위치해 완전한 역세권은 아니지만 꽤 양호한 위치에 속했다. 1인 임대수요의 경우 뭐니 뭐니 해도 상권과 가까운 것이 가장 좋지만, 공원을 끼고 있는 데다 기본적인 인프라만 받쳐줘도 임대로 내기에는 나쁘지 않아 보였으며, 분양가격보다 월등히 낮은 공매가격으로 인해 기본 수익은 충분히 보장될 것으로 보였다.

임대수익을 목적으로 하는 오피스텔 투자의 경우 매도가 쉽지 않아 기존 아파트 입찰가 대비 최소 30% 이상 낮은 가격, 즉 감정가의 50~55% 선으로 낙찰받아야 수익을 낼 수 있다는 점을 꼭 기억하자.

　신탁공매로 나오는 물건들 중에는 대단지나 브랜드아파트보다는 소형단지나 오피스텔이 많다. 사업성이 크게 뛰어난 대단지아파트 물건들이 아닌 소형단지(나홀로아파트/오피스텔)의 경우 건축 당시 제2~3금융 쪽에서 대출을 받아 소유권을 신탁사로 이전하는 담보신탁을 통해 신탁사 명의로 분양하는 경우가 거의 대부분이다. 그래서 공매 당시 막 분양한 신축인 경우가 많으며 점유자가 없는 공실 상태로 진행되는 경우가 허다하다. 사진의 이 물건은 분양한 지 얼마 안 된 신축오피스텔로, 입찰 전 현황조사 당시에도 공실임을 확인할 수 있는 사진을 미리 참고해 낙찰받은 후 바로 개문함으로써 명도기간을 줄이고 빠르게 임대/매도할 수 있는 장점이 있었다.

부동산(오피스텔) 전세 계약서

임대인과 임차인 쌍방은 아래 표시 부동산에 관하여 다음 계약 내용과 같이 임대차계약을 체결한다.

1. 부동산의 표시

소재지	울산광역시 남구 신정동		1307호				
토 지	지 목	대	면 적	1340 ㎡	대지권종류	소유권대지권	대지권비율	1340분의5.39
건 물	구 조	철근콘크리트구조		용 도	업무시설	연 적	33.33 ㎡
임대할부분	1307호 전체					연 적	33.33 ㎡

2. 계약내용

제1조 [목적] 위 부동산의 임대차에 한하여 임대인과 임차인은 합의에 의하여 임차보증금 및 차임을 아래와 같이 지불하기로 한다.

보증금	금 일억사천만(₩140,000,000)원정	
계약금	금 일천사백만(₩14,000,000)원정	은 계약시에 지불하고 영수함 ※영수자 (주)○○○
잔 금	금 일억이천육백만(₩126,000,000)원정	은 2021년 02월 14에 지불한다

제2조 [존속기간] 임대인은 위 부동산을 임대차 목적대로 사용할 수 있는 상태로 2021년02월14일 까지 임차인에게 인도하며, 임대차 기간은 인도일로부터 2023년02월13일(24개월) 까지로 한다.

| 실투자금 2,000만원으로 6개월 만에 5,000만원 수익 완료!

▶ 이 물건을 낙찰받은 후 부동산 중개업소를 방문하니 당장 매매수요보다는 전세수요가 많아, 전세가격을 최대한 높여 1억 4,000만원에 전세계약을 완료해 낙찰가격(8,711만원) 대비 약 5,000만원의 플피수익을 낸 뒤 매도를 준비 중이다. 이 사례처럼 원룸형 오피스텔은 실거주 수요 부족으로 단기매매보다는 임대 후 매도전략으로 투자방향을 잡아야 하기에 진입가격이 굉장히 중요하다. 너무 높은 가격에 낙찰받으면 향후 임대만기가 돌아왔을 때 매도하지 못할 수도 있으므로 항상 보수적인 입찰가격을 고수할 필요가 있다.

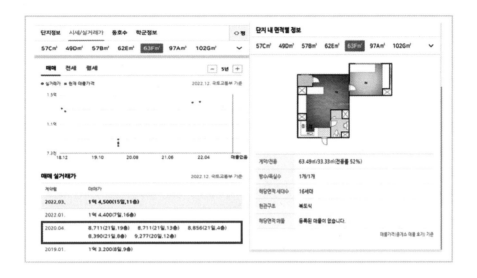

이 오피스텔은 공매가 끝난 2020년 이후 2022년부터 정상가격(1억 4,500
만원)으로 거래되기 시작했다. 전세가격과 매매가격에 큰 차이는 없지만 임대
당시 양도세 없는 플피수익(5,000만원)을 달성했기에 매도 시에도 임대가격과
동일한 가격에 매도할 예정이다. 이상 원룸형 오피스텔의 플피투자 사례를 소
개해보았다.

46

강릉 근생아파트 매도사례로 보는
'빨리 파는 기술'

1억 1,500만원 낙찰 → 1억 6,500만원 매도

근생아파트란 무엇인가?

2018년 4월 온비드에서 공매물건을 검색하다가 강원도 강릉에 위치한 특이한 물건이 눈에 띄어 조사를 시작했다. 이 물건의 용도는 근생으로 공부상 상가였으나 현황은 아파트였고 감정가 1억 6,000만원에서 최저가 1억 1,300만원까지 유찰된 상태였다. 지금은 근생아파트/근생빌라 투자 경험이 어느 정도 있어 입찰 여부에 대해 빠른 판단이 가능하지만, 당시만 해도 근생아파트 입찰은 처음이라 생각했던 것보다 많은 조사를 했던 것으로 기억한다.

근생아파트는 공부상으로는 근린생활시설이나 실제 현황은 주거용으로 사용해 공부와 현황이 맞지 않는 물건을 말한다. 보통 경매에서 근생아파트나 근생빌라가 나오면 '매각물건명세서에 공부와 현황이 맞지 않으니 확인 바람'이라는 문구가 기재되어 나오기도 하나 공매에서는 특별한 주의사항 없이 진행되므로 확인할 필요가 있다.

> **근생아파트**
> 근생아파트는 현황상 사용 자체가 공부와 다르게 사용되므로 누군가 해당 지자체에 민원을 넣으면 원상회복 문제도 있을 수 있고, 원상회복이 안 되면 이행강제금이 나올 수도 있으므로 초보자라면 이런 물건에 투자하기보다는 정상적인 물건을 투자하는 것을 추천한다.

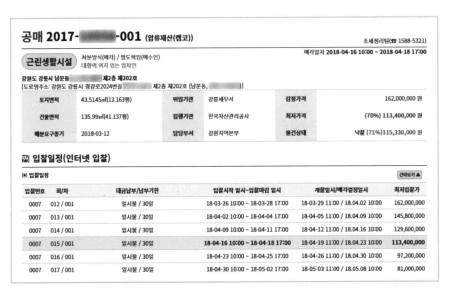

공매 2017-████-001 (압류재산(캠코))

조세정리팀(☎ 1588-5321)

매각일자 2018-04-16 10:00 ~ 2018-04-18 17:00

근린생활시설 처분방식(매각) / 명도책임(매수인)
대항력 여지 있는 임차인

강원도 강릉시 남문동 제2층 제202호
[도로명주소: 강원도 강릉시 경강로2024번길 █████ 제2층 제202호 (남문동, █████)]

토지면적	43.5145㎡(13.163평)	위임기관	강릉세무서	감정가격	162,000,000 원
건물면적	135.99㎡(41.137평)	집행기관	한국자산관리공사	최저가격	(70%) 113,400,000 원
배분요구종기	2018-03-12	담당부서	강원지역본부	물건상태	낙찰 (71%)115,330,000 원

🏛 입찰일정(인터넷 입찰)

⊞ 입찰일정   간략보기 ▲

입찰번호	회/차	대금납부/납부기한	입찰시작 일시~입찰마감 일시	개찰일시/매각결정일시	최저입찰가
0007	012 / 001	일시불 / 30일	18-03-26 10:00 ~ 18-03-28 17:00	18-03-29 11:00 / 18.04.02 10:00	162,000,000
0007	013 / 001	일시불 / 30일	18-04-02 10:00 ~ 18-04-04 17:00	18-04-05 11:00 / 18.04.09 10:00	145,800,000
0007	014 / 001	일시불 / 30일	18-04-09 10:00 ~ 18-04-11 17:00	18-04-12 11:00 / 18.04.16 10:00	129,600,000
0007	015 / 001	일시불 / 30일	**18-04-16 10:00 ~ 18-04-18 17:00**	18-04-19 11:00 / 18.04.23 10:00	**113,400,000**
0007	016 / 001	일시불 / 30일	18-04-23 10:00 ~ 18-04-25 17:00	18-04-26 11:00 / 18.04.30 10:00	97,200,000
0007	017 / 001	일시불 / 30일	18-04-30 10:00 ~ 18-05-02 17:00	18-05-03 11:00 / 18.05.08 10:00	81,000,000

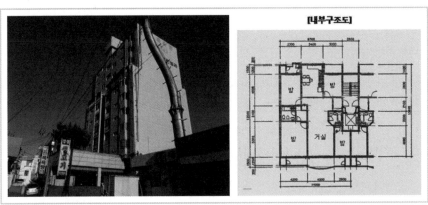

| 내부를 볼 수 없을 때는 도면 확인이 중요!

　　경·공매 특성상 낙찰 전 내부현황을 확인할 수 없으니 확인 가능한 자료를
최대한 수집해 내부가 아파트로 구획되어 있는지, 상가(사무실)로 사용 중인지
확인해야 했다. 주민센터를 방문해 내부도면을 떼어보니 방4/화2의 50평형

대형아파트 구조임을 확인할 수 있었다. 예전에는 구청 토지과에 가야만 도면 출력이 가능했으나, 지금은 인근 주민센터 아무 곳이나 방문해 경매나 공매 진행 중인 서류를 제출하면 도면 출력이 가능하다.

수요부터 파악하자

강릉은 인구 20만명 정도의 지방 도시로 이 물건에 대한 매수수요가 어느 정도 존재하는지가 중요했다. 여러 부동산 중개업소를 통해 비슷한 물건들의 가격을 조사한 결과, 공매에 나온 층수는 2층인데 3층의 매물이 최근 1억 7,500만원에 매매되었다는 것을 알 수 있었다. 따라서 2층이지만 최소 1억 6,000만원 정도로 매매가를 잡으면 매도거래가 가능해 보여 이 정도를 매도가로 예상하고 입찰을 진행했다. 근생의 경우 위반 건축물 여부와 이행강제금 여부를 입찰 전 한 번 더 확인할 필요가 있어서 확인하니 문제없는 정상 건물이

매물 상세정보	

매물에 대한 자세한 정보를 입력해주시면 더 빠른 임차인 확보가 가능합니다.
＊글 제목에 주소, 가격, 방개수를 꼭 적어주세요.

매물주소	강원도 강릉시 명주동 ⬛⬛⬛⬛⬛⬛ 3층
매물가격 보증금 / 월세	1억7천5백 (협의가능합니다)
건물형태	빌라
매물크기	53평
방개수	4개/화장실2개
해당층 / 전체층	3층/10층

었고, 낙찰 후 이 물건을 아파트가 아닌 상가로 판단해 잔금 대출이 가능해 보였다(금융기관에서는 현황이 아닌 공부를 기준으로 하므로 상가물건으로 보고 대출을 진행한다).

2017-□□□□□-001		입찰시간 : 2018-04-16 10:00~ 2018-04-18 17:00			조세정리팀(☎ 033-640-3418)	
소재지	강원도 강릉시 남문동 □□□ 제2층 제202호 (도로명주소: 강원도 강릉시 경강로2024번길 □□□□ 제2층 제202호 (남문동, □□□□□□))					
물건용도	상가용및업무용건물	감정가	162,000,000 원	재산종류	압류재산(캠코)	
세부용도	근린생활시설	최저입찰가	(90%) 113,400,000 원	처분방식	매각	
물건상태	낙찰	집행기관	한국자산관리공사	담당부서	강원지역본부	
토지면적	43.5145㎡	건물면적	135.99㎡	배분요구종기	0000-00-00	
물건상세	건물 135.99㎡, 대 43.5145㎡ 지분(총면적 948㎡)					
위임기관	강릉세무서	명도책임	매수인	조사일자	0000-00-00	
부대조건						

• 입찰 정보(인터넷 입찰)

입찰번호	회/차	대금납부(기한)	입찰시작 일시~입찰마감 일시	개찰일시 / 매각결정일시	최저입찰가
007	012/001	일시불(30일)	18.03.26 10:00 ~ 18.03.28 17:00	18.03.29 11:00 / 18.04.02 10:00	162,000,000
007	013/001	일시불(30일)	18.04.02 10:00 ~ 18.04.04 17:00	18.04.05 11:00 / 18.04.09 10:00	145,800,000
007	014/001	일시불(30일)	18.04.09 10:00 ~ 18.04.11 17:00	18.04.12 11:00 / 18.04.16 10:00	129,600,000
				낙찰 : 115,330,000원 (101.7%)	
007	015/001	일시불(30일)	**18.04.16 10:00 ~ 18.04.18 17:00**	18.04.19 11:00 / 18.04.23 10:00	**113,400,000**
				낙찰 : 115,330,000원 (101.7%)	
007	016/001	일시불(30일)	18.04.23 10:00 ~ 18.04.25 17:00	18.04.26 11:00 / 18.04.30 10:00	97,200,000
007	017/001	일시불(30일)	18.04.30 10:00 ~ 18.05.02 17:00	18.05.03 11:00 / 18.05.08 10:00	81,000,000

근생아파트는 통상 건축 시 주차장이나 용적률 문제로 공부상 주거용이 아닌 사무실 또는 근린생활시설로 표기되어 일반적인 매매가 쉽지 않고, 은행에서 상가로 보기 때문에 임대를 놓으려고 해도 전세대출이 나오지 않아 일반인들의 접근이 쉽지 않다. 따라서 경쟁률이 낮을 것으로 보고 최저가 1억 1,300만원에서 200만원 정도를 더 올린 1억 1,500만원에 입찰해 단독으로 낙찰받았다. 낙찰 후 강릉으로 차를 몰고 현장을 방문했더니 살림살이는 그대로 있고 사람만 없었다. 주변에 이유를 물어보니 거주자분이 1년 전 사망한 뒤 가족

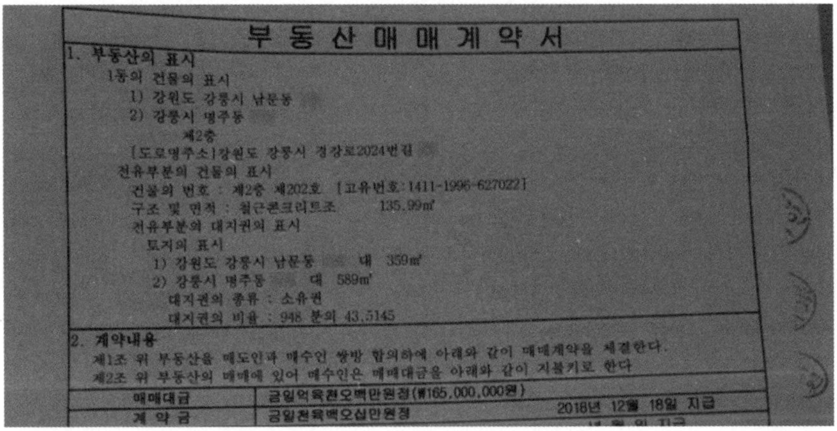

부 동 산 매 매 계 약 서

1. 부동산의 표시

1동의 건물의 표시

1) 강원도 강릉시 남문동

2) 강릉시 명주동

제2층

[도로명주소]강원도 강릉시 경강로2024번길

전유부분의 건물의 표시

건물의 번호 : 제2층 제202호 [고유번호:1411-1996-627022]

구조 및 면적 : 철근콘크리트조 135.99㎡

전유부분의 대지권의 표시

토지의 표시

1) 강원도 강릉시 남문동 대 359㎡

2) 강릉시 명주동 대 589㎡

대지권의 종류 : 소유권

대지권의 비율 : 948 분의 43.5145

2. 계약내용

제1조 위 부동산을 매도인과 매수인 쌍방 합의하에 아래와 같이 매매계약을 체결한다.

제2조 위 부동산의 매매에 있어 매수인은 매매대금을 아래와 같이 지불키로 한다

매매대금	금일억육천오백만원정(₩165,000,000원)	
계 약 금	금일천육백오십만원정	2018년 12월 18일 지급

| 낙찰가 1억 1,500만원인 물건을 매도가 1억 6,500만원에 해당 지역 맘카페를 통해 매도 완료!

이나 지인이 오지 않아 짐이 그대로 방치되어 있다고 했다. 자제분의 연락처를 찾아 짐을 어떻게 할 거냐고 물으니 그냥 다 폐기해도 된다고 하여 모두 폐기 처분했는데, 이때 든 폐기 비용만 대략 250만원 정도였다.

▶ 이 근생아파트는 평수가 커서 특정한 수요층이 있을 거라 생각했다. 그래서 부동산 광고보다 맘카페를 통해 매도 광고를 냈다. 낙찰 후 4개월이 경과한 즈음에 마침 집을 구하고 있던 매수자가 연락이 왔는데, 식구가 많아(5인 가족) 이 정도의 큰 평수 아파트를 찾았는데 딱 이 집이 마음에 든다고 했다. 그래서 1억 7,000만원에서 500만원 할인한 1억 6,500만원에 매도계약을 하기 위해 부산에서 강릉으로 올라가는 발걸음이 한결 더 가벼웠던 기억이 난다.

물건이 주거용이 아닌 상업용일 때는 아파트처럼 빠른 시일에 매매계약을 하기가 거의 불가능하다는 것을 인지하고 신중히 투자하기 바란다.

47

부산 근생아파트,
풀레버리지 낙찰 후 월세 세팅

1억 3,300만원 낙찰 → 6,000만원/40만원 월세

시세의 반값까지 떨어진 매력적인 가격

2020년 11월 전국이 규제지역으로 지정되면서 부산 또한 중구와 기장군을 제외한 모든 지역이 규제지역으로 지정되어, 사실상 공동주택 공시가격이 1억 원 이상인 아파트 투자는 매력이 사라졌다는 점을 앞서부터 계속 이야기했다.

이 시점에 남구 대연동에 위치한 아파트가 경매로 나왔는데 감정가는 1억 8,500만원이고 최저가는 1억 1,800만원인 재매각물건이었다. 전 회차에 1억 7,300만원에 낙찰되었다가 잔금 미납으로 재매각으로 나왔는데, 이 경우 '무슨 하자가 있나 보다.'라는 생각에 초보자들은 거의 입찰하지 않는다.

2020년에는 부동산이 상승장이라 정상적인 아파트라면 실수요자가 입찰하는 경우가 많았다. 실수요자는 시세보다 약간만 싸게 낙찰받아도 이득이기 때문에 아파트의 낙찰률은 90~100%에 달했다. 유찰이 3차까지 간 것으로 보아 권리상 하자가 있으리라 생각되어 매각물건명세서를 검토해보니, 참고 사항의 현황은 아파트였으나 공부상 근생으로 되어 있었다. 말 그대로 근생아파트였다.

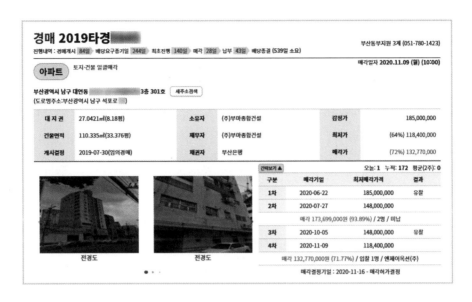

경매 2019타경

부산동부지원 3계 (051-780-1423)

진행내역 : 경매개시 84일 배당요구종기일 244일 최초진행 140일 매각 28일 납부 43일 배당종결 (539일 소요)

매각일자 2020.11.09 (월) (10:00)

아파트 토지·건물 일괄매각

부산광역시 남구 대연동 [ ] 3층 301호   새주소검색
(도로명주소:부산광역시 남구 석포로 [ ])

대지권	27.0421㎡(8.18평)	소유자	(주)부마종합건설	감정가	185,000,000
건물면적	110.335㎡(33.376평)	채무자	(주)부마종합건설	최저가	(64%) 118,400,000
개시결정	2019-07-30(임의경매)	채권자	부산은행	매각가	(72%) 132,770,000

간략보기▲   오늘:1 누적: 172 평균(2주): 0

구분	매각기일	최저매각가격	결과
1차	2020-06-22	185,000,000	유찰
2차	2020-07-27	148,000,000	
	매각 173,699,000원 (93.89%) / 2명 / 미납		
3차	2020-10-05	148,000,000	유찰
4차	2020-11-09	118,400,000	
	매각 132,770,000원 (71.77%) / 입찰 1명 / 엔제이옥션(주)		
	매각결정기일 : 2020-11-16 - 매각허가결정		

전경도   전경도

● ○ ○

🏠 토지/건물 현황

감정원 : 산하늘 / 가격시점 : 2019-09-17 / 보존등기일 : 2003-12-24

구분(목록)	소재지	지목	용도지역지구	면적	감정가	비고
토지	대연동 [ ]	대		27.0421㎡ (8.18평)	65,000,000원	

구분(목록)	소재지	층	현황	구조	면적	감정가	비고
건물	대연동 1171-19	3층	주거용		110.335㎡ (33.376평)	120,000,000원	▶사용승인일:2003-12-13

현황·위치 주변환경	* 석포초등학교 남서측 인근에 위치하며, 주변은 도로변 상가지대로서 각층 상가, 주상복합건물, 아파트단지 등으로 형성되어 있습니다. * 본건까지 제반 차량 접근 가능하며 인근에 시내버스정류장이 소재하여 일반적인 대중교통사정은 무난합니다. * 사다리형의 토지이며 주상복합건물의 부지입니다. * 북서측으로 왕복5차선의 도로와 접합니다.
참고사항	* 현황은 주거용으로 이용중. * 본건의 공부상 용도는 제1종근린생활시설이나 현황은 주거용으로 개조하여 이용중이므로 현황을 기준으로 평가하였으니 유의 바랍니다

| 법인으로 투자 가능(대출 80%)

생각해보면 당시 부동산 규제 요건에서 조정지역 내 아파트는 무주택자가 아니면 대출이 불가능하고 취득세도 중과였지만, 상가는 대출도 가능할뿐더러 취득세도 동일해 오히려 더 유리한 부분이 많았다. 해당 아파트 시세를 검토해보니 32평 기준으로 대략 2억 1,000만원 정도의 매물이 있었고, 경매에 나온 물건(40평)의 최저가가 1억 1,800만원이니 거의 반값이라 입찰 안 할 이유가 없었다.

재개발 열풍이 불던 부산 남구 대연동

부산 남구 대연동은 2010~2020년 부산 재개발 시장의 선두 주자로, 대표적인 재개발구역인 대연 1~8구역까지 재개발사업이 큰 차질 없이 잘 진행되어 해당 지역 재개발 투자자들에게 많은 수익을 안겨주었다. 해당 경매 물건 바로 옆에 위치한 대연 파크푸르지오 또한 대연 재개발사업 이후 들어섰다.

인근에 위치한 경매물건을 포함해 노후도가 높은 빌라 및 주택(초록색사각형)도 시간이 지나면 개발 바람이 불 것이므로 이 물건을 임대로 놓고 보유하기로 결정했다. 실제로 재개발이 될 때까지 들고 있지 않더라도 진행 단계마다 실수요자 또는 투자자들이 유입될 테니, 그때 좋은 가격에 넘기자는 계획이었다.

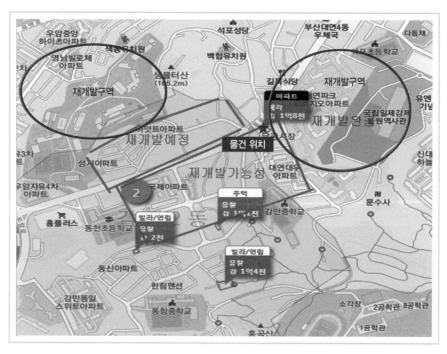

| 주변 지역과 함께 재개발될 가능성이 높다.

　　낙찰 후 은행에서는 해당 물건을 상가로 보고 낙찰가의 80%(1억원)까지 대출해주었다. 나머지 투자금은 반전세로 내어(6,000만원/40만원) 충당하니 투자금을 회수하고도 3,000만원 정도의 플피투자 수익이 발생했다.

| 1억 3,300만원 낙찰 → 6,000만원/40만원 월세 |

부동산(아파트) 월세 계약서

임대인과 임차인 쌍방은 아래 표시 부동산에 관하여 다음 계약 내용과 같이 임대차계약을 체결한다.

1. 부동산의 표시

소 재 지	부산광역시 남구 대연동			1동 301호			
토 지	지 목	대	면 적	489 ㎡	대지권종류	소유권대지권	대지권비율	4890000분의274
건 물	구 조	철근콘크리트구조	용 도	아파트			면 적	110
임대할부분	301호 전부					면 적	110

2. 계약내용

제1조 [목적]위 부동산의 임대차에 한하여 임대인과 임차인은 합의에 의하여 임차보증금 및 차임을 아래와 같이 지불하기로

보 증 금	금 60,000,000원정		(₩60,000,000)
계 약 금	금 6,000,000원정		은 계약시에 지불하고 영수함 ※영수자
중 도 금	금 34,000,000원정		은 2021년 05월 15일에 지불한다
잔 금	금 20,000,000원정		은 2021년 06월 02일에 지불한다
차 임	금 400,000원정		은 매월 15일(선불) 지불한다.

제2조 [존속기간] 임대인은 위 부동산을 임대차 목적대로 사용할 수 있는 상태로 2021년05월15일 까지 임차인에게
임대차 기간은 인도일로부터 2023년05월15일(24개월) 까지로 한다.

| 실투자금 3,000원으로 6개월 만에 3,000만원 플피수익 완료!

48

겨울에 사서 봄에 파는 남해 소형 주택

6,100만원 낙찰 → 9,500만원 매도

별장 수요 공략한 주택 경매

나는 경매로 주택에 투자할 때는 크게 3가지 방식을 활용한다.

첫 번째는 주거지역 내의 주택을 싸게 매입해 수리 후 실거주자에게 매도하는 방식, 두 번째는 입지 좋은 각종 개발지(재개발/신축) 내에 위치한 주택을 매입해 투자자나 개발업자에게 매도하는 방식, 세 번째는 인근에 상권이 형성된 주택을 낙찰받은 후 상가로 개발하거나 상가로 개발할 수요자에게 매도하는 방식이다.

이 물건은 2018년 겨울에 낙찰받아 이듬해 봄에 매도한 주택으로, 포인트는 소액(실투자금은 2,000만원이고 나머지는 대출 활용)으로 투자가 가능하다는 것과 남해 바다 조망이 시원하게 나와 실거주자 및 별장 수요자에게 매도할 수 있다는

| 바다 조망 100% 가능

것이었다. 감정가 1억원에서 3회 유찰되어 최저가가 5,300만원까지 떨어졌으며 4명이 입찰해 6,100만원에 낙찰받았다.

| 겨울에 사서 봄에 파는 주택 경매

이 물건을 조사하면서 현황 사진을 보니 위치가 바다와 맞닿아 있고 지대가 높기에 지도상으로 바다 조망이 나오는 물건인지 확인 후 입찰했다. 그리고 낙찰받은 후 현장에 가니 바다 조망을 중심으로 마당에 데크와 난간이 설치되어 있어 집 밖으로 조금만 나와도 시원하게 트인 바다 조망을 마음껏 감상할 수 있었다.

| 생각보다 깔끔한 내부

　　또한 낙찰 후 현장 방문 시 생각보다 집의 내부가 깨끗했고, 현재 거주 중인 임차인이 이사갈 집을 이미 구한 상황으로 열흘 뒤 퇴거하기로 되어 있었다. 미리 청소도구를 챙겨 가 양해를 구한 뒤 깨끗하게 청소한 후 내부 사진을 찍어 부동산에 전달했다.

남해 부동산 : 고현면 **도마리** 전원주택 **매매** 2018.01.31.
주택을 소개합니다. 전원생활을 즐길 수 있는 곳입니다. :D INFO 1 고현면 **도마리**... 별도매
매금액 : 주택과 대지는 3억5천만원 창고용지는 1억3천만원(평당60만원정도)...
오늘도 남해에서 살... blog.naver.com/firstget/221197444098

남해군 토지 부동산 투자 **매매** 논464평 평당 5만원 전원주택... 2017.04.17.
생산관리 논 464평 총2300만원 경남 남해군 고현면 **도마리** 최남단 바다가 보이는... 부동
산 **매매** 전원주택, 임야,전답, 과수원 등 야호부동산 박승주 핸드폰으로...
야호공인 010-9705-8879 blog.naver.com/psj28... | 블로그 내 검색 | 약도 ▾

남해군 고현면 **도마리** 전원주택지**매매** 2019.01.15.
매물정보 소재지 : 남해군 고현면 **도마리** 지목 : 전 지역지구 : 생산관리 면적 : 959 ㎡(290
평) + 읍소재지로부터 10분거리, 전원주택지로 추천, 남해주택매매,시골집...
하늘공인중개사사무... namhae2071.blog.me/221442831874 | 블로그 내 검색

부동산 강릉시 왕산면 **도마리** 전원주택 **매매**(4억 5천) 2017.05.02.
이번에 소개해 드릴 매물은 물좋고 공기좋은 곳 강릉시 왕산면 **도마리**에 소재한 전원주택
과 밭 입니다. 강릉시에서 왕산면이라고 하면 특히나 물과 공기가 아주...
슬로몬 공인중개사 유 경 복 blog.naver.com/bada9... | 약도 ▾

| 6,100만원에 낙찰받아 9,500만원에 매도 광고 시작!

▶ 남해는 우리나라의 대표적인 관광지로서 부산/경남 시민들이 자주 찾는 지
역이기도 하다. 경매로 나온 주택의 특성상(바다 조망은 나오나 도시와는 거리가
있다) 남해 지역 실거주자 수요보다 부산 및 경남 지역에서 주말 별장 목적으
로 찾는 수요층이 훨씬 더 많아 보여, 부동산 중개업소에 1억원 이하의 바다 조
망 나오는 전원주택을 콘셉트로 잡아 매도광고를 의뢰했다. 한 달이 다 되어가
던 즈음 남해여행을 좋아하는 부산의 한 매수자가 9,500만원에 매수 의향을
밝혀 기분 좋게 매도를 완료했다.

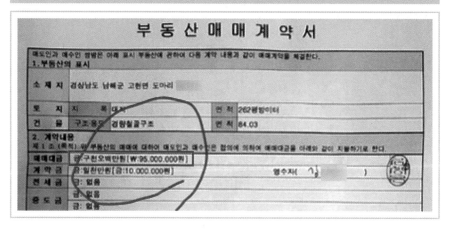

6,100만원 낙찰 → 9,500만원 매도

부동산매매계약서

| 실투자금 2,500원으로 1개월 만에 3,000만원 수익 완료!

이 물건은 겨울에는 수요층이 없으나 봄, 여름이 되면 많아지는 바닷가 주택 수요층을 대상으로 수익을 낸 사례다. 이것 역시 사람들의 심리를 활용한 투자 사례로 볼 수 있다. 통상 여름에는 겨울용품의 수요가 없어 시세보다 싸게 살 수 있고 겨울이 되면 여름상품에 대한 수요가 없어 마찬가지로 더 싸게 매입할 수 있는 원리와 같다. 투자할 때는 남들과 똑같이 행동해서는 안 되고 남들과 다르게 행동해야만 돈을 벌 수 있다. 나는 남들이 살 때 팔고 남들이 팔 때 사는, 한발 빠르게 움직이는 투자가 제일 마음 편하고 안전하게 돈을 벌 수 있는 투자라고 생각하며 지금도 남들과 조금 더 다르게 투자하기 위해 노력 중이다.

49

잔금 전 매도! 두 배로 값이 뛴
부산 소형 주택

7,500만원 낙찰 → 9,900만원 매도

주택을 상가로 바꿔줄 투자자를 기다리다

이번에 소개할 사례는 부산 개금동에 위치한 토지 12평, 건물 17평의 소형 주택 투자 사례다. 감정가 7,300만원에서 5,800만원까지 유찰되었는데, 나는 이 물건을 7,500만원에 낙찰받았다. 전 회차 금액을 넘기면서까지 입찰가를 올려 이 물건을 낙찰받은 이유와 낙찰받은 후 보름 만에 매도한 노하우를 하나하나 살펴보자.

이 투자 사례에서는 앞서 설명했던, 주택을 경매로 투자하는 방법 중 세 번째 방법인 주택을 상가로 바꿔 가치를 높여 매도하는 방법을 활용했다. 이 물건의 외관은 초록색 페인트에 낡은 새시로 된 주택이지만, 주변 주택들 사이에 상가들이 혼재해 약간의 공사를 통해 충분히 상가건물로 바꿀 수 있어 보였다.

이 시기에는 부산 일대 위치 좋은 주택가에서 1층을 상가로 용도 변경해 상가주택으로 바꾸는 투자가 유행했는데, 이렇게 바꾸면 주택일 때는 평당 500만원이었던 건물의 가치가 평당 1,000만원대로 올라간다. 당시 나를 비롯한 많은 투자자들이 이런 주택을 찾기 위해 열심히 임장을 다녔다.

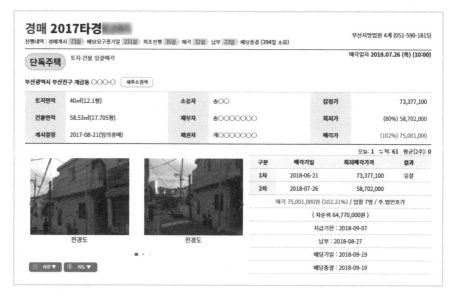

| 부산 틈새시장 단타(주택)

| 주택이 아닌 상가

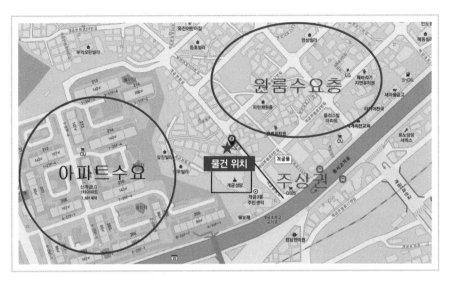

| 지도를 읽어라! 아파트 수요/원룸 수요를 표시한 지도

지도에서 왼쪽에는 아파트 단지가 모여 있고 오른쪽에는 원룸 단지가 모여 있다. 아파트 및 원룸 수요층이 도보로 이동할 수 있는 주요 상권은 중간지점의 GS편의점에서 해당 물건까지 파란색 선 내외다. 로드뷰를 참고하면 1층 상권(편의점/치킨/침구)이 어느 정도 형성되어 있어 위쪽 블록까지도 충분히 상권이 형성될 수 있을 것으로 보인다.

해당 물건을 낙찰받은 후 현장에 가보니 1층은 공실이었고 2층은 보증금을 배당받는 임차인이 있었다. 2층 임차인에게 문의하니 소유자는 이미 이사 가고 없으며, 본인도 명도확인서만 받으면 바로 이사를 나갈 거라고 얘기하기에 물건을 미리 시장에 내놔도 관계없을 것으로 판단해 9,900만원에 급매로 바로 내놓았다.

■ 기타내용 : 개금동 소재(개금3동)의 2층 주택 급매 처분 합니다.
    (대지 평수는 10평대의 작지만 전면이 아주 넓고 1층 건축면적이 12평 입니다)
    도로 접하고 주변 편의/제반 시설이 우수한 편입니다.

    주변 상권이 탄탄 하여 음식점 / 커피숍 등 등 (주변 대단지 / 주택밀집 / 학군 / 관공서)
    근린생활시설로 적극 추천 합니다.
    (1층 장사 하시고 2층 거주 적극 추천 드립니다/2년 보유 하시면 1주택자 비과세 대상 물건 임)

‹   .....상가 매매/임대   🔖 ☰

■ 전세/매도/매수 : 매도
■ 지 역 : 진구 개금동
(예 : 진구 부전동)
■ 매물명 : 주택
(예 : 부산아파트, 부전빌라, 주택, 상가, 분양권, 오피스텔)
■ 층/평형/방향 : 2층
(예 : 5층/32평/남서향)
■ 판매금액 : 9900만원(네고 안되요)

| 부동산 직거래 카페에 광고한 문구

이 주택의 장점을 어필하면서 "주변상권이 탄탄해 식당 및 커피숍 등의 근생으로 적극추천/1층에서 장사하시고 2층은 주택으로 사용하시는 걸 적극 추천합니다!"라는 문구로 부동산 직거래 카페에도 내놓았다. 이 말은 곧 이 구축 주택을 매입해 외관 공사를 해 상가주택으로 바꿔 사용할 매수자 및 투자자를 구한다는 뜻이다. 1억원 미만의 금액이라 소액투자자들의 관심을 끌 것으로 생각했다.

| 낙찰 후 보름 만에 단기매도로 2,000만원 수익(계약 현황)

▶ 광고를 낸 지 2주 만에 주택을 매입하고 싶다는 매수자가 나타나 9,900만원 가격 그대로 빠르게 계약을 진행했다. 아직 낙찰 후 잔금을 치르기 전이라 매수자 쪽에서 차액분을 제외한 나머지 대금을 법원에 바로 잔금 납부하는 복등기 형식으로 거래를 진행했다. 이 당시 매수자에게 어떤 용도로 주택을 구입하시느냐고 물으니 이 주택 근방에 거주하는데 자녀 명의로 그냥 하나 사두고 싶어 매수했다고 하셨다. 그런데 매도 후 2달 뒤 근방을 지나다 보니 물건의 외관이 바뀌고 현수막이 붙어 있었다. 자세히 보니 약간의 공사가 끝난 상태였고 임대 및 매도하는 내용의 현수막이 걸려 있었다. 이 경매물건을 구입한 매수자 역시 투자자였던 것이다.

| 매수자가 9,900만원에 매수해 수리 후 2억원에 다시 매도 진행

　　누군가는 경매를 통해 싸게 사서 싸게 팔고 누군가는 부동산 중개업소를 통해 적당한 가격에 매입해 가치를 올린 후 비싸게 매도한다. 둘 다 수익만 난다면 모두 좋은 투자라고 생각한다. 나는 전자의 투자 방법(경매)을 선택하고 여기에 집중하고 있다. 그 이유는 시세보다 저렴한 가격으로 매입할 수 있어서 어떻게든 출구전략을 만들어낼 수 있기 때문이다. 부동산 투자에서는 수익이 꾸준히 발생하는 시스템을 만들어야 살아남을 수 있다. 그래서 큰 수익보다는 빠른 수익, 많은 투자금보다는 최대한 적은 투자금이 내가 집중하는 투자전략이다. 나는 이 전략대로 실행해왔기에 10년이 지난 지금까지 이 험난한 투자시장에서 살아남을 수 있었던 것이 아닐까 싶다. 많이 버는 투자자도 좋지만 오래가는 마음 편한 투자자가 되자.

50

2년 넘게 공실, 상가 투자 전략을 배운 예산군 상가

7,200만원 낙찰 → 1억 4,000만원 매도

인구 10만명 이하 소도시 상가의 특징

2019년 3월 충남 예산군 예산리에 위치한 신축상가 20개 호실이 동시에 경매로 나왔다. 예산은 인구가 7만 8,000명밖에 되지 않는 워낙 작은 도시라 상가 임대수요가 다른 도시와 비교할 때 절대적으로 부족하다. 인근 부동산 중개업소에 전화를 걸어 기본적인 상권 및 가격조사를 마친 뒤, 바로 현장으로 향해 물건조사를 시작했다.

상가물건을 조사할 때는 해당 목적물만 조사하면 안 되고 반경 1km 이내 상가들의 임대가 및 매매가, 공실여부 그리고 인근 상권을 꼼꼼히 확인할 필요가 있다. 나도 주거용 경매물건을 조사할 때는 거의 현장에 가지 않고 전화로 조사 후 입찰하는 경우가 많지만, 상가나 토지의 경우에는 꼭 현장을 방문하여 주변 상권 및 분위기를 확인하는 편이다. 특히나 상가의 경우에는 한 번의 조사로는 입찰여부를 판단하기 어려우므로, 평일 및 주말상권 그리고 낮상권과 저녁상권을 같이 살펴보고 해당 상가의 장단점을 확인하여 수익여부를 판단한다.

경매 2018타경_____(15)

진행내역 : 경매개시 79일 배당요구종기일 139일 최초진행 336일 매각 36일 납부 105일 배당종결 (695일 소요)

흥성지원 3계 (041-640-3235)

근린상가 토지·건물 일괄매각

매각일자 2020.02.04 (화) (10:00)

충청남도 예산군 예산읍 예산리 _____ 3층 303호 [새주소검색]
(도로명주소:충청남도 예산군 예산읍 예산로 __)

대 지 권	23.84㎡(7.212평)	소유자	세강건설산업(주)	감정가	253,000,000
건물면적	92.4㎡(27.951평)	채무자	세강건설산업(주)	최저가	(24%) 60,745,000
개시결정	2018-07-30(임의경매)	채권자	송악농협	매각가	(28%) 71,990,000

전경도   전경도

간략보기 ▲   오늘: 1 누적: 214 평균(2주): 0

구분	매각기일	최저매각가격	결과
1차	2019-03-05	253,000,000	유찰
2차	2019-04-09	177,100,000	유찰
	2019-05-14	123,970,000	변경
	2019-07-30	123,970,000	변경
3차	2019-11-12	123,970,000	유찰
4차	2019-12-17	86,779,000	유찰
5차	2020-02-04	60,745,000	

매각 71,990,000원 (28.45%) / 입찰 3명 / 조___

이 상가 물건의 장점과 단점은 뚜렷했다. 단점은 매도까지 시간이 오래 걸릴 수 있다는 점이었고, 장점은 분양가 대비 30%대의 저렴한 가격이었다. 지방 소도시 상가여서인지 아무도 입찰하지 않아 감정가격 2억 5,000만원에서 최저가격 6,000만원까지 유찰되었고, 7,199만원(28%)에 입찰해 낙찰받았다. 분양가격 2억 5,000만원짜리 상가를 실투자금 2,000만원으로 살 수 있었고, 무엇보다 신축에 상가 전면이 도로라 간판 노출도 가능했다. 주거용이 아닌 상가임을 고려해 처음부터 매도기간을 여유 있게 잡았다.

예산에서는 예산군청 건물을 신축하며 인근 나대지를 수용 및 환가해 택지개발상업지(파란 사각형)를 만들었는데 경매에 나온 상가는 택지개발 상업지가 아닌 그 맞은편이었다. 구 상권으로 토지 평수가 넓고 위치가 좋아서 기존에 있던 단층 건물을 철거한 후 8층으로 신축한 건물이었고, 바닥면적 기준 약

200평 정도였다.

| 네모 부분이 예산군청 택지개발상업지이고 동그라미가 낙찰 물건 위치다.

| 인근 상가는 80% 임대완료!

그러나 이 상가를 신축할 때 맞은편 상업지 내 상가가 이미 다 지어져 유효임대 수요층이 거의 다 맞은편 상가로 입주하다 보니, 결국 해당 상가가 완공될 즈음에는 1층 2개 호실을 제외한 나머지 2~8층 상가는 모두 공실로 방치될 수밖에 없었다. 이러한 상가 미분양 사례도 어찌 보면 남과 같이 움직이거나 남보다 느리게 움직이면 결국 수익을 낼 수 없음을 보여주는 사례로 해석할 수 있다. 신도시 상가의 경우 건축이 가능한 필지가 많고 그 필지에 건물이 올라가면 경쟁해야 하는 상가들이 많아진다. 이럴 때는 제일 먼저 빠르게 건물을 완공해 분양 및 임대하고, 어느 정도 입주호실이 채워지고 주변에 상가건축이 시작되면 적당한 가격에 팔고 나가는 전략으로 투자해야 한다. 그래야 '물리지 않고' 안전하게 투자수익을 낼 수 있다. 투자할 때는 최대한 남들과 경쟁하지 않아야 수익을 창출할 수 있다.

해당 상가를 낙찰받은 후 바로 매도할 목적으로 부동산 중개업소에 매매를 의뢰했지만 마침 코로나와 함께 상가 경기가 바닥으로 떨어지며 연락 한 통 없을 정도로 공실 상태가 하염없이 계속되었다. 그나마 투자금(2,000만원)이 소액이고 다달이 대출이자가 20만원 정도밖에 되지 않아 이 물건이 있는지 여부도 잊고 지냈다. 그런던 중 2년이 다 돼가던 어느 날, 함께 입찰해 낙찰받은 (301호) 수강생에게 연락이 오기를 상가 3층을 일괄매수하려는 매수자가 있다는 것이었다. 그 연락을 받고 급히 매수 희망자에게 연락해 매도계약을 완료할 수 있었다.

▶ 해당 상가 투자수익을 정리해보면, 낙찰가(약 7,000만원) 대비 2배 정도 가격인 1억 4,000만원(건물분 부가세 별도)에 매도는 되었지만, 매도기간이 2년이 넘고 오랜 공실에서 오는 피로감을 반영하면 아주 훌륭한 결과라고는 말하기 힘들다. 여기서 알 수 있듯이 수요층이 확실히 부족한 지방 상가는 투자에

신중할 필요가 있다.

상가에 투자할 때는 임차인이 맞춰진 물건, 수익률을 계산해 바로 투자자에게 어필할 수 있는 물건, 차익이 적어도 매수수요가 많은 대도시 물건에 집중해야 한다.

7,200만원 낙찰 → 1억 4,000만원 매도

부 동 산 매 매 계 약 서

매도인과 매수인 쌍방은 아래 표시 부동산에 관하여 다음 계약 내용과 같이 매매계약을 체결한다.
1.부동산의 표시

소 재 지	충남 예산군 예산읍 예산리 예산로 ▓▓▓▓▓▓▓ 3층 303호							
토 지	지 목	대	(대지권의 목적인 토지의) 면적	1355.00㎡	대지권 종 류	소유권	대지권 비 율	1355 분의 23.84
건 물	구 조	철근콘크리트		면 적				92.40 ㎡

2. 계약내용
제 1 조 (목적) 위 부동산의 매매에 대하여 매도인과 매수인은 합의에 의하여 매매대금을 아래와 같이 지불하기로 한다.

매매대금	금 일억사천만원정 (₩ 140,000,000)				
계 약 금	금 일천사백만원정 (₩ 14,000,000) 계약시에 지불하고 영수함. 영수자(엠제이경매 주식회사 ㊞)				
융 자 금	금 오천칠백만원은 매수인이 상환하기로 한다. 임대보증금 총 없음 원정 을 승계키로 한다.				
중 도 금	금	원정은	년	월	일에 지불하며
	금	원정은	년	월	일에 지불한다.
잔 금	금 일억이천육백만원정 (₩ 126,000,000) 은 ▓▓▓▓▓▓▓ 에 지불한다.				

제 2 조 (소유권 이전 등) 매도인은 매매대금의 잔금 수령과 동시에 매수인에게 소유권이전등기에 필요한 모든 서류를 교부하고 등기

| 실투자금 2,000원으로 2년 만에 6,000만원 수익 완료!

51

종목을 다양화하되,
반드시 리스크를 관리하라

지금까지 다양한 종목의 투자방법을 살펴봤다

많은 투자자들이 주거용 물건 투자를 선호해 아파트 위주로 투자하지만 부동산 투자에서는 여러 종목의 물건들을 사고팔면서 수익을 창출할 수 있다. 큰 틀에서 부동산은 주거용/상업용/토지의 3가지 종목으로 나눌 수 있고 좀 더 범위를 확대하면 주거용에서는 아파트/주택/빌라/나홀로아파트/원룸으로, 상업용에서는 근린상가/근린주택/오피스텔/공장/모텔 등 건물의 목적이 주거용이 아닌 상업용 건물들로 나눌 수 있다. 그리고 토지의 경우 대지/농지/임야로 나눌 수 있다. 아파트 투자만 하던 사람이 상가와 토지에 투자하게 되면 당연히 투자종목이 늘어나 수익을 낼 기회가 많아지지만, 그만큼 리스크도 따라온다는 사실을 항상 인지해야 한다.

물건종류 복수선택	☑ 전체보기				
☐ 주거용	☐ 아파트	☐ 주택 .	☐ 다가구(원룸등)	☐ 다세대(빌라)	☐ 근린주택
☐ 상업용및업무용	☐ 근린상가	☐ 근린시설	☐ 오피스텔	☐ 사무실	☐ 창고 · ☐ 공장
	☐ 아파트형공장	☐ 숙박시설	☐ 숙박(콘도등)	☐ 교육시설	☐ 종교시설 · ☐ 농가관련시설
	☐ 의료시설	☐ 주유소(위험물)	☐ 목욕탕	☐ 노유자시설	☐ 분노쓰레기처리 · ☐ 자동차관련시설
	☐ 장례관련시설	☐ 문화및집회시설			
☐ 토지	☐ 대지	☐ 농지	☐ 임야	☐ 잡종지	☐ 과수원 · ☐ 도로
	☐ 묘지	☐ 목장용지	☐ 공장용지	☐ 학교용지	☐ 창고용지 · ☐ 체육용지
	☐ 종교용지	☐ 기타용지	☐ 구거	☐ 하천	☐ 유지 · ☐ 제방
	☐ 주차장				
☐ 차량및선박	☐ 승용차	☐ 버스	☐ 화물차	☐ 중장비	☐ 선박
☐ 기타	☐ 광업권	☐ 어업권	☐ 염전	☐ 양여장(축양.양식)	☐ 기타

| 다양한 부동산 투자 종목

　　나 또한 주거용 투자와 더불어 상가 및 토지 등 여러 종목에 투자해오며 느꼈던 부분은 다양한 수익원을 만들어낼 수 있는 것은 장점이지만, 물건에 대한 집중도가 떨어져 꾸준히 많은 돈을 벌 수는 없다는 사실이다. 정리하면 리스크를 관리하면서 안전한 수익을 낼 수 있는 종목을 얼마나 만들 수 있는지가 관건인데, 나는 많은 시간이 흐른 뒤 주거용 4종목(아파트/빌라/나홀로아파트/주거용 오피스텔)에 대한 리스크 관리 및 수익창출의 투자방법을 확립했고 현재 이 투자방법을 최대한 시스템화하기 위해 노력 중이다.

　　– 사고팔 수 있는 부동산의 종류가 많을수록 투자자의 수익 경로가 늘어난다.
　　– 단, 본인이 감당할 수 있는 종목이어야 한다.

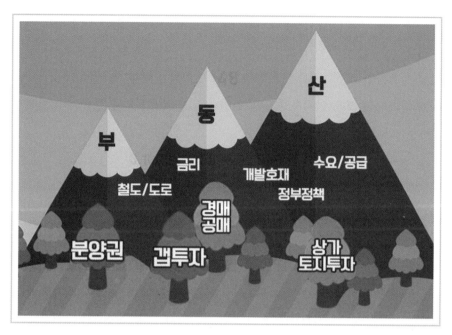

| 숲과 나무를 같이 보는 투자자가 되어야 한다.

    부동산이 숲이라면 경매는 나무다. 부동산 투자자가 숲을 보지 못하고 나무만 보게 되면 투자수익의 크기 또한 커다란 숲이 아닌 작은 나무만큼 발생할 것이다. 반대로 나무를 보지 못하고 숲만 보게 되면 이론은 잘 알지만 실전투자에는 약해 수익과는 거리가 먼 이론형 투자자가 될 것이다. 따라서 부동산 투자자는 숲과 나무를 항상 같이 봐야 하고, 투자할 때는 두 가지의 장단점을 최대한 활용해 수익은 최대화하고 손실은 최소화해야 한다.

    나 또한 경매 투자를 처음 시작할 때 숲(부동산)을 보려 하지 않고 나무(경매)만 보며 투자한 기간이 있었는데 수익의 크기가 딱 나무만큼(15~20%)밖에 되지 않았던 기억이 난다. 이 시기에는 가격투자(경·공매단기투자)에 집중했는데 아무래도 가격투자(단기투자)는 시장흐름을 고려하지 않고 단기간에 얻을 수 있는 일정한 수익을 목적으로 하다 보니 가격이 충분히 상승할 만한 물건들도 단기간에 매도해버려 매도 후 가격이 몇억씩 상승하기도 했고, 반대로 하락장에 들어선 것을 인지하지 못하고 임대를 놓아 보유하던 물건들의 가격이 20~30%씩 하락하기도 했다.

그런 리스크들을 직접 경험한 후 나는 부동산에 대한 전반적인 숲(수급/규제/정책/금리)의 중요성을 충분히 인지하고 다시 큰 흐름을 공부하기 시작했다. 그 결과 점점 시야가 넓어지면서 부동산의 시기별/지역별 움직임에 맞춰 투자 타이밍을 잡았고, 남들보다 조금 더 선진입해 투자수익을 낼 수 있게 되었다. 부동산 시장의 흐름을 파악하고 거기에 경매를 더하면 최소한의 투자금으로 최대한의 수익을 낼 수 있다는 것을 직접 경험하며 알게 된 것이다. 여러분도 투자를 시작할 때 너무 빨리 돈을 벌려고 하기보다는 내 재산을 지키며 안전하고 지속적으로 천천히 돈을 벌기 위해 노력해야 할 것이다. 돈을 벌 수 있는 기회는 항상 준비된 자에게 찾아온다.

> **엠제이 코멘트**
>
> ## 아무도 관심 없는 하위종목을 황금알 낳는 거위로!
>
> 지금까지 여러 가지 종목을 활용한 나홀로아파트/빌라/주택/상가 투자로 수익을 이뤄낸 사례들을 살펴보았다. 이 사례들을 통해 나는 여러분이 경매투자를 하며 귀찮고 위험하다고 생각했던 물건들을 조금 더 고민하고 연구해 그런 물건들도 돈으로 바꿀 수 있다는 것을 결과로 보여주었다. 자, 그렇다면 아무도 관심을 가지지 않는 빌라&나홀로아파트 투자에 지금부터 관심을 가져보자. 하위종목 경매투자는 시작은 어렵지만 어느 정도 시스템이 완성되고 나면 지속적인 현금흐름으로 여러분에게 황금알을 낳는 거위가 되어줄 것이다.

부동산 경매 단기투자의 기적

여덟,

유치권 중심의
하자 있는 특수물건

52

유치권을 기회로!
홍천 복층 나홀로아파트

1억 200만원 낙찰 → 1억 4,500만원 전세

유치권 신고된 물건만 단독입찰!

2021년 5월, 강원도 홍천에 위치한 나홀로아파트 4개 호실이 감정가 대비 반값까지 유찰되어 경매로 나왔다. 해당 물건을 함께 살펴보자. 소유권 보존등기일이 2019년으로 입찰기준 2년차인 신축아파트여서 크게 손댈 곳이 없을 것이라는 점을 이제 예상할 수 있을 것이다. 인근 부동산 중개업소들에 전화해보니 매매수요보다는 전세수요가 많다는 의견이 우세했다.

해당 물건의 감정가는 1억 9,900만원, 최저가는 9,700만원이었으며 예상 매도가격은 1억 7,000만원 정도였다. 무엇보다 이 호실만 점유자의 유치권 신고가 되어 있어 입찰자가 상당히 제한적일 거라 예상했는데 역시나 경쟁이 많았던 다른 호수와 달리 단독(1억 200만원)으로 낙찰받았다(옆 이미지에서 입찰자 4명은 오기이며 입찰자는 1명이었다).

아파트 유치권은 해당 건물을 신축한 건설사 또는 분양업자가 신고하는 경우가 대부분이지만, 일부는 유치권과 관계없는 이해관계자들의 경우 유치권을 이용하여 저가낙찰을 받기도 하며 낙찰자에게 공사대금만큼 합의금액을 요구하며 대항하기도 한다.

이번 낙찰 사례의 유치권은 하청업체의 유치권으로(도배/장판/가구/타일/목공 등) 해당 물건에 대한 공사한 사실은 있으나, 아무래도 건설사보다 금액이 적고 개인사업체여서 유치권에 허점이 많을 가능성이 있었다. 이런 경우 시간이 오래 걸려도 유치권 부존재 확인 소송으로 갈 것인지 아니면 어느 정도 합의금액을 제시하여 빠르게 건물을 인도받을 것인지에 대한 빠른 판단이 필요하다.

🏢 건물등기　　(채권합계금액:3,038,351,950원)

순서	접수일	권리종류	권리자	채권금액	비고	소멸
갑(1)	2019-11-21	소유권보존	(주)세○○○○○			소멸
을(1)	2019-11-21	(1)근저당권설정	최○○	225,000,000	말소기준등기	소멸
을(1)	2019-11-21	(2)근저당권설정	최○○	150,000,000		소멸
을(2)	2019-12-16	근저당권설정	대○○○	2,088,000,000		소멸
갑(2)	2020-01-02	가압류	원○○	385,351,950	2019카합10127	소멸
갑(5)	2020-07-06	임의경매	최○○	청구금액 225,000,000	2020타경2577	소멸
갑(6)	2020-09-18	가압류	변○○	190,000,000	2020카단427	소멸

기타사항　▶ 토지 등기부상 최선순위설정일자:2019.11.06 근저당

🏢 주의사항

▶ 공사대금을 받지 못하여 유치권자 주식회사 케이티와스코에서 점유하고 있다는 현 점유자의 진술있음(현황조사서)

등기부 현황 하단의 주의사항을 보면 '유치권여지 있음'으로 공사대금을 받지 못한 유치권자 (주)케이티와스코에서 점유 중인 것으로 나와 있다. 입찰 전 해당 물건지를 방문해 유치권자인 케이티와스코를 만나 조사해보니, 해당 아파트에 가구공사(싱크대/신발장 등)를 했던 공사업체인데 공사대금 중 일부를 받지 못해 점유 중이었다. 굿옥션 현장 사진을 참고하니 복층인 옥탑방에 널브러져 있는 생활용품 등을 확인할 수 있었으며, 이 사진을 참고했을 때 해당 점유자가 가족들과 정상적인 주거생활을 하기보다 돈을 받기 위해 임시로 거주 중인 느낌을 받았다. 낙찰자에게 요구하는 금액은 공사비용 명목으로 총 3,000만원이었으나 소송하지 않더라도 유치권 금액은 충분히 조정할 수 있어 보였다.

왜냐하면 유치권자와 통화 시 상당히 조급해 보였고, 금액을 더 받기보다는 빨리 금전 문제를 해결하고 서울로 돌아가고 싶은 마음이 많아 보였기 때문이다.

[목록번호 12번 부동산 (802호다락방) 내부전경]   [목록번호 12번 부동산 (802호다락방) 내부전경]

| 유치권자가 정상적인 주거생활을 하지 않는 듯 보이는 모습

    1년 전인 2020년에 분양한 자료를 찾아보니 1~7층까지는 복층이 없는 단층 호실이었고 탑층인 8층만 복층형 41평으로 구성되었는데, 분양가격은 단층(1~7층)이 2억원, 복층(8층)이 3억 4,000만원으로 낙찰가격인 1억원 대비 3배 정도 높은 가격으로 분양한 상황이었다.

위 치	강원도 홍천군 홍천읍 연봉리
세 대 수	계단식 층당 2세대 총 14가구
구 성	1층 주차장 2~7층 29평, 32평, 34평 방3 화장실2 8층 복층형 41평, 42평
가 격	전세 2가구 1억 5,000만원 분양 12가구 2억 ~ 3억 4,200만원

| 8층(복층) 분양가 3억 4,000만원

부동산(아파트) 전세 계약서

임대인과 임차인 쌍방은 아래 표시 부동산에 관하여 다음 계약 내용과 같이 임대차계약을 체결한다.

1. 부동산의 표시

소 재 지	강원도 홍천군 홍천읍 연봉리　　　　802호						
토 지	지 목	대	면 적	717 ㎡	대지권종류	소유권대지권	대지권비율	717분의46.20
건 물	구 조	철근콘크리트구조		용 도	아파트	면 적	68.01 ㎡
임대할부분	802호전체					면 적	68.01 ㎡

2. 계약내용

제1조 [목적] 위 부동산의 임대차에 한하여 임대인과 임차인은 합의에 의하여 임차보증금 및 차임을 아래와 같이 지불하기로 한다.

보 증 금	금 일억사천오백만원정		(₩145,000,000)
계 약 금	금 팔백만원정		은 계약시에 지불하고 영수함 ※영수자
잔 금	금 일억삼천칠백만원정		은 2021년 10월 27일에 지불한다.

제2조 [존속기간] 임대인은 위 부동산을 임대차 목적대로 사용할 수 있는 상태로　2021년10월27일　까지 임차인에게 인도하며, 임대차 기간은 인도일로부터　2023년10월27일(24개월)　까지로 한다.

| 실투자금 2,500만원으로 5개월 만에 4,500만원 수익 완료!

　　낙찰받은 해당 호실의 유치권자와 일반 이사비용의 2배 정도 금액(약 400만원)에 합의하여 소송 없이 간단히 명도를 완료했다.

▶ 정리하면 1억원에 낙찰받아 1억 4,500만원에 전세 계약해 차액 4,500만원의 플피투자 수익이 발생해 투자금(2,500만원) 대비 1.7배 정도 수익을 냈다. 이 물건은 임대만기 후 정상가격인 1억 8,500만원으로 으로 매도하기 위해 준비 중이다. 정상가로 매도한다면 추가로 약 4,000만원의 수익이 예상된다.

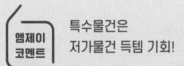

**특수물건은
저가물건 득템 기회!**

경매에서 권리분석 및 특수물건에 대한 이해와 하자를 치유할 수 있는 실력을 갖추면, 이런 물건들이 계속 시장에 나올 때 남들보다 빠른 판단으로 경쟁 없이 저가로 매입해 안전한 수익을 창출할 수 있다.

53

신탁공매＋선순위압류로
2개월 만에 100% 수익 낸 태백 아파트

1억 3,500만원 낙찰 → 1억 7,200만원 매도

신탁공매는 신탁회사가 공매로 부동산을 파는 것

나는 지금까지 신탁공매를 활용한 투자로 꽤 많은 매도수익을 올렸다.

신탁공매에 대해 다시 한번 설명하자면, 신탁공매는 처분에 어려움이 있는 부동산 또는 고가의 부동산을 효율적으로 처분하고자 할 때 신탁회사가 부동산을 처분해 그 대금을 수익자에게 교부하는 방식이다. 신탁회사는 한국토지신탁, KB부동산신탁 등 15개가 있다. 내 경우 신탁공매에 권리상 하자가 있는 물건을 저가로 낙찰받아 매도했을 때 수익성이 좋은 사례가 많았는데, 이 공매 물건 역시 신탁공매에 선순위압류가 더해진 물건이었다.

2022년 5월 태백 황지동에 위치한 준신축아파트 32평 2개 호실이 공매로 나왔고, 감정가 1억 7,500만원에서 최저가 1억 2,750만원까지 유찰되었다. 총 4회의 유찰이 3일 안에 다 잡혀 있었기에 물건의 권리 및 수익성 분석을 재빨리 시작했다.

> **신탁공매의 권리기준**
> 신탁공매는 말소기준권리가 없어 등기부상 모든 권리가 인수조건이라는 것을 꼭 기억하자.

**공매 2022-0500-　　　　** (금융권담보재산)　　　　　　이　(☎ 02-2251-　　)

아파트	처분방식(매각) / 명도책임(매수자) 대항력 여지 있는 임차인		매각일자 2022-05-13 13:00 ~ 2022-05-13 14:00

강원도 태백시 황지동　　　　　 제103동 제3층 제304호 아파트
[도로명주소: 강원도 태백시 대학길　, 제103동 제3층 제304호 (황지동,　　　　　)]

토지면적	53.0981㎡(16.062평)	위임기관		감정가격	-
건물면적	84.992㎡(25.71평)	집행기관	주식회사 코람코자산신탁	최저가격	127,575,000 원
배분요구종기	0000-00-00	담당부서	신탁사업3팀	물건상태	낙찰 135,770,000 원

🔲 입찰일정(인터넷 입찰)

▣ 입찰일정　　　　　　　　　　　　　　　　　　　　　　　　　　　　　　간략보기 ▲

입찰번호	회/차	대금납부/납부기관	입찰시작 일시~입찰마감 일시	개찰일시/매각결정일시	최저입찰가
0002	001 / 001	일시불 / 매매계약 체결일로부터 60일 이내	22-05-10 10:00 ~ 22-05-10 11:00	22-05-11 13:00 / -	175,000,000
0002	002 / 001	일시불 / 매매계약 체결일로부터 60일 이내	22-05-10 13:00 ~ 22-05-10 14:00	22-05-11 14:00 / -	157,500,000
0002	003 / 001	일시불 / 매매계약 체결일로부터 60일 이내	22-05-13 10:00 ~ 22-05-13 11:00	22-05-16 13:00 / -	141,750,000
0002	004 / 001	일시불 / 매매계약 체결일로부터 60일 이내	22-05-13 13:00 ~ 22-05-13 14:00	22-05-16 14:00 / -	127,575,000

먼저, 지역을 살펴보자. 강원도 태백시는 인구 3만 9,000명으로 강원도에서도 인구 5만 명이 채 안 되는 작은 지방 소도시다. 보통 인구 10만 명 이하의 도시의 아파트/빌라 물건은 수익성을 분석하는 데 상당한 제약(매수수요의 부족)이 있다. 이런 물건의 경우 여러 지역의 투자(낙찰과 매도) 경험이 많아야 비슷한 지역을 비교할 수 있고, 같은 수준의 도시에서의 매수매도 경험을 살려 빠른 분석과 투자 여부 판단이 가능하다.

나는 2017년 태백 인근의 정선이라는 도시에서 신탁공매로 진행된 아파트 19개 호수를 반값에 낙찰받아 매도한 경험이 있다. 그때 태백 인근은 강원랜드 자체 수요로 인해 사람은 많지만 거주할 아파트가 별로 없어 10년이 안 된 준신축아파트의 경우 매매가 무난하게 잘되는 상황이었다. 부동산 중개업소에 가격을 조사하니 여전히 수요보다 공급이 부족해 매도가격만 적당하면 거래는 잘된다는 얘기를 들을 수 있었다.

| 준공 10년이 안 된 준신축아파트라 무난히 매매 예상

경매는 「민사집행법」과 「민법」을 중심으로 매각을 진행하며, 공매(압류재산)의 경우 「민사집행법」+「국세징수법」으로 매각을 진행한다.

경매와 공매(압류재산) 모두 채권말소주의를 택해 매각을 통한 환가와 채권배당을 목적으로 진행한다. 그런데 신탁공매는 「민사집행법」이나 「국세징수법」의 영향을 아예 받지 않는 개인과 개인 간의 거래로 본다. 따라서 개인 간의 거래처럼 등기부상의 말소되지 않은 권리는 모두 매수자 인수사항으로 진행되기에 입찰 전 등기부와 전입세대 서류를 필수적으로 검토해야 한다.

말소주의
경매가 완료된 후 등기부상의 모든 권리가 말소기준권리인 최선순위 권리와 함께 모두 등기부에서 말소되는 것

인수주의
경매 후에도 말소기준권리보다 앞서 등기부에 등재되어 있던 권리가 말소되지 않고 인수되는 것

행정기관 : 서울특별시 강남구 삼성2동						출력일시 : 2021년 11월 23일 16:50:45		
신청주소 : 강원도 태백시 대학길 87, 103동 304호 (황지동)						출 력 자 :　　임		
						페 이 지 :　　1		

순 번	세 대 주 성 명	전입일자	등록구분	최초전입자	전입일자	등록구분	동거인 수	동거인사항
		주　　소						순 번　성 명　전입일자　등록구분
1	이　　(李　　)	2018-06-20	거주자	이	2018-06-20	거주자		
	강원도 태백시 대학길　, 103동 304호 (황지동,　　　）							

[집합건물] 강원도 태백시 황지동　　　　　제104동 제2층 제201호

순위번호	등 기 목 적	접 수	등 기 원 인	권리자 및 기타사항
4	소유권이전	2016년5월2일 제3197호	2016년5월2일 신탁재산의귀속	소유자 주식회사해밀씨앤디　110111-4814540 서울특별시 서초구 논현로27길 91 (양재동)
	3번 신탁등기말소		신탁재산의 귀속	
5	소유권이전	2016년5월2일 제3198호	2016년5월2일 신탁	수탁자 주식회사코람코자산신탁 110111-2359837 서울특별시 강남구 삼성로 511, 19층 (삼성동,골든타워)
	신탁			신탁원부 제2016-135호
6	~~압류~~	~~2018년12월20일 제6409호~~	~~2018년12월19일 압류(세무과-32 56)~~	~~권리자 태백시~~
7	6번압류등기말소	2019년1월10일 제139호	2019년1월10일 해제	
8	압류	2022년4월13일 제1577호	2022년4월4일 압류(세무과-35 84)	권리자 태백시 3215

【 을　　구 】	（ 소유권 이외의 권리에 관한 사항 ）
기록사항 없음	

-- 이 하 여 백 --

위 공매사건에서 전입세대 열람 내역과 등기부를 살펴보면 신탁사로 소유권이 이전된 것이 2016년 5월이고, 임차인의 전입은 2018년 6월이다. 신탁사로의 소유권 이전보다 임차인의 전입이 늦어 대항력이 발생하지 않는다. 여기서 주의할 점은 등기부 갑구에 기재된 2022년 압류의 권리가 낙찰자에게 인수된다는 점이다. 이제 기재된 압류 금액과 압류의 성격을 파악해야 한다.

이 당시 신탁사에 문의한 바에 따르면 압류내용은 '재산세'이며 금액은 100만원 정도이고 낙찰자 인수조건으로 진행한다는 답변을 들었다. 한 호실당 예상 차익을 대략 3,500만원으로 생각했기에 100만원의 압류금액을 인수한다고 해도 수익상 큰 차이는 없어 보였다.

공매로 진행된 층수가 2층 및 3층으로 저층이긴 했으나 중간층의 실거래가격이 1억 8,000만원대를 상회해, 매도가격을 1억 7,000만원 조금 넘게 잡고 입찰가격을 1억 3,500만원 선으로 써냈다. 그런데 예상외로 단독입찰이 아니었고, 차순위와 차이는 150만원가량이었다. 세상은 넓고 투자 고수들은 정말 많다는 걸 느끼게 해준 물건이었다.

상세입찰결과			
물건관리번호	2022-0500-	기관명	주식회사 코람코자산신탁
물건명	강원도 태백시 황지동 　　　　　 제103동 제3층 제304호 아파트		
공고번호	202205-12525-	회차 / 차수	004 / 001
처분방식	매각	입찰방식/경쟁방식	최고가방식 / 일반경쟁
입찰기간	2022-05-13 13:00 ~ 2022-05-13 14:00	총액/단가	총액
개찰시작일시	2022-05-16 14:00	집행완료일시	2022-05-16 14:04
입찰자수	유효 2명 / 무효 0명(인터넷)		
입찰금액	135,770,000원 / 131,270,000원		
개찰결과	낙찰	낙찰금액	135,770,000원

| 단독입찰일 것으로 예상했으나 의외로 경쟁자가 있었다.

어쨌든 간소한 차이로 낙찰받고 바로 신탁사에 들러 매매계약을 진행했다. 신탁공매의 경우 낙찰 후 3~5일 내에 신탁사와 필수로 계약을 진행해야 한다. 계약을 마친 후 낙찰받은 태백 현장으로 서둘러 향했다.

1억 3,500만원 낙찰 → 1억 7,200만원 매도

매도인과 매수인 쌍방은 아래 표시 부동산에 관하여 다음 계약 내용과 같이 매매계약을 체결한다.						
1. 부동산의 표시						
소 재 지	강원도 태백시 황지동		제103동 제3층 제304호			
토 지	지 목	대	면 적	7379.4 ㎡	대지권종류	소유권	대지권비율	7379.4분의53.0981
건 물	구 조	철근콘크리트구조	용 도	아파트	면 적	84.992 ㎡
2. 계약내용						
제1조 [목적] 위 부동산의 매매에 대하여 매도인과 매수인은 합의에 의하여 매매대금을 아래와 같이 지불하기로 한다.						
매매대금	금 일억칠천이백만원정		(₩172,000,000)			
계 약 금	금 일천칠백만원정		은 계약시에 지불하고 영수함 ※영수자			
1차중도금	금 오천오백만원정		은 2022년 07월 25일에 지불하며			
2차중도금	금		은 년 월 일에 지불한다			
잔 금	금 일억원정		은 2022년 07월 29일에 지불한다			
제2조 [소유권 이전 등] 매도인은 매매대금의 잔금 수령과 동시에 매수인에게 소유권 이전등기에 필요한 모든 서류를 교부하고 등기절차에 협력 하여야 하며, 위 부동산의 인도일은 2022년 07월 29일 로 한다.						

| 실투자금 6,000만원으로 2개월 만에 3,000만원 수익 완료!

▶ 낙찰받은 두 개의 물건 중 3층은 점유자가 이사를 나간 상황이라 공실이었다. 명도소송 절차 없이 바로 개문한 후 부동산 중개업소에 1억 7,900만원에 매매를 의뢰했다. 이때 2층은 점유자가 있어 명도소송을 진행했다. 마침 이 아파트에 매매로 나온 물건이 없었는데, 실거주하려는 손님이 3층을 1억 7,200만원(700만원 인하)에 매수하고 싶어 하기에 바로 계약했다. 2층 물건도 금방 매수자가 나타나 좋은 가격으로 낙찰 2달 만에 매도를 완료한 물건이었다.

2개 물건을 합쳐 투자금은 6,000만원으로 대략 100% 수익률을 올렸는데, 이런 단기수익을 주는 물건이라면 태백이 아니라 더 먼 곳까지도 언제든 갈 수 있겠다는 생각이 들었다.

다양한 지역에서 쌓은 폭넓은 투자경험은 다음 투자를 위한 중요한 무기가 된다. 수익여부에 관계없이 모든 경험이 다 유용하게 쓰이는 시기가 언제고 오니, 눈앞의 수익에 급급하지 말고 열심히 투자 경험을 쌓아 지역을 폭넓게 보고 투자할 수 있는 실력을 키우자.

54

1년 6개월, 길었던 구미 유치권 신축빌라 투자

1억 5,200만원 낙찰 → 3억 900만원 매도

많은 경매투자자들이 경쟁은 줄이고 수익을 높이기 위해 조금이라도 경쟁이 적은 유치권/가장임차인/법정지상권 등의 하자 있는 특수물건의 경매를 공부한다. 먼저 대표적인 하자의 종류를 간단하게 알아보자.

특수물건에 투자할 때는 확실한 수익이 보장되는 물건을 찾아 투자하는 것이 중요한데, 개인투자자들이 접근하기 용이한 주거용 물건의 유치권에 대해 살펴보자.

유치권은 경매를 공부하는 많은 투자자들이 필수적으로 공부하는 특수물건 분야 중 하나다. 초보자라면 난이도가 높은(소송의 결과를 알 수 없는) 물건보다는 낙찰자가 90% 이상 승소 가능한 쉬운 유치권 경매물건을 대상으로 안전하게 입찰할 것을 권한다.

유치권 경매물건에 투자할 때는 유치권자의 점유와 목적물의 견련성(유치권은 유치대상인 물건 그 자체에만 행사할 수 있다는 것)을 따져봐야 한다.

> **지분**
> 공동으로 소유하는 물건이나 재산에 대한 각 공유자의 권리
>
> **법정지상권**
> 한 사람의 토지와 그 위의 건물이 어떤 사정으로 인해 그 소유권이 각각 달라졌을 경우 법률이 그 건물 소유자에게 인정하는 지상권
>
> **가장임차인**
> 외관상 선순위대항력을 갖춘 임차인인 것처럼 보이지만 실제로는 대항력을 주장할 수 없는 임차인

유치권 성립 조건

1) 타인의 물건(동산, 부동산) 또는 유가증권을 점유한 자가
2) 그 물건이나 유가증권에 관하여 생긴 채권이 변제기에 있는 경우에
3) 그 변제를 받을 때까지 그 물건 또는 유가증권을 유치한다

유치권이 신고된 경매물건의 경우 대부분이 주거용 물건이고 건축이나 마감공사 후 공사대금을 지급받지 못한 경우가 많은데, 그 외 사건은 이해관계인이 저가낙찰을 위해 인위적으로 조작한 유치권 사건이 대부분이다. 따라서 유치권이 성립하지 않는다는 점을 확실하게 인지한 후(혹시 소송이 발생한다면 승소한다는 전제) 유치권이 신고된 물건을 저가에 매입해야 한다.

다음은 2019년 8월 구미 구평동에 위치한 신축테라스빌라 경매물건 투자 사례다. 감정가가 3억 8,800만원인데 비해 최저가가 2억 5,000만원가량 떨어진 1억 3,300만원으로 45평 신축치고는 너무 저렴한 가격이었다. 경매로 나온 물건은 총 3개 호수였는데 최저가는 똑같이 1억 3,300만원대였으며 층수도 8, 9, 10층으로 나쁘지 않아 조사하면서도 꼭 낙찰을 받아야겠다는 강한 의지로 더 자세히 물건지 내용을 살펴보았다. 이 물건이 유찰된 이유는 다름 아닌 공사업자들이 신고한 5억원의 유치권 때문이었다.

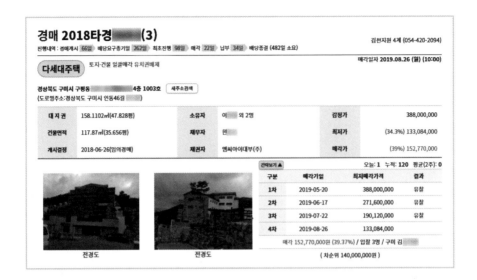

경매 **2018타경**▮▮▮▮**(3)**

김천지원 4계 (054-420-2094)

진행내역: 경매개시 `66일` 배당요구종기일 `262일` 최초진행 `98일` 매각 `22일` 납부 `34일` 배당종결 (482일 소요)

다세대주택 토지·건물 일괄매각 유치권배제

매각일자 **2019.08.26 (월) (10:00)**

경상북도 구미시 구평동▮▮▮▮▮ 4층 1003호 `새주소검색`
(도로명주소:경상북도 구미시 인동46길▮▮▮)

대지권	158.1102㎡(47.828평)	소유자	이▮▮ 외 2명	감정가	388,000,000
건물면적	117.87㎡(35.656평)	채무자	현▮	최저가	(34.3%) 133,084,000
개시결정	2018-06-26(임의경매)	채권자	엠씨아이대부(주)	매각가	(39%) 152,770,000

`간략보기 ▲` 오늘: 1 누적: 120 평균(2주): 0

구분	매각기일	최저매각가격	결과
1차	2019-05-20	388,000,000	유찰
2차	2019-06-17	271,600,000	유찰
3차	2019-07-22	190,120,000	유찰
4차	2019-08-26	133,084,000	

매각 152,770,000원 (39.37%) / 입찰 3명 / 구미 김▮▮▮

(차순위 140,000,000원)

전경도　　　　전경도

🔔 주의사항

☞유치권신고 있음- 연안종합설비, (주)대한건축자재매센타 유치권신고 있으나 성립불분명
☞점유자 중 송▮▮▮는 공사대금 이억원을 받기 못 하여 금년 05월초부터 본건을 점유하면서 유치권을 주장하고 있음
☞유치권배제 신청-2019. 7. 4. 신청채권자 엠씨아이대부(주)의 유치권배제신청서가 접수 됨

　　경매사이트의 주의사항에서 유치권과 관련된 내용을 살펴보자.

　　유치권 신고는 설비공사와 전기 및 내부마감공사 부분이고, 유치권 금액은 대략 5억원으로 적은 금액은 아니다. 그러던 중 유치권신고 내용 하단에서 채권자가 제출한 '유치권배제 신청'에 관한 첨부서류가 제출된 것을 확인했다. 배제신청의 주된 내용은 유치권을 신고한 공사업자가 본 건물의 담보대출 진행 시에 미리 유치권 포기각서를 제출했다는 것이었고, 이때 유치권자가 포기각서와 사업자등록증 및 인감증명서까지 첨부했다는 것이었다. 이 내용이 사실이라면 포기각서와 관련된 다수의 판례에 따라 유치권이 즉시 소멸한다고 볼 수 있어(대법원 2018.1.24.선고 2016다 23403 판결) 조금 더 쉽게 이 물건을 명도할 수 있으리라 판단되었다.

유치권 배제 각서 제출

사　　건　2018타:　　　부동산임의경매
채　권　자　아이대부 주식회사(양도전 :　　　　　을금고)
채　무　자
소　유　자

- 아　래 -

1. 유치권 신고 현황

권리신고 일자	유치권 신고인	유치권신고금액	공사내역	목적부동산
2018-07-10		133,680,000	전기공사	201호,802호,903호
2018-07-18		150,000,000	도장공사	801호, 902호
2018-07-24		200,000,000	설비공사	301호, 803호, 1003호
2019-02-13		59,000,000	테라스공사	301호, 903호, 1003호

2. 첨부 : 유치권배제각서 및 인감증명서 각1통

2019. 7. 3

　　건물 소유자는 신축빌라가 분양이 원활히 되지 않자 공사업자들에게 잔금을 납부하기 위해 은행에서 이 신축건물을 담보로 대출을 받아 각종 대금을 정산하려 했을 것이다. 그리고 은행에서는 건물의 미정산 공사대금이 있을 수 있으니 공사업자들의 유치권 포기각서를 받는 조건으로 대출을 승인해주었을 것이다.

　　유치권은 법률 규정에 의해 당연히 성립하는 법정담보물권으로, 당사자인 공사업자와 건물주는 미리 유치권의 발생을 막기 위한 특약을 할 수 있고 이러한 특약은 법적으로 유효하다. 유치권 배제특약(유치권이 성립하지 않는다는 특약 또는 유치권을 포기하겠다는 특약)이 있는 경우 다른 법정요건을 모두 충족하더라도 유치권은 발생하지 않으며, 특약에 따른 효력은 특약의 상대방뿐만 아니라 그 밖의 사람(낙찰자 외)도 주장할 수 있다.

법원에 제출된 유치권 포기각서에서 전기/도장/설비 및 테라스 등 각각의 공사업자들의 포기각서 및 사업자등록증이 모두 있는지 한 번 더 꼼꼼히 확인했다. 입찰자 입장에서 유치권 신고인은 낙찰자에게 합의금을 받으려 하므로 기분 좋은 상대는 아니다. 그런데 입장 바꿔 생각해보면 그들도 열심히 일했는데 건물주에게 공사대금을 정산받지 못한 엄연한 채권자이자, 어떻게든 공사금액의 일부라도 받으려고 목적물을 점유하고 낙찰자와 신경전을 벌여야 하는 피해자다.

그래서 유치권 관련 소송이 끝난 뒤 건물을 인도받고 나면 시원하기도 하면서도 마음 한구석에 항상 미안한 마음이 들곤 한다. 유치권이란 법이 공사업자들에게 결코 유리하지 않고 성립요건이 상당히 까다로운 법이기에 법을 잘 알지 못하고 미리 대처하지 못해 낙찰자에게 본인들의 권리를 인정받지 못하고 피해를 보는 부분이 안쓰럽게 느껴질 때가 종종 있다.

어쨌든 2개 호수를 각각 1억 5,200만원에 낙찰받은 후 길고 긴 유치권 부존재 확인 소송을 진행해 대략 1년 6개월이 지난 후 유치권 패소 판결과 함께 건물을 인도받았다. 그 후 한 호수는 매매로, 나머지 한 호수는 전세로 계약했다.

표면상으로 봤을 때는 낙찰가격의 2배로 매도해 수익률이 굉장히 좋아 보일 수 있지만, 유치권을 해결하기 위한 기간과 그에 따른 피로감(유치권자에게 의뢰받은 상대방 변호사가 너무 방어를 잘했다) 그리고 각종 경비를 계산했을 때

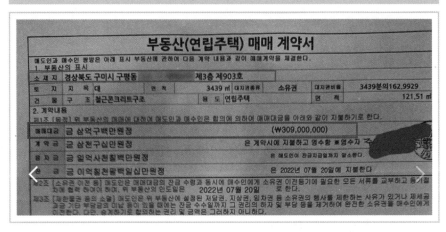

1억 5,200만원 낙찰 → 3억 900만원 매도

| 일 실투자금 4,000만원으로 1년 6개월 만에 8,000만원 수익 완료!

그렇게 대박 수익은 아니었다. 다만, 또 하나의 투자사례를 만들고 배울 수 있었기에 유사한 물건이 나온다면 아마 또다시 입찰할 것 같다.

엠제이 코멘트

특수물건은 전문 변호사에게 위임하는 게 효과적!

특수물건은 공부할 내용이 방대하고 부수적으로 소송을 겸비해야 하는 경우가 대부분이어서 소요되는 시간과 그에 따른 피로감이 일반물건보다 훨씬 많다. 나도 경매초보 시절 많은 시간을 특수물건 공부에 쏟았는데, 개인적으로는 그 시간에 특수물건뿐만 아니라 일반적인 부동산을 더 심도 있게 공부했다면 더 큰 수익을 얻을 수 있지 않았을까 하는 생각이 든다. 각종 소송을 진행하다 보면 개인보다는 변호사를 통한 의견 제시가 더 힘이 있고, 비용 측면에서도 변호사에게 위임해 일처리를 빠르게 진행하는 것이 훨씬 더 저렴할 수 있으므로 직접 경험해보고 결정하면 될 것이다.

55

122억원 유치권 신고된
창원 신축아파트 단독낙찰

1억 1,200만원 낙찰 → 1억 6,900만원 매도

신축아파트에 신고된 유치권

경북 구미에서 유치권이 신고된 신축빌라를 낙찰받은 지 한 달이 채 되지 않아 창원시 의창구 북면에 위치한 1,034세대 신축아파트 중 3개 호실이 경매로 나왔다.

감정가는 1억 7,300만원이었으나 최저가 1억 1,200만원까지 유찰되었다. 유치권만 해결한다면 신축아파트의 특성상 빠른 기간에 매도가 가능해 단기투자로 매우 좋아 보이는 물건이었다. 이 당시에는 법인에 대한 규제가 없어 매도 시 상대적으로 세금이 적은 법인 명의로 입찰해 3개 호수 중 2개 물건을 단독으로 낙찰받았다.

경매 2018타경 ▓▓▓▓(2)

창원지방법원 7계 (055-239-2117)

진행내역 : 경매개시 84일 배당요구종기일 145일 최초진행 62일 매각 32일 납부

매각일자 2019.09.09 (월) (10:00)

아파트 토지·건물 일괄매각

경상남도 창원시 의창구 북면 무동리 ▓▓▓▓▓▓▓ 105동 9층 902호 외 1필지 [세주소검색]
(도로명주소:경상남도 창원시 의창구 북면 무동서로 ▓)

대지권	42.0817㎡(12.73평)	소유자	무동1차지역주택조합	감정가	173,000,000
건물면적	59.9932㎡(18.148평)	채무자	무동1차지역주택조합	최저가	(64%) 110,720,000
개시결정	2018-11-22(강제경매)	채권자	박▓▓	매각가	(65%) 112,370,000

오늘: 1 누적: 256 평균(2주): 0

구분	매각기일	최저매각가격	결과
1차	2019-07-09	173,000,000	유찰
2차	2019-08-06	138,400,000	유찰
3차	2019-09-09	110,720,000	

매각 112,370,000원 (64.95%) / 입찰 1명 / MJ경매.주

매각결정기일 : 2019-09-16 - 매각허가결정

지급기한 : 2019-10-11

납부 : 2019-10-11

전경도   전경도

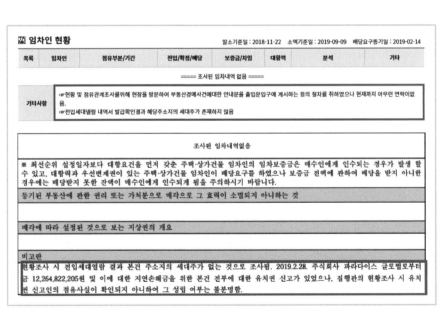

📷 임차인 현황

말소기준일 : 2018-11-22   소액기준일 : 2019-09-09   배당요구종기일 : 2019-02-14

목록	임차인	점유부분/기간	전입/확정/배당	보증금/차임	대항력	분석	기타
			==== 조사된 임차내역 없음 ====				

기타사항 : ☞현황 및 점유관계조사를위해 현장을 방문하여 부동산경매사건에대한 안내문을 출입문입구에 게시하는 등의 절차를 취하였으나 현재까지 아무런 연락이없음.
☞전입세대열람 내역서 발급확인결과 해당주소지의 세대주가 존재하지 않음

조사된 임차내역없음

※ 최선순위 설정일자보다 대항요건을 먼저 갖춘 주택·상가건물 임차인의 임차보증금은 매수인에게 인수되는 경우가 발생 할 수 있고, 대항력과 우선변제권이 있는 주택·상가건물 임차인이 배당요구를 하였으나 보증금 전액에 관하여 배당을 받지 아니한 경우에는 배당받지 못한 잔액이 매수인에게 인수되게 됨을 주의하시기 바랍니다.

등기된 부동산에 관한 권리 또는 가처분으로 매각으로 그 효력이 소멸되지 아니하는 것

매각에 따라 설정된 것으로 보는 지상권의 개요

비고란
현황조사 시 전입세대열람 결과 본건 주소지의 세대주가 없는 것으로 조사됨. 2019.2.28. 주식회사 파라다이스 글로벌로부터 금 12,264,822,205원 및 이에 대한 지연손해금을 위한 본건 전부에 대한 유치권 신고가 있었으나, 집행관의 현황조사 시 유치권 신고인의 점유사실이 확인되지 아니하여 그 성립 여부는 불분명함.

해당 물건의 현황조사서와 매각물건명세서를 살펴보자. 파라다이스글로벌로부터 122억원이라는 엄청난 금액이 유치권으로 신고되어 있었다. 그러나 집행관의 목적물 현황조사 당시 유치권자의 점유가 없었고 전입세대가 없

경매개시일 이전에는 유치권의 점유를 입찰자가 알 수 없으므로 해당 물건 현황조사서를 많이 참고한다.

는 공실로 조사되었다. 따라서 유치권 신고인인 파라다이스글로벌이 어떤 회사인지 여부와 목적물과 관련된 어떤 공사가 있었는지에 대한 조사가 필요했다.

(주)파라다이스글로벌은 이 아파트의 시공사이고, ○○지역주택조합이 시행사로 되어 있었다. 이 당시 창원 북면에서는 아파트 분양계약이 원활히 이루어지지 않아 시공사에서 전체대금을 받지 못한 상황이었고, 유치권 신고 당시 시공사와 시행사는 아직 분양이 끝나지 않은 미분양 호수를 적극적으로 홍보하며 분양에 열을 올리고 있었다.

어떻게 보면 그 당시에 물건을 팔아야 하는 분양업자 입장으로 해당 호실을 개방해 집을 보여주면서 동시에 경매사건에서는 유치권자가 될 수 있는지 여부가 이 사건의 유치권 유무를 판단하는 핵심이었다. 특수물건 담당 사무장과 함께 그 당시 분양업자로서 점유하는 동시에 유치권자로서 점유가 가능한지를 골똘히 따져봤는데 불가능하다는 결론이 나왔다. 다만, 유치권 신고인이 대형 건설사인 만큼 그쪽에서 제대로 된 변호사를 선임해서 대응한다면 확실하게 이기기는 힘든 사건이었다. 지금 생각해보면 이 당시 내가 겁이 없었던 건지 실행력이 좋았던 건지 일단은 붙어보자는 생각으로 입찰해 2개 호실을 낙찰받았으며, 운 좋게도(?) 유치권 회사측에서 소송이 3개 호실이라 그런지 적극적으로 대응하지 않아 생각보다 빠른 기간 안에 점유를 이전받고 명도를 마무리할 수 있었다.

부동산(아파트) 매매 계약서

매도인과 매수인 쌍방은 아래 표시 부동산에 관하여 다음 계약 내용과 같이 매매계약을 체결한다.

1. 부동산의 표시

소 재 지	경남 창원시 의창구 북면 무동리						105동 902호	
토 지	지 목	대		면 적	51161 ㎡	대지권종류	소유권대지권	대지권비율	51161분의42.0817
건 물	구 조	철근콘크리트구조				용 도	아파트	면 적	59.9932 ㎡

2. 계약내용

제1조 [목적] 위 부동산의 매매에 대하여 매도인과 매수인은 합의에 의하여 매매대금을 아래와 같이 지불하기로 한다.

매매대금	금 일억육천구백오십만(₩169,500,000)원정	
계 약 금	금 일천육백오십만(₩16,500,000)원정	은 계약시에 지불하고 영수함 ※영수자
중 도 금	금	은 년 월 일에 지불한다
잔 금	금 일억오천삼백만(₩153,000,000)원정	은 2020년 08월 20일에 지불한다

제2조 [소유권 이전 등] 매도인은 매매대금의 잔금 수령과 동시에 매수인에게 소유권 이전등기에 필요한 모든 서류를 교부하고 등기절차에 협력 하여야 하며, 위 부동산의 인도일은 2020년 08월 20일 로 한다.

| 실투자금 2,500만원으로 8개월 만에 5,000만원 수익 완료!

▶ 아무도 입주하지 않은 신축아파트라 간단한 청소만 마친 후 부동산 중개업소에 1억 7,500만원에 매매를 의뢰했다. 그리고 가격을 조금 조정해서 1억 6,950만원에 매도하게 되었는데, 1억 1,200만원에 법인으로 낙찰받은 물건이라 안전한 매도차익 5,000만원이 발생했다. 수고로움에 비해 큰 수익은 아니었지만 유치권 신고 물건에 대한 공부를 깊이 했기 때문에 기쁜 마음으로 이전등기를 완료했다.

특수물건은 경매에서 그렇게 큰 비중을 차지하지는 않는다. 하지만 적은 수의 물건 속에서도 언제나 수익을 얻을 기회는 존재하기에 경매물건을 검색하며 기본적인 특수물건의 조건 성립여부를 판단할 수 있는 실력을 미리미리 갖춰놓아야 기회가 왔을 때 수익을 낼 수 있다. 이론 공부에서 쌓아올린 노력이 실전에서 소중한 수익으로 돌아온다는 걸 잊지 말자.

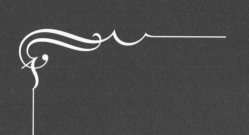

마훕,

반드시 팔리는
매도의 기술

56

투자는 쇼핑이 아니다,
'얼마를 버는가'에 집중하라

투자의 목적은 수익이다

부동산 투자를 하는 이유가 무엇일까? 나는 많은 사람들이 부동산 투자를 시작하면서 본분을 망각한 채 투자가 아닌 쇼핑을 하고 있다는 걸 종종 느낀다. 투자의 목적은 수익이다. 즉, 돈을 벌려고 투자를 시작하는 것이지 투자하려고 돈을 버는 것이 아니다.

그래서 나는 수업할 때 좋은 걸 사는 게 아니라 얼마를 버느냐에 목표를 두고 경매물건을 찾으라고 누누이 강조한다. 하지만 여긴 연식이 오래돼서, 이 집은 층이 낮아서, 이 아파트는 세대수가 적어서 등등 수익보다는 본인 취향에 맞는지를 자꾸 따지는 것이 초보투자자들의 현실이다.

미운 오리 백조 만들기

수익을 내기 위해서는 남들이 보지 못하는 장점을 찾을 수 있어야 하며 남들이 어려워하는 단점을 해결할 수 있어야 한다. 앞서 나는 허름한 구축아파트/빌라/나홀로아파트/근생아파트 등에 눈을 돌렸다고 언급했다. 오래된 아파트는 수리하지 않으면 거의 매매가 힘들기 때문에 단점을 극복하기 위해 저가에 낙찰받은 뒤 인테리어에 꽤 신경을 쓰는 편이다. 다만 구축아파트를 수리한다고 해서 다 잘 팔리는 것은 아니니 입찰 전 지도를 보며 입지(학군/상권/인프라/주거시설)를 꼭 확인해야 하며 부동산 가격 조사 시 매수수요와 매도가능 가격을 꼼꼼히 확인할 필요가 있다. 모두가 좋아하지 않는 미운 오리를 백조로 만드는 과정 중 가장 기본적인 몇 가지 사례들을 먼저 소개한다.

엠제이 코멘트

돈이 먼저일까, 기술이 먼저일까?

부동산 투자로 많은 돈을 벌기 위해서는 돈이 필요할까, 기술이 필요할까? 나는 이 질문을 스스로에게 해본 적이 있는데, 시간이 지나서 나온 나의 답은 기술이 필요하다는 것이었다. 투자의 창과 방패 중 창을 항상 갈고닦아 언제 어디서든 적과 싸워 이길 수 있다면 이 장수는 전투에서 승리할 것이다. 부동산 투자 또한 마찬가지다. 돈을 많이 벌기 위해서는 돈을 많이 벌 수 있는 확실한 창을 하나 만들어야 한다. 내게 창이 있으면, 즉 기술이 있으면 돈과 사람은 그다음에 자연스럽게 따라온다. 단기투자로 1억원을 버는 것과 10억원을 버는 것의 차이 또한 간단하다. 기술은 똑같지만 투자금과 사람이 조금 더 필요할 뿐이다. 아파트 1개 호실을 낙찰받은 후 매도해 1억원의 수익이 났다면 동일한 아파트 10개 호실을 낙찰받아 매도하면 10배인 10억원의 수익이 난다. 그래서 수익의 단위, 즉 돈의 단위를 높일 때는 주로 한 호수가 아닌 한 동의 경매물건에 투자하는 경우가 많다. 모든 호수의 수익률이 동일하다는 전제하에 개수를 늘려 안전하게 수익률을 올리는 작업이라고 할 수 있다.

57

기본 인테리어로 신혼부부 마음 사로잡은
마산 못난이 아파트

2018년 9월 지방 부동산 시장 분위기가 바닥으로 떨어져 있던 시점에 마산에 위치한 구축아파트를 낙찰받았다. 감정가는 1억 원, 낙찰가는 5,477만 원이었다. 5층 중 엘리베이터가 없는 4층이라 선호되는 층은 아니었다.

인근 부동산 중개업소에 수요 및 가격을 물어보니, 위치가 나쁘지 않아 집 내부만 깨끗하고 가격이 경쟁력 있으면 매매가 가능하다는 답변을 확인하고 낙찰받은 물건이다.

| 24평대 구축아파트 내부 수리하기 전 모습

낙찰 후 집 내부를 보니 그 무섭다는 체리 월넛 인테리어였다. 집을 매도할 때는 내부 첫 컨디션이 중요한데, 현 상태에서는 매도가 힘들다고 판단하여 기본 수리로 집을 좀 더 밝게 만든 후 매매로 내놓기로 하였다.

구축아파트를 인테리어할 때 예전에는 물건지 인근의 인테리어업자를 찾아 견적을 받고 나서 가장 신뢰가 가고 가격이 적당한 곳을 정해 공사했다. 그런데 구축아파트를 낙찰받는 개수가 점점 많아지다 보니 공사 가격도 부담되고 내가 원하는 디자인이 나오지 않아, 2018년 말부터 지금까지 약 5년 동안 약 200회의 인테리어 공사를 직접 진행했다. 처음에는 실수도 많고 현장에 상주하는 사람이 없어 마감이 엉망이었지만 이제는 적잖이 내공이 쌓여 일반 인

| 900만원대 공사금액으로 24평대 구축아파트의 기본 공사를 마친 모습

테리어업자만큼 공사를 깔끔하게 진행하고 있다. 이 물건은 인근 인테리어업자에게 작업을 의뢰했고, 도장과 필름을 최대한 활용하여 화이트 톤으로 집을 바꾸어 좀 더 넓고 깨끗하게 보이도록 하는 데 중점을 두었다.

인테리어 공사를 마무리한 후 인근 부동산 중개업소에 매물을 내놓으니 현재 나와 있는 아파트 매물들 중 공사를 한 집이 하나도 없어 경쟁력이 생겼다. 저렴하고 깨끗한 집을 찾는 신혼부부가 집을 본 후 맘에 들어해 9,200만원에 매도계약을 완료했다.

이 물건은 낙찰가 5,400만원에 수리비가 900만원 정도로 경비까지 다 합쳐도 7,000만원이 채 들지 않았다. 이렇게 관리가 안 되고 방치된 물건을 싸게 매입하여 깨끗하게 수리한 후 적정가격에 파는 것이 수익 측면에서는 훨씬 더 안전하고 좋은 결과로 남았던 것 같다. 경매 단기투자를 시작한다면 빠른 매도를 위해 인테리어를 필수적으로 공부하자.

아파트 32평(방3/화2) 적정 인테리어

셀프인테리어: 평당 50만~60만원(외부 새시 제외) 대략 1,800만원
외주인테리어: 평당 100만원(외부 새시 제외) 대략 3,200만원

경매 인테리어는 실거주가 아닌 매도차익을 목적으로 하는 가성비 인테리어이기 때문에 디자인 퀄리티는 최대한 높이고 공사단가는 낮추는 데 목적이 있다(살릴 수 있는 품목은 최대한 살리고 꼭 필요한 부분만 공사를 진행한다). 나의 경우 구축아파트 32평을 전체 수리할 때 외부 새시는 최대한 살리고 그 외 공

정(목공/타일/전기/가구·도배/필름 등)은 다 수리하는 편이다(내부 새시 교체만으로도 충분히 매도 가능). 많게는 한 달 기준 5~10개 정도의 물건을 공사를 진행하다 보니 다달이 발생하는 공사비용도 만만치 않아, 외부 새시 공사만 제외해도 대략 한 집에 900만원 정도의 공사금액이 절약되어 공사비용을 낮추고 단기투자를 계속 이어나갈 수 있었다. 이때까지 낙찰받아 공사했던 구축아파트 32평 평균 공사금액은 대략 1,800만원선(외부 새시 제외 올리모델링)이었는데, 이 금액은 내가 직접 공사를 진행하며 공정별로 공사를 맡겼기에 가능한 금액이었다. 지금은 회사 자체에 인테리어 부서를 만들어 낙찰받은 물건의 공사를 진행하지만, 예전에는 낮에는 강의하고 저녁에는 인테리어 공사현장으로 가는 투잡(?)생활을 3년 이상 하며 공사감각을 키웠다.

구축아파트 낙찰 시 최대한 비용을 줄이며 깔끔하게 인테리어를 진행하는 방법을 정리해보자

① 도배+장판+전기+입주청소(7년차 내외/최소비용공사)

구축아파트 공사 진행 시 최소비용으로 깔끔한 느낌을 주는 가장 기본적인 인테리어 공사다. 비용은 대략 300만~400만원선으로 디자인과 색깔은 넣지 않고 깔끔한 느낌으로 매도할 때 많이 하는 간단한 공사라고 할 수 있다.

② 도배+장판+전기+타일(욕실/주방/현관/베란다)+입주청소(10년차 내외/기본공사)

간단한 공사로 매도가 불가능하다고 생각되거나 좀 더 빠른 매도를 원할 때는 인테리어에 본격적으로 색깔을 넣어줄 수 있다. 인테리어 중에 가장 많은 디자인을 넣을 수 있는 공정이 타일공사다. 타일은 워낙 많은 색깔과 디자인이

나오기 때문에 욕실공사만 잘 나와도 웬만한 아파트는 빠른 매도가 가능하다. 현관부터 베란다까지 각 위치에 맞는 타일디자인을 선정하면 내부를 더 고급스럽게 만들 수 있다. 타일이 추가되면 인건비를 포함해 대략 400만원 정도의 추가비용이 발생할 수 있다.

③ 도배+장판+전기+타일(욕실/주방/현관/베란다)+필름+입주청소(10년차 내외/기본공사)

이제 낡은 가구에 색을 입히는 필름공사를 할 수 있으며 오래된 가구&새시를 교체하지 않고도 새로 공사한 느낌을 줄 수 있다. 필름은 주로 싱크대 및 새시 그리고 각종 가구에 필름지를 입혀 공사하는 방법으로 교체비용 대비 상당히 저렴한 가격에 가성비 있게 공사가 가능하다. 필름의 경우 재료비는 많이 들지 않지만 인건비가 높아 대략 100~150만원의 공사비용이 추가될 수 있다.

④ 도배+장판+전기+타일(욕실/주방/현관/베란다)+필름+목공+가구+입주청소 (20년차 내외/전체공사)

목공사와 가구공사가 추가되면 새시를 제외한 인테리어 전 공정을 다 진행한다고 볼 수 있다. 오래된 문과 문틀 그리고 몰딩과 걸레받이의 교체 및 각종 마감이 필요한 부분(아트월 외)에 다양한 재료(템바/루바)로 깔끔한 마감공사가 가능하다. 그리고 가구공사로 싱크대 및 각종 수납장(붙박이장)을 적재적소에 배치하여 입주자의 생활편의를 높일 수 있어 수요자의 매도심리를 끌어올려 더 빠른 기간 안에 매도를 완성할 수 있다

⑤ **도배+장판+전기+타일(욕실/주방/현관/베란다)+필름+목공+가구+새시+입주청소(20년차 내외/전체 올수리공사)**

어중간하게 공사하느니 한 번에 완벽하게 올리모델링 공사를 진행해 매도시기를 줄이는 방법이다. 주로 구축아파트 경매낙찰 후 확실한 수요층이 있거나 입지가 양호할 때 올리모델링 공사를 진행하는 경우가 많다. 장점은 다른 매물 대비 경쟁력이 있어 매도나 임대가 좀 더 쉽게 나갈 수 있다는 것이고 단점은 당장 나가는 추가비용이 크다는 것이다

신축아파트보다 구축아파트를 사고파는 경우가 대부분인 경매에서 주거용 인테리어는 빠질 수 없는 부분이다. 나 또한 낙찰받은 물건들의 인테리어를 외부에 맡길 때의 가격과 직접공사를 진행할 때의 가격을 비교해보면 약 20~30%의 가격절감 효과가 있었다. 가장 중요한 건 소비자가 원하는 디자인, 즉 잘 팔리는 디자인의 집을 계속 연구해 시도해보니 매도가격도 올라가고 매도기간도 줄어드는 이중효과를 얻을 수 있었다는 점이다. 인테리어는 시작은 어려워도 우리 주변에서 가장 손쉽게 접할 수 있는 부분이라 어느 정도 경험이 쌓이면 생각보다 쉽게 능률이 오르니 다들 낙찰받은 물건을 한 번쯤은 직접 공사해보길 권한다.

58

적정 인테리어 투자금액 찾기, 부산 저층아파트

이번에 소개할 물건은 부산 사상구에 있는 아파트다. 압류재산공매와 한 동짜리 구축아파트의 만남, 게다가 저층. 딱 봐도 입찰할 사람이 없어 보이는 물건이었다. 감정가는 1억 5,400만원이었지만 아무도 관심을 가지지 않아

> **압류재산공매**
> 압류한 재산을 법률에 의거하여 공공 기관이 강제적으로 처분하는 제도

공매 2019-███████-001 (압류재산(캠코))

조세정리팀(☎ 1588-5321)

매각일자 2020-04-20 10:00 ~ 2020-04-22 17:00

기타주거용건물 처분방식(매각) / 명도책임(매수자)
대항력 여지 있는 임차인

부산광역시 사상구 학장동 ██████████ 제2층 제201호
[도로명주소: 부산광역시 사상구 학감대로 ████ 제2층 제201호, ████████]

토지면적	27.862㎡(8.428평)	위임기관	부산광역시	감정가격	154,000,000 원
건물면적	84.92㎡(25.688평)	집행기관	한국자산관리공사	최저가격	(70%) 107,800,000 원
배분요구종기	2020-04-06	담당부서	부산지역본부	물건상태	낙찰 (76%)116,770,000 원

🏠 입찰일정(인터넷 입찰)

⊞ 입찰일정

간략보기 ▲

입찰번호	회/차	대금납부/납부기한	입찰시작 일시~입찰마감 일시	개찰일시/매각결정일시	최저입찰가
0052	015 / 001	일시불 / 30일	20-04-20 10:00 ~ 20-04-22 17:00	20-04-23 11:00 / 20.04.27 10:00	154,000,000
0052	016 / 001	일시불 / 30일	20-05-04 10:00 ~ 20-05-06 17:00	20-05-07 11:00 / 20.05.11 10:00	138,600,000
0052	017 / 001	일시불 / 30일	20-05-11 10:00 ~ 20-05-13 17:00	20-05-14 11:00 / 20.05.18 10:00	123,200,000
0052	018 / 001	일시불 / 30일	20-05-18 10:00 ~ 20-05-20 17:00	20-05-21 11:00 / 20.05.25 10:00	107,800,000

최저가격이 1억 780만원까지 떨어졌는데, 그나마 1층이 주차장이라 필로티 2층이고 지대가 높아 2층에서 약 7층의 뷰 느낌이 났다.

조사 당시 매물이 없고 호가가 높아 낙찰 후 현 상태로 싸게 팔든지 아님 수리 후 매매하든지 둘 중 하나는 가능해 보였다. 이런 장점들을 파악했는지 입찰자가 9명이 몰렸고, 최저가격 1억 780만원에서 1,000만원 정도 올린 1억 1,677만원에 입찰해 2등과 200만원 차이로 낙찰받는 행운을 얻었다.

입찰자수	유효 8명 / 무효 1명(인터넷)
입찰금액	116,770,000원/ 114,200,000원/ 109,690,000원/ 108,900,000원/ 108,190,000원/ 108,012,100원/ 108,001,000원/ 108,000,000원

| 압류재산공매 사건의 경우 모든 입찰자의 입찰가격이 공개된다.

깨끗한 집은 매도기간을 단축시킨다!

낙찰 후 명도를 끝내고 집 내부를 본 순간 이 상태로는 절대로 매매될 것 같지 않았다. 보통 부동산 중개업소에 매물을 내놓으면 매수인 개인의 취향이 있으니 수리하지 말고 매매를 내는 쪽으로 조언을 많이 하는데, 그 말을 곧이 곧대로 믿으면 안 된다. 부동산 시장 분위기가 좋고 상승장일 때는 실수요자와 투자자가 함께 존재하기에 내부가 안 좋은 집들도 거래가 가능하다. 하지만 하락장일 때는 오직 실수요자만 타깃으로 거래해야 하므로 집을 보러 처음 들어온 순간 깨끗한 느낌이 들어야 경쟁력이 있다. 방치된 집의 느낌이 나버리면 굳이 이 집을 사서 수리하고 살기보다 더 깨끗한 집을 찾아나서는 게 매수자의 심리다.

| 부동산 = "손대지 말고 싸게 내세요." 소비자 = 다른 매물이 있다면 쳐다도 안 본다.

　만약 낙찰받은 집이 위 사진 정도의 컨디션일 때는 부동산 중개업소에 매매를 의뢰하고 일주일 정도 기다렸다가 그래도 반응이 없으면 바로 철거해 인테리어 공사를 해야 한다.

부동산 경매 단기투자의 기적

| 소비자들은 깨끗한 집을 싸게 사고 싶어 한다.

　내가 5년 정도 낙찰 후 인테리어 공사를 반복하며 내린 결론은 투자자라면 퀄리티 좋은 인테리어, 완벽한 인테리어가 아닌 가성비 좋은 인테리어를 해야 한다는 것이다. 앞서 계속 했던 말 중에 투자의 목적은 수익인데도 많은 사람들이 이 사실을 망각한 채 쇼핑을 하려고 한다는 말이 있다. 인테리어를 계속 하다 보니 내게도 비슷한 현상이 일어나기 시작했다. 경매투자 시 인테리어는 빠른 매도 및 고가매도를 하기 위한 전략 중 하나인데 공사를 하다 보니 계속 더 예쁘게 잘하고 싶은 욕심이 생겼다. 공사를 더 잘한다는 건 이 집에 더 신경 쓴다는 뜻도 되지만, 공사를 하면서 더 좋은 자재를 쓰고 디자인도 더 추가한다는 뜻이다. 이런 욕심은 결국 투자금이 추가로 들어가는, 그래서 최종수익이 줄어드는 결과로 이어졌다.

부동산(아파트) 매매 계약서

매도인과 매수인 쌍방은 아래 표시 부동산에 관하여 다음 계약 내용과 같이 매매계약을 체결한다.

1. 부동산의 표시

소 재 지	부산시 사상구 학장동			1동 201호			
토 지	지 목	대	면 적	6881 ㎡	대지권종류	소유권	대지권비율	68810000분의278620
건 물	구 조	철근콘크리트구조		용 도	아파트		면 적	84.92 ㎡

2. 계약내용

제1조 [목적] 위 부동산의 매매에 대하여 매도인과 매수인은 합의에 의하여 매매대금을 아래와 같이 지불하기로 한다.

매매대금	금 일억육천오백만(₩165,000,000)원정	
계 약 금	금 일천육백오십만(₩16,500,000)원정	은 계약시에 지불하고 영수함 ※영수자
잔 금	금 일억사천팔백오십만(₩148,500,000)원정	은 2020년 10월 20일에 지불한다

제2조 [소유권 이전 등] 매도인은 매매대금의 잔금 수령과 동시에 매수인에게 소유권 이전등기에 필요한 모든 서류를 교부하고 등기절차에 협력 하여야 하며, 위 부동산의 인도일은 2020년 10월 20일 로 한다.

제3조 [제한물권 등의 소멸] 매도인은 위 부동산에 설정된 저당권, 지상권, 임차권 등 소유권의 행사를 제한하는 사유가 있거나 제세공과금 기타 부담금의 미납 등이 있을 때에는 잔금 수수일까지 그 권리의 하자 및 부담 등을 제거하여 완전한 소유권을 매수인에게 이전한다. 다만, 승계하기로 합의하는 권리 및 금액은 그러하지 아니하다.

제4조 [지방세 등] 위 부동산에 관하여 발생한 수익의 귀속과 제세공과금 등의 부담은 위 부동산의 인도일을 기준으로 하되, 지방세의 납부의무 및 납부책임은 지방세법의 규정에 의한다.

제5조 [계약의 해제] 매수인이 매도인에게 중도금(중도금이 없을때에는 잔금)을 지불하기전 까지 매도인은 계약금의 배액을 상환하고 , 매수인은 계약금을 포기하고 본 계약을 해제할 수 있다.

| 1억 1,600만원 낙찰 + 공사비용 1,700만원 = 1억 3,400만원, 1억 6,500만원에 매도(법인투자)

▶ 그래서 그 이후로는 공사 전 미리 공사 가능금액(공사 후 매도수익)을 정해 놓고 최대한 그 금액에 맞춰 수리했다. 구축아파트 32평 기준으로 웬만하면 1,500만~2,000만원 안에서 모든 공사를 마무리했다. 이 물건 역시 방3/화2의 32평 구축아파트였으나 외부 새시를 제외한 나머지 전체 공사금액을 총 1,700만원에 마무리하여 매도가격 1억 6,500만원에서 공사금액을 제외하고도 약 2,500만원 정도 수익을 낼 수 있었다. 결론은 인테리어 공사도 계속, 많이 경험해야 디자인도 좋아지고 공사가격도 낮아진다는 것이다. 즉, 많은 경험 안에 답이 있다.

59

투자금 6억원으로 10억원의 수익을!
바다 조망 제주 신축빌라 한 동 낙찰

　부동산 경매투자에서 매일 반복하는 경매물건 검색과 주중답사, 반복적인 입찰과 낙찰, 매도 및 수익분석의 과정이 쌓이고 쌓여 큰 변동 없이 일정한 수익을 계속 낼 수 있을 때 비로소 경매투자 기술을 가지고 있다고 정의할 수 있다. 부동산 경매투자에서 1,000만원을 벌든 10억원을 벌든 적용하는 투자기술은 똑같다. 그때그때 만나는 물건의 크기가 다를 뿐이다.

　자, 그럼 6억원을 투자해 10억원의 수익을 만든, 서귀포 바다가 보이는 제주빌라 투자사례를 살펴보자. 이번에는 어떤 방법으로든 팔고야 마는 '매도의 기술'을 중심으로 알아본다.

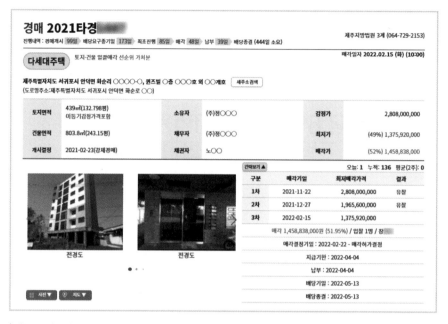

| 제주도 12개 호실 빌라, 반값 낙찰 후 매도!

    2022년 2월 제주도의 부동산 가격이 무섭게 상승하다 약간 쉬어가는 시점에 경매물건 하나가 눈에 들어왔다. 조사 후 이 물건에 입찰할 때쯤 서귀포의 대장(강정지구) 아파트 가격이 많이 상승했고 그로 인해 강정지구 인근에 위치한 아파트와 빌라의 가격이 조금씩 들썩였다. 이때 마침 발견한 것이 이 물건이었다. 서귀포시 안덕면에 위치한 신축빌라 한 동(12세대)이 통째로 경매에 나왔는데 감정가는 28억원, 최저가는 13억 7,000만원이었다. 서귀포 중심지가 아닌 외곽에 위치해 매도가격 산정이 쉽지 않을 것으로 생각하고 본격적으로 조사에 들어갔다.

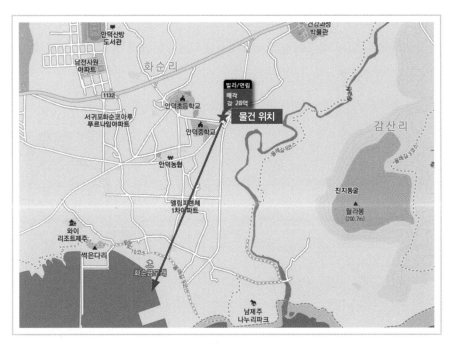

| 지도상으로는 바다 조망이 가능해 보인다.

    제주시에 위치한 주택은 남향이 한라산 조망, 북향이 바다 조망이고 서귀포시에 위치한 주택은 남향이 바다 조망, 북향이 한라산 조망이다. 제주도는 도시 중앙에 한라산을 품고 있으며 외곽으로 바다가 감싸는 형국인데, 제주시가 북쪽에 있고 서귀포시가 남쪽에 있어 자연스럽게 서귀포시의 바다 조망이 남향으로 나온다. 그래서 보통 서귀포에 아파트나 빌라가 경매로 나오면 거실 방향이 거의 다 남향이라 일단 지대를 확인한 후 오르막 지대라면 남쪽으로 바다 조망이 어느 정도 나오는지도 확인할 필요가 있다. 그리고 입지의 경우 서귀포 1·2청사를 제외하고는 거의 다 고만고만하기에 인프라 및 학교 그리고 채광 조망 등을 꼼꼼히 확인해 투자할 필요가 있다. 해당 빌라는 안덕초·중학교를

끼고 주변에 적은 인프라와 아파트들이 있으며, 무엇보다 전 호실에서 바다 조망이 가능해 육지에서 넘어오는 이사수요를 매도 및 임대 대상으로 정한 후 가격조사를 시작했다.

| 해당 빌라에서 남쪽으로 로드뷰를 돌리니 바다 조망이 막히지 않고 시원하게 나왔다.

🏠 건물등기 (채권합계금액:2,658,190,000원)

순서	접수일	권리종류	권리자	채권금액	비고	소멸
갑(1)	2018-12-13	소유권보존	(주)정림건설		가처분 등기의 촉탁으로 인하여	소멸
갑(2)	2018-12-13	가처분	노◯◯◯		근저당권설정등기 청구권 부산지방법원 2018카합10650	인수
갑(3)	2019-01-07	가압류	이디움대부(주)	2,600,000,000	말소기준등기 2018카단1794	소멸
갑(4)	2020-08-11	가압류	강◯◯	36,190,000	2020카단11228	소멸
갑(5)	2020-12-04	가압류	대명산업(주)	22,000,000	2020카단102212	소멸
갑(6)	2021-02-23	강제경매	노◯◯◯	청구금액 85,884,731	2021타경1447	소멸
갑(7)	2021-03-10	압류	제주특별자치도			소멸
기타사항	▶ 화순리 ◯◯◯◯◯ 토지 등기부상, 화순리 ◯◯◯◯◯ 7층701호 건물 등기부상 ▶ 등기부상 최선순위설정일자: 목록1) 2017.3.10.근저당권, 목록2~11,13) 2018.12.13.근저당권					

부동산 경매 단기투자의 기적

인근 부동산 중개업소에 전화를 걸어보니 매매가 빨리 이뤄지는 물건은 아니지만 가격만 적당하면 경쟁력이 있을 수 있다는 정보를 얻어 인근 비슷한 연식 빌라의 시세를 비교해봤다. 그 결과 대략적인 매도가격을 한 호실당 2억 3,000만원대로 잡고 층이 좀 더 높아 바다 조망이 잘 나오는 호수는 2억 4,000만~2억 5,000만원대로 매도가격을 책정했다. 다만 이 지역 빌라의 특성상 매수자 비율이 높지 않고 위치 또한 큰 도심이 아닌지라 매도기간에 최대한 여유를 두고 정가에만 매도하자는 계획을 세웠으며, 매도기간이 너무 길어지면 전세가격을 2억원 정도로 맞춰 전세와 매도를 같이 내는 방향으로 전략을 세웠다. 당시 경매 최저가격이 약 14억원으로 한 호실당(12세대) 가격이 대략 1억원 초반대여서 최저가 언저리에만 낙찰받는다면 큰 무리 없이 안전한 수익 창출이 가능해 보였다.

그러던 중 등기부를 살펴보니 말소되지 않는 선순위 가처분이 등재되어 있기에 이 인수권리로 인해 입찰자가 더욱더 줄어들 것으로 예상했다. 다만 잔금 전에 선순위 권리를 해결하지 못하면 금융기관에서 대출받기 힘들다는 문제점이 있었는데, 아무리 생각해봐도 가처분권자가 잔금 전에 호락호락 말소해줄 것 같지 않아 이 물건은 일반은행이 아닌 개인 P2P 기관 대출로 대체하기로 계획을 세웠다. 그리고 입찰당일 최저가격 13억 7,000만원에서 약 8,000만원 정도 올린 14억 5,000만원에 입찰해 단독으로 낙찰받았다.

낙찰받은 물건은 금액대가 크고 매월 발생하는 이자도 P2P 대출로 고금리여서 명도 및 매도 기간을 최대한 줄이며 진행해 12개월 안에 모든 호수의 전세/매매를 완료하는 것을 목표로 삼았다. 현재 진행 중인 상황으로 볼 때 목표 달성이 충분히 가능할 것으로 예상된다. 단기투자를 할 때는 물건의 저가매입도 중요하지만 낙찰받은 후 빠른 매도(단기매도)가 가능해야 수익이 발생하므로 낙찰을 잘 받는 것은 물론, 가장 중요한 매도전략도 입찰하기 전에 상세히 세울 필요가 있다.

나는 부동산 매도를 진행할 때 할 수 있는 모든 방법(온·오프라인)을 한 번에 총동원하는 편이다. 이 물건은 제주도에 위치한 부동산 중개업소(200군데)에 중개를 의뢰하는 것 외에도 맘카페(제주도 전 지역) 및 현수막(서귀포 전 지역)과 교차로(5일장 신문)에 동시광고를 진행했다. 매도는 내가 물건을 팔고 있다는 사실을 최대한 많은 사람에게 노출해 단 한 명의 매수자만 찾으면 되는 작업이다. 통상 투자자들이 하는 대로 인근 부동산 몇 군데에만 의뢰한 후 계약이 될 때까지 기다리는 매도 방식은 상승장에는 가능하지만, 하락장이나 아파트가 아닌 빌라 및 오피스텔 매도 시에는 힘든 방법이다. 따라서 싸게 사는 방법을 배우는 것과 동시에 비싸게 빨리 파는 방법도 배워야 할 것이다.

> ‹ 제주도　　부동산
> 4월 12일,
>
> ◈ 매매대상 목적물 : 서귀포시 안덕면 화순로 ▨▨▨
> ◈ 매매대금:금 이억삼천육백만원(₩236,000,000)
> 2. 계약금의 일부:
> **2022년 4월 12일** 매수인이 매도인에게 계약금으
>
> 12개호실중 첫번째 매도를 다행히 4월에 시작했네요 ㅎㅎㅎ
> 대략적인 정리본입니다...1채당 약1억정도의 수익을 계산하니
> 전체매도후 약 12억정도의 수익이 예상되네요..^^

| 매도가는 2억 4,500만원에서 시원하게 깎아준 2억 3,600만원!

그러던 중 낙찰받은 지 2달 만에 첫 번째 매수자가 나타났는데 인근 초등학교에 근무하는 선생님이셨다. 집을 3번 정도 보셨는데 거실에서 보이는 바다뷰에 반해 5층 호수를 매도가격 2억 4,500만원에서 900만원 조정한 2억 3,600만원에 계약해 생각보다 빠른 기간 안에 마수(첫 계약)를 완료할 수 있었다. 이 빌라의 매도전략은 매도호가를 적정가격으로 측정하고 매수자가 붙으면 원하는 가격에 최대한 맞춰주는 할인전략이었다. 어차피 낙찰가격이 한 호실당 1억원대라 2억 4,000만원에 매도하든 2억 3,000만원에 매도하든 1,000

만원이나 2,000만원 차이가 그렇게 중요하지 않았다.

이 물건을 낙찰받으면서 변함없이 느낀 사실은 매수시작가격, 즉 매입가격이 낮아야 마음이 편하다는 것인데 말 그대로 시세 대비 반값에 사면 크게 불안한 게 없다. 이때까지 경매낙찰을 받으면서 불안했던 물건들은 수익을 고려하지 않고 상승장에 빠르게 매입한 물건들이었으며, 대체적으로 그런 물건들에서 많은 손해가 발생했고 마음고생도 많이 했다. 투자는 마음이 편해야 오래할 수 있는 종목이다. 다들 조급함을 버리고 항상 이기는 투자를 하기 바란다.

한 세대당 기준(총 12세대)
낙찰가: 1억 2,000만원
매도가: 2억 3,600만원
수익: 1억 1,600만원

12개실 총합: 약 13억원 이상

▶ 낙찰받은 제주도 빌라의 수익률을 다시 한번 정리해보면 신축 총 12세대 단독낙찰이었고, 낙찰가격은 14억 5,800만원으로 12세대로 나누면 한 세대당 약 1억 2,000만원이라는 낙찰가격이 나왔다. 현재 매매는 2억 4,000만원, 전세는 2억원으로 계약 중이며 매매든 전세든 먼저 계약되는 순서대로 빠르게 진행 중이다. 모든 호수가 다 매매되면 수익은 약 13억원 정도 예상된다. 어떤 물건이라도 돈을 벌 수 있는 가능성이 보인다면 최대한 집중해서 그 물건을 연구해보자. 그러면 어떻게든 수익을 만들어 낼 수 있다. 안 되는 건 없다. 하면 된다.

온·오프라인 모두 이용하는 엠제이식 매도 노하우

부동산 매도의 기술 ① 온라인 커뮤니티

부동산 중개업소(3~5군데)에 매물을 내놨는데 거래가 되지 않으면 어떻게 해야 할까? 부동산 중개업소만 믿고 계속 기다리는 것은 효과가 없다. 많은 투자자들이 물건을 사는 교육은 잘 받지만 파는 교육을 받은 적이 없어 매수 대비 매도 기술이 떨어지는 것이 사실이다. 매도는 시끌벅적하게 발품을 팔며 진행해야 한다. 최대한 많은 고객들에게 내 물건을 팔고 있다는 사실을 알려서 국내에 있을, 내 물건을 사줄 단 한 명의 매수자를 찾아야 한다.

부동산 매물을 접수한 부동산 중개업소에서는 온라인·오프라인, 그 외 공동중개망을 활용해 해당 매물을 등록한다. 의뢰인은 다수이고 중개사는 한 명이다 보니 의뢰인 한 사람을 위한 다중광고에는 한계가 있다. 부동산 중개업소에서 연락이 오지 않을 때는 매도자가 직접 광고를 낸다. 매도자가 직접 광고를 내는 방법 중 하나는 해당 지역 맘카페에 내부 사진을 올리고 직거래로 부동산 매매를 하는 방법이 있다. 맘카페는 해당 지역 주부 외에도 여성들이 많이 가입해 있어 입소문이 빠르고, 그 지역 중개사들도 많이 가입해 있어 이들을 통해 중개로 연결되는 경우도 많다.

4066775	[아파트 매매] 도계동빌라있어요 😊 	딸하나뭉뚱둘 🖼	16:30	256	0
4066714	[아파트 전월세] 소계동 아파트 매매,전,월세 다 가능합니다 😊 	티엔 🖼	16:00	319	0
4066706	[부동산 기타] 매트로 병원 유니시티 부근 투룸 거실 1, 방두개 	봉서리 🖼	15:57	53	0
4066701	(땅 급매)의령~~ 😊 	곡선 🖼	15:56	146	0
4066697	[주택 매매] 합성동주택매매/합성동원룸임대 😊 	악동 🖼	15:54	207	0
4066331	[주택 전월세] 사파동1층 안채 올전세 😊 	사파줌마요 🖼	13:04	306	2
4066276	[아파트 전월세] 남산동 대우1차아파트 월세 (16평 500만원/30만원) 😊	누룽밥 🖼	12:40	180	0
4066253	[주택 전월세] 사림동 땅콩주택 전월세있습니다. 😊 	짠이맘 🖼	12:31	384	0
4065960	[아파트 전월세] 장유 죽림마을한림풀에버7단지 27평 전세 있습니다. 	sukhi0118 🖼	10:43	93	1
4065949	[주택 매매] 마산 합포구 완월동 성지여고 후문 도로가 소형 주택 매매 합니다. 😊 	훈이션영맘 마산 🖼	10:37	443	0
4065852	[주택 전월세] 방구해요10월 20일 이사예요 	tjalgus0409 🖼	10:11	97	0
4065820	[상가 전월세] 학원자리나 사무실 공간 구하시는분 	85두아이맘쑥 🖼	09:58	54	0
4065752	[주택 전월세] 구암동 살기좋은 주택 전월세 있어요^^ 😊 	메기맘마 🖼	09:20	551	0

| 각 지역의 맘카페를 검색해 가장 인기가 많은 순서대로 가입한 후 등업을 완료해야 물건을 광고할 수 있다.

| '피터팬'이라는 부동산 직거래 카페는 현존하는 직거래 카페 중 최대 회원 수를 보유해 광고 효과가 매우 크다.

부동산 매도의 기술 ② 부동산 중개업소 광고

매물을 내놓을 때 부동산 중개업소 몇 군데 정도가 적
당할까? 정답은 '최대한 많이'다. 일부 부동산에서는 몇 군
데만 물건을 내고 빠르게 거래하는 게 더 낫다고들 얘기하
지만 그것은 거래가 잘되는 대단지아파트일 때고, 수요가
적은 나홀로아파트의 경우 많게는 <u>해당 지역 부동산 중개</u>

> 전화 통화는 너무 많은 시간
> 이 소요된다. 해당 물건의 내
> 용을 간략히 문자로 정리해
> '문자나라'라는 사이트를 통해
> 단체 문자를 전송하면 더 간
> 단히 매도 광고를 진행할 수
> 있다.

<u>업소(300~400군데)</u>에 다 <u>광고를 의뢰하고</u> 작게는 해당 동 단위에 위치한 부동
산 중개소 전체에 광고를 의뢰하기도 한다.

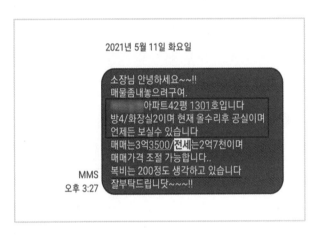

| 매매/전세 단체 문자 발송

의외로 부동산이 위치한 곳과는 멀리 떨어진 지역에서 문의가 오는 경우가
꽤 있다. 그러므로 단위를 넓혀서 크게는 시 전체의 부동산에 광고 문자를 뿌
리는 것을 추천한다.

부동산 경매 단기투자의 기적

부동산 매도의 기술 ③ 오프라인 광고

온라인 광고로 매매가 쉽게 이뤄지지 않으면 이제는 오프라인 광고를 같이 진행해야 한다. 온라인 광고와 오프라인 광고는 수요의 연령층에 많은 차이가 나므로 아무래도 온라인 광고에 문외한인 나이 많은 분들을 대상으로 오프라인 전단지 부착이나 벼룩시장/교차로 등의 지역 내 중개 가능한 신문들을 활용해 다양한 수요층을 공략할 필요가 있다. 특히 전단지는 그 물건 인근에 상주하는 주민들을 대상으로 출퇴근이나 외출 시 볼 수 있게 인근 전봇대나 버스정류장에 부착하면 광고 효과가 바로 일어나 매도계약으로 이어지는 장점이 있다. 오프라인 광고를 한 번도 진행해보지 않은 분들은 이 방법도 참고하기 바란다.

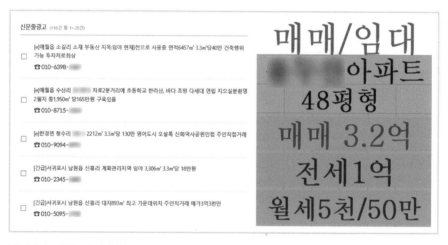

| 직거래 매도전략! 교차로/전단지

| 직거래 매도전략! 군청/지자체 홈페이지

큰 도시가 아닌 읍·면·동·리에 위치하며 인구가 극히 적은 소도시 아파트의 경우 부동산 중개업소에 광고해도 거의 토지 중개 위주라서 주택거래가 쉽지 않은 경우가 있는데, 이때는 해당 지자체 군청 홈페이지(알뜰장터)에 광고하면 생각보다 많은 매수자들에게서 전화를 받을 수 있을 것이다. 나 또한 정선에 위치한 아파트를 매도할 때 정선군청에 광고를 내어 직거래로 10채 정도 팔았던 적이 있다. 어쨌든 매도할 때는 본인이 할 수 있는 모든 방법을 총동원해 최대한 다양한 방법으로 매도해야만 투자기간을 줄이고 원금회수 및 매도수익을 빨리 실현할 수 있다.

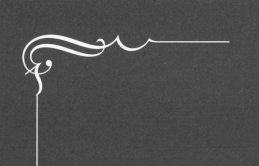

열,

꾸준히 수익 내는
직장인 단기투자 원칙

60

저가 부동산 대량보유에서 답을 찾다

무피로 1억원 이하 반값아파트 200개 낙찰

흔들리지 않고 저가 부동산을 많이 보유하기 위해

나는 주식의 최고 투자자인 워런 버핏의 책에서 복리투자의 매력을 느끼고, 어떻게 하면 이 부분을 부동산 투자에 응용할 수 있을지 고민을 거듭했다.

주식투자에서는 저평가된 주식을 발굴해 개수를 늘리고 보유기간을 늘리면 안전하게 수익을 얻는다고 한다. 부동산 투자도 마찬가지다. 나는 개수를 늘려 오래 보유하면 반드시 수익을 얻을 수 있지만, 이때 투자한 물건 가격이 하락하면 절대 안 된다고 생각했다. 부동산 투자에서 장기투자자는 입지가 좋은 대장급 아파트 및 인구가 받쳐주는 대도시가 아닌 한 가격이 떨어지는 하락장을 견디기가 힘들기 때문이다.

주식의 가치투자를 부동산 투자에 응용하는 방법은 다양한 방법으로 물건을 최저가에 매입해 개수를 늘리는 것이다. 최저가에 매입하면 보유기간도 늘릴 수 있다. 누군가 IMF 위기를 활용해 바닥에 있는 부동산을 매입했듯이, 서브프라임 하락장을 이용해 가장 낮은 가격으로 부동산을 취득했듯이 말이다.

주식의 가치투자를 부동산에 응용하려면 '장기투자'를 할 수 있는 조건을 만들어야 한다. 그러기 위해서는 두 가지 조건이 필요하다. 첫째로 매수시작 가격이 현저히 낮아야 한다. 누가 봐도 최저점인 무릎에 사서 최고점인 어깨에 팔 수 있도록 적절한 시기와 저가 아파트를 선정할 수 있어야 한다. 저가매입을 위해서는 하락장을 잘 이용하면 좋다. 둘째로 장기 보유가 가능하도록 내 투자금을 최소화해야 한다. 앞서 말했듯이 나는 이를 위해 레버리지를 적극적으로 이용했다.

저가매입 + 최소투자금 = 장기보유
↓
하락장 매수, 상승 전 선진입(각종 호재 전 선진입)이 필요하다!

나는 부동산 최고 하락장인 2018년 하반기부터 이러한 투자방법을 적용해 부동산을 대량 보유하기 시작했고 이 책을 출간하는 2023년까지 계속해서 이어오고 있다.

무피로 1억원 미만 구축아파트 200개를 낙찰받다

지방 부동산인 부·울·경(부산/울산/경남)의 경우 2010년부터 상승해 2016년 최고점을 찍고, 과다한 입주물량으로 인해 2016년부터 하락해 2019년 바닥을 다진 후 다시 반등하는 모습을 보였다. 가장 많이 하락한 지역은 경남/경북으로 입주물량과 지역 기반 산업의 쇠퇴로 인해 20~30%, 최대 70% 정도로 타 지역에 비해 엄청나게 가격이 하락했다.

나는 주로 부산에서 투자했기 때문에 2018년부터 경매시장에 나온 부·울·경 지역의 많은 부동산 가격이 하락한 것을 확인했다. 전세가와 매매가가 붙는 시점(2019~2020년)에 가격이 충분히 바닥이라 판단하고, 이때부터 경매로 대량 매입해 전세를 놓은 후 투자금을 전액 회수하는 이른바 하락장 무피투자를 본격적으로 시작했다.

2019년부터는 경남/경북/충남/충북 지역의 구축아파트/빌라 경매물건을 한 달에 10~15개씩 반값으로 낙찰받아 전세 및 매매를 진행했다. 이 시기에는 지역 부동산 분위기상 매매 심리가 없다 보니 매매가격 회복이 늦어져 매매보다는 전세로 진행하는 경우가 많았다. 사람들이 집을 사지 않아 전세가가 매매가만큼 올랐고, 나의 경우 전세가보다 싸게 경매로 물건을 낙찰받다 보니 투자금 없이 보유개수를 안전하게 늘릴 수 있었다.

그 결과 대략 3년간 낙찰받아 매매한 물건을 제외하고 전세로 진행해 보유 중인 경매물건 개수가 200개 이상 되었다(개인이 아니라 사업체로 경매물건을 관리하기 때문에 가능한 점이라는 것을 알아두기 바란다).

| 하락장 무피투자로 보유 중인 부동산들

무피투자를 시작할 때 한 물건당 최소 3,000만~5000만원 정도의 기본(회복한 금액) 수익을 예상했고, 전세 만기가 끝나가는 2021년부터 매도 중이다. 수익을 산정해보면 최소수익인 한 채당 3,000만원에 낙찰 개수(200개 이상)를 곱한 뒤 모두 매도 시 약 60억원의 매도 차액을 기대할 수 있다.

> 3000만원 수익×200채 = 60억원 수익

엠제이 코멘트

모두가 공포에 떨 때
바닥에서 투자하는 게 핵심!

내 돈이 하나도 들어가지 않는 투자! 사기만 하면 무조건 돈을 버는 투자! 내가 오래전부터 그려왔던 가장 이상적인 투자방법이다. 이렇게 돈을 들이지 않고 무조건 돈을 벌 수 있는 투자를 하려면 첫 번째로 아주 싸게 구입해 그보다 비싸게 팔아야 하는데, 그러려면 예전 IMF와 서브프라임 그리고 과다공급으로 인한 부동산 하락장 등 남들이 모두 공포에 떨 때 바닥에서 투자를 시작해야 한다. 나는 2010년부터 투자를 시작해서 이런 기회가 오기까지 8년이란 시간을 기다렸고, 마침내 2018년 후반부터 매매가 되지 않는 보합장이 시작되면서 본격적으로 바닥투자를 시작할 수 있었다.

61

입찰 횟수를 최대한 늘려라

저가로, 많이 입찰하라!

경매투자에서 안전한 수익을 올리는 가장 이상적인 방법은 경매물건에 입찰하는 횟수를 늘리는 것이다. 통상 경매물건을 조사할 때 매도가 가능하다는 조건으로 투자금 대비 수익률이 100% 이상인 물건도 있을 수 있고 50% 이하인 물건도 있을 수 있다. 본인의 평균수익률을 정하고 그 수익률에 맞춰 입찰가격을 산정해 입찰했을 때 한 번 입찰해서 낙찰될 확률보다는 다섯 번 입찰해서 낙찰될 확률이 높고, 열 번 이상 입찰했을 때 낙찰될 확률이 훨씬 더 높을 수밖에 없다. 따라서 한 지역만 집중해서 입찰하기보다는 여러 지역을, 그리고 한 종목에만 투자하기보다는 여러 종목을 동시다발적으로 분석하고 입찰해야 입찰할 수 있는 물건도 많아지고 그만큼 안전한 수익을 얻을 수 있는 확률도 높아진다.

다양한 지역에 입찰하면 생생한 공부가 된다

여러 지역을 분석하기 위해서는 해당 지역의 투자경험 및 지역분석이 필수적이며, 투자종목 또한 아파트/빌라/오피스텔 등을 다양하게 검색하며 리스크를 줄이는 방법을 익혀야 한다. 처음에는 수익여부보다는 경험을 쌓는다는 생각으로 낙찰 및 매도횟수를 늘려 많은 투자경험을 쌓는 데 집중하자.

지역별 인구분포

순위	지역	인구	비율
1위	수도권	25,990,466명	50.54%
2위	부·울·경	7,703,853명	14.98%
3위	충청권	5,547,674명	10.79%
4위	호남권	5,014,752명	9.75%
5위	대경권	4,960,407명	9.64%
6위	강원권	1,535,373명	2.99%
7위	제주권	677,493명	1.32%
총합		51,430,018명	100%

| 지역별 인구분포 파악은 부동산 투자 공부의 첫걸음이다.

우리나라 인구는 2023년 1월 기준 약 5,143만명으로 2020년에 조사한 5,180만명에 비해 점점 더 줄어들고 있다. 앞서 언급한 바와 같이 부동산 투자 공부에서는 지역별 인구분포와 그에 따른 도시의 힘 그리고 가격을 이해하

는 것이 첫 번째다. 우리나라는 서울 경기권에 2,400만명이 몰려 있는 것과 대조적으로 그 외 지역들은 부산을 제외하고 약 200만명 내외로 지역 내에 대략 인구 50만~10만명의 도시들이 모여 있다. 보통 수도권 투자자들의 투자지역은 서울/경기에 인천 정도의 인접 도시들로 한정되어 있으며 영남 쪽의 투자자들은 부산/대구/경남권에 몰려 있어 지방의 투자자들 또한 본인 지역과 인접 도시를 중심으로 투자하는 모습을 볼 수 있다.

부동산에 투자할 때 한 지역만 분석하기도 쉽지 않은데 우리나라 전체 도시를 분석하는 것은 정말 말도 안 되게 어려운 일일 수 있다. 그러나 시간이 걸려도 천천히 각 지역을 공부해 나간다면 전반적인 지역의 부동산 흐름을 배울 수 있고 상승장이 왔을 때는 더 빠르게 선진입하는 가치투자를, 하락장이 왔을 때는 바닥에서 매수할 수 있는 하락장 투자 등 다양한 투자를 할 수 있는 무기를 갖추게 된다. 그리고 경매의 주종목은 단기투자이므로 지역별, 종목별로 다양한 투자경험을 활용해 가격투자를 지속적으로 이어나갈 수 있게 된다. 거래가 잘 이루어지지 않고 가격이 오르지 않는 시장에서 어떤 방법으로 투자하는지 또한 기본에 충실한 공부를 했는지 여부에 따라 수익이 달라질 것이다.

| 일정한 수익률을 유지하며 저가매입을 계속한다(월 50개 입찰).

나는 부동산 경매학원과 투자회사를 운영하며 많은 강사 및 직원들과 함께 경·공매 투자 및 수업을 진행하고 있다. 부동산 투자는 여러 사람과 같이 할 때 수익창출이나 시너지 부분에서 훨씬 더 효과적이다. 특히 경매와 같이 현장입찰이 기본인, 즉 기동력이 필수인 투자에서 하루에 7~8개의 법원 입찰이 동시에 가능한 인력이 뒷받침된다는 건 정말 큰 강점이 될 수 있다고 생각한다.

5년 동안 낙찰받은 물건은 대략 500개

2018년 후반부터 2022년 중반까지 부동산 하락장 초입부터 반등장과 긴 상승장을 지나 다시 하락장으로 접어드는 과정에서, 나는 주말을 제외하고 주 5일 기준으로 일주일에 대략 10~15개, 월 기준으로 약 50개 이상의 경매물건에 입찰해왔으며 입찰물건의 20%선인 월 10개 정도의 물건을 낙찰받아 왔다. 그 결과 약 5년이란 기간 동안 집중적으로 낙찰받은 물건 개수가 대략 400~500개 이상이고 그중 60%는 매도를 완료했으며 나머지 40%는 현재 보유 중이다. 지금과 같은 부동산 하락장에서 많은 물건을 보유하면서도 계속 수익을 낼 수 있는 이유를 꼽으라면 하락장을 맞은 경매시장에서도 바닥에서 어떻게든 싸게 사려고 노력했기 때문이라고 말할 수 있다.

경매에 투자할 때는 한 번 입찰하더라도 본인의 수익기준을 충족할 수 있는 보수적인 입찰가격으로 입찰해야 하며, 낙찰확률을 높이기 위해 입찰가격을 높이는 것이 아니라, 입찰횟수를 늘리는 방법으로 투자해야 한다는 사실을 잊지 말자. 부동산시장에서는 워낙 다양한 움직임이 발생할 수 있으므로 본인의 투자자산은 본인이 지켜야 한다는 사실을 다시 한번 강조한다.

> 부동산은 사고파는 재화다.
> 언제 어디서든 어떤 물건이든 팔 수만 있다면 고정수익을 창출할 수 있다.

　부동산으로 돈을 버는 방법 중 상승장에서 시세차익으로 돈을 버는 방법은 수많은 투자방법 중 하나일 뿐이다. 많은 시간이 걸리더라도 언제 어디서든 부동산을 사고팔 수 있는 다양한 투자기술을 습득할 수만 있다면 어떠한 전문가의 말이나 정부의 규제에도, 시장의 흐름에도 관계없이 지속적으로 돈을 벌 수 있을 것이다. 그러니 주변의 여러 가지를 걱정하고 고민할 시간에 물건이 있는 현장으로 나가보자. 신발 밑창이 닳고 닳아 한 켤레씩 바꿔 신는 기간이 오래 이어질수록 여러분의 자산도 안전하게 늘어날 것이다.

엠제이 코멘트

목표는 분명하게, 매일 볼 수 있게!

나는 지금도 투자목표를 세울 때 단기목표와 장기목표를 분리한 뒤 목표금액과 기간, 목표달성을 위한 방향 그리고 거기에 맞는 루틴을 설정한다. 그리고 매일매일 목표를 확인할 수 있도록 내가 다니는 모든 공간에서 가장 눈에 잘 들어오는 자리에 놔두었다가 목표를 달성하면 다른 목표로 교체한다. 위 사진은 부산에서 내게 1 대 1로 수업받는 수강생이 목표의 중요성에 대한 수업을 듣고 난 후 내 사무실에 비치된 목표를 사진으로 찍는 모습이다.

62

레버리지

소액 투자일수록 레버리지의 힘이 크다

부동산 투자에서 레버리지는 지렛대를 뜻한다. 여기서 지렛대는 우리가 예전 과학 시간에 배웠던 작은 힘으로 큰 물체를 들어 올리는 바로 그 지렛대다. 자본주의 사회에서 레버리지는 투자에 접목되어 더 적은 투자금으로 더 많은 수익을 실현하는 도구가 되기도 하는데, 그 방법은 타인 자본을 레버리지로 활용하는 것이다.

레버리지는 최소 노력의 법칙을 따른다. 더 적은 돈으로 더 많은 돈을 벌고 더 짧은 시간을 투자해 더 많은 결과를 얻는 자본주의 속 숨겨진 공식이다. 예전에 어른들은 "빚지고 살지 마라. 무리하게 대출받지 마라."라고 흔히 말씀하시곤 했다. 즉, 남의 돈을 활용해서 무엇인가를 하기보다 정직한 내 돈만을 가지고 살라는 얘기였다. 나의 부모님 세대도 그랬고 그 윗세대 또한 그렇게 해왔다. 그 이유는 자본주의 사회에서 남의 돈에 대한 공부가 전혀 되지 않아 안전한 투자에 대한 인식이 없다 보니 투자에 항상 부정적일 수밖에 없었기 때문이다. 또한 그렇게 노동으로 살아온 세대에게 대출은 위험한 행위 중 하나였으며, 타인 자본을 안전하게 이용해 수익을 극대화하는 마법 같은 방법을 알기엔 투자에 대한 준비가 되어 있지 않았던 것도 그 이유 중 하나였다.

레버리지 종류 2가지

부동산 투자에서 타인 자본을 이용하는 레버리지의 종류는 크게 두 가지로 첫 번째는 은행의 자본을 이용하는 것이며, 두 번째는 임차인의 전세자금을 이용하는 것이다. 첫 번째인 은행자본을 이용하는 방법은 주로 경락대출을 활용하는 것이다. 예를 들어 1억원짜리 물건을 사서 1억 3,000만원에 팔았는데 전액 대출 없이 자기자본으로 투자한 경우 3,000만원의 수익이 났으니 수익률은 투자금 대비 30%가 된다. 이와 반대로 대출을 활용해 70%(7,000만원)의 은행 돈과 30%(3,000만원)의 자기자본을 합해 1억원을 투자하게 되면 자기자본 3,000만원으로 수익 3,000만원을 실현했으므로 투자금 대비 수익률은 100%가 된다. 자, 그렇다면 전자인 자기자본 투자법의 수익률(30%)과 후자인 레버리지 투자법의 수익률(100%)을 비교했을 때 어떤 투자법이 더 나은지는 굳이 설명하지 않아도 다 알 것으로 생각하고, 두 번째인 임차인 레버리지 투자방법을 설명하겠다.

임차인 레버리지 투자방법은 일명 갭투자로 많이 알려져 있으며 투자기간은 짧게는 2년에서 길게는 4년 정도다. 이 기간 동안 부동산 가격이 상승한다는 전제하에 수익이 발생한 후 투자법을 간단히 설명하면, 1억원이었던 아파트 가격이 2년 뒤 1억 5,000만원으로 상승했을 때 전자는 1억원짜리 아파트에 투자한 후 보증금 2000만원에 월세 40만원으로 세팅해 보증금을 제외한 투자금 8,000만원이 들었고, 후자는 같은 아파트에 투자해 보증금 1억원에 전세로 세팅했을 때 보증금을 제외한 투자금이 0원이었다고 가정해보자. 8,000만원의 투자금으로 5,000만원의 수익을 실현한 전자와 0원의 투자금으로 5,000만원의 수익을 실현한 후자 중 어떤 것을 선택하겠느냐고 물으면 열이면 열 다 후자의 투자방법을 택할 것이다.

이런 사례들을 보면 레버리지 투자는 정말 말도 안 되게 매력적이다. 하지만 이 기술도 가격이 하락하는 리스크를 제어할 수 있어야만 가능하고, 특히 부동산 시장이 하락장이거나 잘 팔리지 않는 안 좋은 물건에 투자한 경우에는 반대의 결과가 나타날 수 있으므로 투자 기본기를 충분히 다진 후 활용해야 할 것이다.

63

부동산 경매 최소한의 방어 기술

부동산 투자에서 돈을 빠르게 많이 버는 기술을 창이라고 한다면 돈을 잃지 않고 안전하게 지키는 기술을 방패라고 할 수 있다. 초보자들의 경우 어설프게 투자했다가 장기적으로 봤을 때 돈을 벌기보다는 잃을 확률이 더 높다. 그 이유는 실력이 부족한 상태에서 투자시장에 진입했기에, 지역별 부동산 가격의 변동 폭이 심하고 경·공매의 권리분석이나 하자분석 그리고 매도 가능여부 및 매도가격을 완벽하게 알기에는 경험이 부족해 리스크를 안을 수밖에 없기 때문이다. 그래서 투자를 할 때는 공격도 중요하지만 그보다 더 중요한 것이 방어다. 힘들게 번 돈을 한두 번의 잘못된 선택으로 다 잃을 수는 없지 않은가? 지금부터 부동산 경매투자의 방패라고 할 수 있는 방어기법 4가지를 순서대로 알아보자.

1 | 지역분석

우리나라 인구는 약 5,180만명으로 서울이 990만명, 경기도가 1,300만명 그리고 광역시를 기점으로 인구분포가 나뉘는데 수도권의 인구가 대략 2,300만명으로 우리나라 인구의 절반이 수도권에 밀집되어 있음을 알 수 있다. 이렇게 타 도시에 비해 절대적으로 많은 인구가 밀집해 있다 보니 수도권 아파트 가격은 비쌀 수밖에 없다. 우리는 부동산에 투자할 때 지역별 인구수와 수요공급 및 현재 부동산 가격 흐름의 위치 등을 파악해 현재 시장이 상승장인지 하락장인지 그리고 앞으로 물량이 많은지 적은지에 따른 가격변화와 더불어, 그 외 인근 도시에 비해 가격이 상대적으로 싼지 비싼지를 종합해 매수시기와 매도타이밍을 판단한다. 이렇게 지역별로 큰 흐름을 분석해 도시를 이해하고 매수매도 타이밍을 선정하는 것이 지역분석이다. 기본적으로 지역분석이 가능해야 전국의 가격흐름을 파악할 수 있고, 상대적으로 저평가된 도시에 빠르게 투자할 수 있을 뿐 아니라 하락장이 오기 전 빠른 매도타이밍으로 자산의 하락을 방지할 수 있다.

2 | 권리분석

보통 부동산 경매를 배울 때 처음 시작하는 공부가 권리분석이다. 투자와는 별개로 「민법」과 「민사집행법」 그리고 「주택임대차보호법」 등의 법조문을 해석할 수 있어야 경·공매 시 말소되는 권리와 인수해야 하는 권리의 파악이 가능해 경매투자 전 별도의 공부가 필요한 부분이기도 하다. 부동산 경매투자에서 권리분석은 수익을 낼 수 있는 대단한 무기는 아니지만 내 재산을 안전하게 지켜주는 가장 기본적인 보호막 역할을 한다. 경·공매 권리분석에서 기초적인 말소기준권리 및 임차인분석으로 시작해 가장 임차인/유치권/선순위가등기/선순위가처분 등 난이도 있는 심화권리분석까지 확실하게 익힐 수 있다면 조금 더 빠르고 안전하게 경·공매 물건을 입찰할 수 있다. 그러나 권리분석이 안 된 상황에서는 뭔가 모를 불안감으로 인해 상대적으로 입찰이 저조할 수 있으므로, 내 재산을 지켜주는 보호막인 만큼 권리분석을 공부할 때는 한 번에 정확하게 머릿속에 정리할 수 있어야 한다.

3 | 가격분석

여기서 말하는 가격분석이란 단기투자에서 내 물건을 매수자에게 팔 수 있는 가격을 분석하는 것이며 이 가격을 간단히 매도가능가격이라고 한다. 경매투자자들이 쉽게 생각하지만 사실 가장 어려운 부분이라고 할 수 있다. 주거용 물건의 매도가격 조사 시 상대적으로 세대수가 많은 아파트보다 세대수가 적은 나홀로아파트의 가격조사가 더 힘들고 아파트보다는 빌라의 가격조사가 훨씬 더 어렵다. 세대수가 적을수록 가격조사가 힘든 이유는 거래량이 많고 수요가 많은 물건 인근에는 부동산 중개업소도 많아 소장님들을 통해 매도가격을 잡기가 쉽지만 반대(거래량이 없고 수요가 제한된)인 지방의 아파트나 세대수가 적은 나홀로아파트 그리고 수요가 제한된 빌라의 경우 주위에 부동산 중개업소도 잘 없을뿐더러 거래사례가 부족해 가격을 잡기가 쉽지 않다. 그런데 가격이 모두 공개되는 아파트보다 불투명한 빌라 투자가 경쟁이 적어 저가로 매입 후 고가에 매도해 더 많은 수익을 낼 수도 있다. 결론은 경매입찰 전 정확한 매도가격을 알고 입찰을 결정해야 최소한의 수익여부를 판단할 수 있다.

4 | 하자분석

하자분석은 일반적인 경매물건이 아니라 권리상 하자가 있는 특수 경매물건이 나왔을 때 권리상의 하자치유가 가능한지 판단하는 것이다. 치유가 가능하다면 일반 경매물건보다 훨씬 더 낮은 가격에 물건을 매입해 하자를 처리한 후 매도해 수익을 창출할 수 있다. 권리상 하자에는 여러 종류(유치권/가장임차인/법정지상권/선순위인수권리 등)가 있는데 특수물건을 공부할 때는 이론을 먼저 습득한 후 차근차근 경험을 쌓아 나가며 조금씩 난이도를 올려 입찰해야 한다. 나의 경험상 특수물건만 집중해 투자하다 보면 전체적인 숲을 놓치고 나무만 보며 투자하는 경우가 생기기 쉽다. 총투자시간 배분을 생각한다면 특수물건 공부는 기본적인 이론만 습득한 후 나머지는 전문가(변호사/법무사)에게 위임하고 그 시간에 숲을 보는 투자를 하는 것이 훨씬 더 많은 수익을 올리는 방법이다.

이렇게 창과 방패를 겸비하면 이제야 비로소 안전하게 투자를 시작할 수 있다. 누차 얘기하는 내용이지만 투자는 불확실성을 동반한 수익을 창출하는 행위이기에 불확실을 확실로 바꿀 수 있는 실력만 있다면 그때부터 안전하게 돈을 벌 수 있고, 거기에 더 정형화된 투자기술을 도입한다면 더 높은 수익을 낼 수 있다.

64

단기투자로
월 1,000만원 버는 직장인 되기

돈이 나를 위해 일하게 하는 방법 연구하기

자본주의 시대를 살아가는 현대인이라면 누구나 선천적인 금수저가 아닌 이상 돈 없이는 기본적인 일상생활을 영위할 수 없다. 예전에도 그랬지만 물가가 계속해서 오르는 현대사회에서는 기본적인 의식주를 해결하는 데도 많은 돈이 필요하다. 그래서 사람들은 여러 가지 방식으로 돈을 벌기 위해 노력한다. 로버트 기요사키가 쓴《부자 아빠 가난한 아빠》라는 책에서는 사람들이 돈을 버는 4가지 방식에 관해 언급하고 있는데, 거의 모든 사람들이 돈을 위해 일하지만 소수의 사람들은 돈이 자기를 위해 일하게 만드는 방법을 만들며 생각하는 방식에서 큰 차이가 난다는 것을 보여준다.

이 책에서는 사람들이 돈을 버는 첫 번째 유형은 돈을 위해 본인의 시간을 저당 잡혀 그 시간만큼 보수를 받는 직장인, 두 번째 유형은 본인의 시간을 본인의 사업에 투자해 더 많은 수익을 내는 자영업자, 세 번째 유형은 많은 자영업자를 보유해 지속적으로 수입을 만들어내는 사업가, 네 번째는 그 사업가들에게 간접적으로 투자해 배당수익을 얻는 투자자라고 말한다.

1 직장인(job)

- 월급과 근무시간에 대한 통제력 없음
- 상시 구조조정(40~60세)
- 임원이 될 확률 1% 이해(가정은 후순위)

"시스템을 위해 일한다."
→ 안정적인 작은 수익 발생

3 사업가(Business Owner)

- 시스템을 보유하고 있음
  (You Own a System)
- 사람들이 당신을 위해 일함
  (People Work for You)
- 기업 오너, 맥도널드, KFC 등

"시스템을 보유한다."
→ 지속적으로 수입발생

2 자영사업자/전문직

- 성공할수록 시간이 없음
- 리스크가 최대 문제

2~5% 사업성공
15% 현상유지
80% 하락

5,000만~2억원으로 자영업

"자신이 곧 시스템"
→ 노동을 멈추면 수입이 없음

노동수입(가난한 아빠의 길)

4 투자가(Investor)

- 회사주주(투자수익, 배당금)
- 부동산 소유자(임대수익)
- 자산 소유자(자산소득)

"시스템에 투자한다."
→ 돈(자산)이 당신을 위해 일함

자산/투자수입(부자 아빠의 길)

이 4가지 방식을 한마디로 정리하면 결국 많은 사람의 시간을 살 수 있는 사람이 제일 많은 돈을 벌 수 있다는 것이다. 이 말은 곧 하루라는 시간이 모두에게 공평한 24시간이 아님을 뜻한다. 사업가는 본인을 위해 시간을 할애하는 많은 자영업자 덕분에 하루를 240시간으로 쓸 수 있지만, 직장인은 거의 모든 시간을 회사에서 보내기에 정작 자신의 시간을 하루에 5시간밖에 쓰지 못할 수도 있다. 직장인에서 자영업자 또는 사업가가 되려면 많은 시간이 필요하고 그만큼 리스크를 감수해야 한다. 그러나 직장인에서 제테크 투자자가 되는 것은 마음만 먹으면 충분히 가능하기에 많은 사람들이 일정한 시간과 노력을 투자하며 직장인 겸 투자자로서 살아가고 있다.

> 노동: No Risk, 일정한 소득
> 사업: Small Risk, 안정된 소득
> 투자: Big Risk, 큰 소득

노동은 몸이 힘든 만큼 리스크가 적고 수익이 일정하게 안정적으로 들어오지만 수익을 키울 수 없다는 단점이 있고, 투자는 리스크는 크지만 관리만 잘한다면 일정한 수익이 아니라 몇 배, 몇십 배로 많은 수익을 창출할 수 있다는 장점이 있다. 그리고 사업은 노동보다는 리스크가 크지만 투자보다는 리스크가 적고 본인이 일하는 만큼 안정적인 소득을 올릴 수 있으며 노동보다 상위소득을 올리는 구조가 가능하다. 지금 이 책을 읽고 있는 여러분도 본인의 위치가 어디쯤 있는지 잘 판단한 다음 무엇을 하고 싶은지 생각해보자.

나의 2,508시간 가치는 얼마일까?

우리나라 평균 직장인의 시급을 조사해보니 1만 5,000~2만원 선이었고 일급은 통상 10~15만원 선으로 나타났다. 월급으로 계산해보면 대략 250만 ~300만원의 월급을 받는데 직종에 따라 천차만별인 듯하다. 나도 스무살에서

서른살까지 직장생활을 하는 동안 이와 비슷한 정도의 평균 월급을 받아 생활했는데, 가장 불편한 점은 회사에서 일하는 시간을 제외하면 쓸 수 있는 시간이 제한적이라는 것과 월급이 오르지 않는다는 것, 그로 인해 부수입이 없으면 지출을 줄이며 계속 아껴서 생활할 수밖에 없다는 것이었다. 그래서 나에게 남은 선택지는 이 돈에 만족하고 살든지 아니면 수입을 늘릴 수 있는 다른 일을 하든지 둘 중 하나였는데, 나는 지금 하는 일을 그만두고 더 많은 돈을 벌 수 있는 다른 일을 찾는 것을 선택했다.

> 250만원 x 12개월 = 3,000만원
> 주 40시간/월 209시간/연 2,508시간
>
> → 3,000만원 = 2,508시간

직장을 다니면서 평일에 8시간씩 쉬지 않고 일해서 받는 연봉을 3,000만원이라고 계산하면 직장인은 월급을 받기 위해 일주일에 40시간, 한 달에 209시간, 1년에 2,508시간을 회사에 할애한다. 이런 이야기를 하는 이유는 시간의 중요성을 한 번 더 강조하기 위해서다. 결국 돈은 돈을 벌 수 있는 시간을 준비한 자에게 오는 것이지, 돈을 벌 시간보다 직장을 다니며 업무에 매진하는 시간이 많은 사람은 상대적으로 돈을 벌 수 있는 확률이 낮다고 볼 수 있다.

본인이 회사에 다니며 소요되는 시간을 계산해본 후 그 시간만큼 투자에 매진해서 3배 이상 더 많은 돈을 벌 수 있는 능력이 있다면 지금 하는 일을 그만두어야 한다. 그렇게 직장을 그만두고 투자를 시작할 때는 월급 이상으로 돈을 벌 가능성도 있고 반대로 월급만큼의 돈을 포기해야 할 수도 있다. 본인의

2,508시간이 지닌 가치가 이 금액에 합당하다면 계속 직장생활을 이어나가고, 합당하지 않다면 합당해지도록 다른 방법을 강구해야 한다.

직장을 그만둘 수 없는 직장인이 여가시간을 활용해 경·공매투자로 월급만큼 추가 수입을 올릴 수 있는 방법이 있는지, 방법이 있다면 무엇인지 함께 알아보자.

1년에 2건만 낙찰받아 매도해도 4,000만원 수익

우리나라의 직장인들 대부분이 재테크를 한다. 예전에는 회사를 다니며 투자한다고 하면 주변에서 이상하게 보는 경우가 많았지만, 요즘은 회사만 다니고 투자하지 않는 사람을 더 이상하게 보는 자본주의적인 시선이 현실이 되었다. 그만큼 월급이 오르는 것보다 물가가 오르는 폭이 훨씬 더 커지며 월급만으로는 살아가기 힘든 세상이 되었다고 해석할 수 있다.

직장인들이 하는 재테크에는 부동산 투자나 주식 투자 그리고 코인 등 여러 종류가 있는데 확실한 것은 투자를 해도 그다지 많은 돈을 벌지 못한다는 것이다. 간혹 투자한 물건가격이 많이 상승해 돈을 버는 경우도 있지만, 그런 경우는 거의 일시적이고 투자를 계속하며 지속적으로 수익을 내기는 쉽지 않다. 그 이유는 매우 간단한데 직장에 다니는 만큼의 시간과 정성을 재테크(투자)에 쏟지 못하기 때문이다. 즉, 아마추어 투자자는 될 수 있어도 프로 투자자가 되기는 힘든 게 직장인 투자자의 현실이다. 그렇다고 투자를 아예 시도하지 않는 것보다는 조금씩이라도 시작해야 한다. 처음부터 투자로 많은 돈을 벌기는 힘들지만 시간이 지날수록 투자수익을 점점 더 늘릴 수 있으니 무엇보다 꾸준히 계속하는 것이 가장 중요하다.

> **투자금 5,000만원으로 1년 목표수익 4,000만원 달성하는 법**
>
> 6개월에 10회 입찰 → 2개 낙찰 → 1건당 6개월 안에 매도
> → 1건당 수익 2,000만원 → 4,000만원 달성

직장인 투자자가 종잣돈 5,000만원을 가지고 단기투자(6개월 기준 수익률 50~100%)를 목적으로 경매를 한다고 생각해보자. 퇴근 후 1시간 정도 경매물건(시세 8,000만~1억원)을 찾은 후, 월(30일) 1~2회 정도 입찰하면 6개월에 10번 정도 입찰이 가능하고 1~2개 정도의 경매물건을 낙찰받을 수 있다. 5,000만원의 자본금으로 대출 없이 잔금을 납부하기에는 자금이 부족하므로 대략 낙찰가격의 80%까지 나오는 경락잔금대출을 활용해 내 돈 2,000만원의 자금을 순 투자금으로 잡고 레버리지를 활용해 투자를 시작해야 한다.

한 물건당 대략적인 매도수익을 세후 1,000만~2,000만원으로 계산했을 때 6개월 기준 1~2개, 1년 기준 2~3개의 물건을 낙찰 후 매도한다면 1년에 약 4,000만원 이상 수익이 발생하게 된다. 이 금액을 12개월로 나누면 한 달에 약 333만원의 월급이 된다. 이 정도면 2,508시간 중 대략 2,000시간을 아끼게 된 것 아닐까? 즉, 한 달에 월급을 300만원 정도 받는 사람이 1년 동안 월급 받는 시간을 돈으로 사야 한다면 4,000만원을 줘야 맞바꿀 수 있다.

이 4,000만원이란 돈은 본인의 노력으로 인해 발생하는 수익이므로 불확실보다는 확실에 가깝다. 그리고 이런 소액 단기투자에서는 조금만 노력하면 누구나 충분히 수익을 낼 수 있으므로 확실하게(안전하게) 돈을 버는 소액 단기

투자를 경매를 통해 먼저 시작해볼 것을 추천한다.

부동산 경매 투자자는 위 그림과 같은 6가지 사이클을 반복해 수익을 창출한다. 일반 부동산 투자와 달리 경매투자는 물건 검색부터 가격조사 명도 및 매도까지 하나하나 들여다보면 쉬운 과정은 하나도 없지만, 시간이 지나고 계속 반복하다 보면 어느새 이 과정이 일상처럼 매끄럽고 자연스럽게 진행된다.

이 과정이 일상처럼 물 흐르듯 흐를 때부터 더 많은 돈을 벌 수 있는 준비를 마친 상태라고 할 수 있으며, 이제부터 더 다양한 부동산 종목과 하자를 공부하고 입찰 횟수를 대폭 늘려 낙찰률을 높이며 수익을 늘려나가야 한다. 즉, 경매를 안다는 것은 투자하기 위한 준비가 되었다는 것이지 투자해서 바로 수익을 낼 수 있다는 것은 아니며, 경매가 밑받침이 된 후 거기에 부동산 투자와 여러 가지 기술을 더해야 비로소 완성된 수익이 발생한다.

65

월 억대 수익 올리는 전업투자자 되기

많은 사람들이 성공한 부동산 전업투자자가 되기를 꿈꾼다. 부동산 전업투자자는 투자를 전업으로 하는 사람 그리고 투자가 직업인 사람이지 회사를 그만두고 놀면서 투자하는 사람이 아님을 명심해야 한다. 그러므로 회사에서 일하는 시간만큼 아니 그 이상을 투자에 할애해야 하고, 결론적으로 회사보다 많은 시간을 투자하고 노력해야 전업투자를 계속 이어나갈 수 있다. 투자로 먹고 살기란 그만큼 쉽지 않다.

3억원의 투자금으로 월 1,000만원의 현금흐름을 만들 수 있는 방법을 정리해보자. 회사에서 일하는 시간과 동일한 8시간(주말 제외)을 소비해 경·공매 투자에 매진한다면 1년 기준으로 소액 단기투자 물건에 30~40회 정도 입찰할 수 있을 것이고, 이 중 6~8개의 경매물건을 낙찰받아 매도한다면 수익이 1억 2,000만원(1년 기준 수익률 40%) 내외가 될 것이며, 이 금액을 12개월로 나누면 매월 1,000만원 정도의 현금흐름이 발생할 것이다.

전업투자자를 꿈꾸는 많은 직장인들이 직장을 그만두고 전업으로 혼자 투자가 가능하다고 생각하는데 생각과는 다르다. 시간이 지나면서 부동산 투자

물건 개수가 50개를 넘어가기 시작하면 혼자서 하기엔 업무량이 초과되어 업무를 더 이상 감당할 수 없을 것이다. 그리고 만약 앞서 다룬 복리투자 방식으로 단기투자를 계속 진행한다면 약 4년 차(투자금 8억원)에 더 이상 혼자서 투자할 수 있는 영역에서 벗어나게 된다. 수익률을 맞출 수 있는 물건(주거용) 개수에는 한계가 있고(한 달 기준 낙찰 10개를 넘기기 힘들다), 투자금이 늘어난 만큼 관리해야 하는 물건 개수 또한 많아져 이 시기부터는 나를 대신해 다른 사람들이 내 물건을 관리해줘야 하는, 즉 남의 시간을 사서 위임해야 투자사업이 가능한 시기로 접어들게 된다.

나는 현재 매월 10~15개 정도(1년 기준 100개)의 경매물건을 낙찰받아 매도 및 임대하고 있으며 수익은 평균 1억~2억원 정도다. 여기서 핵심은 매도 수익률이 투자금 대비 30% 이상이 될 수 있도록 단기투자 수익구조를 만드는 것이다.

나는 경·공매 단기투자 사업을 물건조사+입찰+명도/인테리어/임대/매도 부문으로 나누고 각 부분에 전문가를 배치한 투자회사를 운영하고 있다. 회사에서 나의 역할은 큰 틀에서 경매물건 중 리스크를 최대한 줄인 검증된 물건을 저가에 매입해 안전한 수익률을 내는 투자방법을 계속 고민하고 연구해 실행하는 것이다. 직장을 다니며 투자하는 겸업 투자자에서 투자가 직장이 되어버린 전업투자자로, 더 나아가 혼자 투자하기가 벅찬 시기가 되면 투자를 배우고 싶어 하는 많은 투자자를 직원으로 고용하며 부동산 투자회사의 대표로 점점 성장해 나가야 한다. 이것이 내가 이때까지 해온 투자방식이며 앞으로 어떻게 더 성장해 나갈지는 그때가 되어봐야 알 수 있을 것 같다.

나는 지금까지 주식투자를 단 한 번도 해본 적이 없지만 가장 좋아하는 투자자는 주식투자의 대가 워런 버핏이다. 나는 그의 확실한 투자원칙과 단순하고 검소한 투자방식을 존경해왔고 버핏의 첫 번째 룰 "절대 돈을 잃지 마라."를 지키려고 항상 노력 중이다. 이때까지 수많은 경매투자를 해오는 동안 뭔가 나의 투자가 단단하지 않고 가볍게 느껴지고 방향을 못 잡을 때면, 투자를 먼저 시작해 실력을 증명해온 많은 투자 선배들의 책을 보며 개선해야 할 점을 찾아보았다. 그때 그 많은 투자에 관련된 책과 글을 읽으며 정리했던 건 투자할 때도 항상 기본이 탄탄해야 안전한 수익을 지속적으로 얻을 수 있다는 것이었으며, 내 자산을 지킬 수 있도록 리스크 관리를 최우선으로 해야 한다는 것이었다. 이 책을 읽는 독자 여러분도 투자할 때 그 어떤 규제에도 흔들리지 않고 계속해서 수익을 낼 수 있는 투자방법이 과연 무엇인지 다시 한번 정리해보기를 바란다.

엠제이 코멘트

항상 준비된 투자자가 되어야 살아남을 수 있다

내가 12년 정도 부동산 경매투자를 지속하면서 계속 수익을 낼 수 있었던 이유는 특유의 꾸준함 덕분이었던 것 같다. 이제 막 부동산 투자를 시작하는 초보투자자 직장인들에게 한 가지 더 강조하고 싶은 것은 시장의 변화에 대응할 수 있도록 꾸준한 노력으로 항상 준비된 투자자가 되어야 한다는 것이다. 이는 곧 돈을 많이 벌든 적게 벌든 투자시장에서 끝까지 살아남아야 돈을 벌 수 있는 많은 기회를 잡을 수 있다는 뜻이기도 하다. 그러니 어떻게든 버텨야 한다. 그게 이 험난한 투자시장에서 돈을 벌 수 있는 첫 번째 방법이다.

이 책을 통해 나의 많은 경·공매투자 사례와 투자접근 방향들을 접하고 가슴이 뛰었다면 지금부터 뭐든 실행해보자. 요즘엔 자본주의에 맞춰 투자방향만 제대로 잡고 열심히만 한다면 누구나 빠르게 돈을 벌 수 있다고 생각한다. 하지만 많은 사람들이 생각만 하다 포기하고 조금 해보다 잘 안되면 포기하기 때문에 투자를 계속 이어가지 못한다. 목표기간을 설정하고 실현 가능한 작은 목표부터 세워 하나하나 실현해나가는 투자를 거듭하다 보면 어느새 나도 모르게 생각한 것보다 훨씬 더 많은 돈을 버는 여유 있는 투자자가 되어 있을지도 모른다.

투자는 투자할 시간부터 만드는 것에서부터 시작된다. 매일 한 시간이라도 투자할 시간을 만들어 책을 읽든 강의를 듣든 물건검색을 하든 본인만의 계획을 세우고 실행해보자. 어떤 일이든 시작부터 해야 해결과정이 나타나니 너무 오래 생각하기보다는 생각할 시간에 무엇이 됐든 먼저 시작해야 한다. 아무 투자도 하지 않고 지금 버는 수입으로 계속 똑같은 인생을 살아가기엔 우리 인생이 너무나 길기 때문이다.

많은 사람들이 투자를 하면서 '부자', '경제적 자유', '시스템'과 같은 단어를 떠올리며 많은 돈을 지속적으로 벌 수 있는 투자자가 되길 바란다. 나 또한 부동산 투자를 시작하며 매일매일 했던 생각이 하루빨리 부자가 되고 싶다는 것이었는데, 결과는 내가 목표했던 돈을 벌기까지 꽤 많은 시간(10년 이상)이 소요되었다. 그렇게 많은 시간이 지나고 나서 되돌아보니, 내가 투자해온 지난 10년이라는 기간 동안 치열하게 입찰해 낙찰받고 매도해 수익도 얻고, 안 팔려서 손해도 보며 지나온 그 과정들이 있었기에 지금 이렇게 돈을 벌 수 있는 기회(시기)와 작은 기술(투자기술)들을 가질 수 있게 된 게 아닌가 싶다. 누구나 빠르게 부자가 되고 싶어 한다. 시중에 나와 있는 돈과 투자에 관한 책들에서 50억원 또는 100억원을 쉽게 벌 수 있는 것처럼 얘기하고 다들 본인이 몇십억원을 가진 자본가라고 어필하는 걸 보면 투자로 돈 버는 게 무척 쉽게 느껴질 수도 있을 것이다.

나는 아이들이 초·중·고 그리고 대학 과정을 마친 뒤에야 취업하는 것처럼 부동산 투자 또한 먼저 인구분포 및 부동산 흐름 그리고 지역 및 가격에 대한 이해와 경·공매투자에 대한 확실한 분석을 바탕으로, 많은 낙찰 및 매도 사례를 거쳐야 비로소 안전하게 돈을 벌 수 있게 된다고 생각한다. 무슨 일이든 빨리 하는 것도 좋지만 다듬어지지 않은 빠름은 많은 리스크를 동반한다. 그래서 내 개인적인 의견은 천천히 안전한 부자가 되는 방향으로 가야 훨씬 더 재밌게 투자를 계속할 수 있다는 것이다. 현재 우리나라의 기대수명만 보아도 100세 시대인데 나이 들어서도 즐겁게 계속할 수 있는 건 부동산 투자가 유일하기 때문이다.

지금으로부터 11년 전인 2012년 여름쯤 내가 부산에서 경매학원을 막 운영하기 시작했을 때 만났던 50대 중반의 투자회원이 한 분 계신다. 이분의 투자경력을 말하자면 2000년부터 투자를 시작해 경·공매투자는 약 10년 정도 해오셨고, 주종목은 경매나 공매로 소액토지나 소형상가를 싸게 낙찰받아 2~4년 정도 보유 후 매도하는 소액투자자분이셨다. 대화를 나눠보니 큰 규모로 많은 개수를 낙찰받는 건 아니고 1년에 2~3건 정도 낙찰받아 그 수익으로 생활하는 말 그대로 생계형 전업투자자분이셨다. 그 시절 나는 경·공매이론은 잘 알아도 직접 투자하는 방법은 많이 배우지 못하던 터라, 이 회원분이 투자할 물건을 보러 갈 때 재미 삼아 몇 번 동행하곤 했는데 그때 이분이 말씀하셨던 얘기가 불현듯 생각나서 이 책에 옮겨본다.

한번은 이분과 함께 경남 밀양에 남쪽으로 강이 흐르고 볕이 잘 드는 소액토지가 공매로 나와 임장을 갔다. 그런데 도중에 갑자기 "선생님, 저는 경매투자를 냉장고처럼 하고 싶습니다."라고 말씀하시기에 왜 갑자기 생뚱맞게 냉장고 얘기를 하시나 하고 이유를 물어보았다. 그랬더니 냉장고처럼 물과 기본 음식이 다 채워져 있어서 본인이 필요할 때마다 원하는 걸 꺼내 먹었으면 좋겠다는 의미로, 살면서 돈이 필요할 때마다 경매투자로 본인이 원하는 만큼 돈을 벌고 싶다고 이야기하셨다. 그 시절 다들 부동산 투자를 한다고 하면 10억~20억원으로 목표를 세우고 아파트 갭투자를 하던 분들과는 생각하는 투자방향이 사뭇 달라서 기억에 많이 남았다.

그 이후 세월이 흘러 손에 꼽지도 못할 만큼 많은 횟수의 투자를 거듭하다 보니, 내가 하고 있는 투자가 이 냉장고 투자와 비슷한 면이 많다는 생각이 문득 들었다. 나는 그동안 어떻게든 경·공매 가격투자로 일정한 금액을 먼저 만들고 난 후 그 돈을 가치투자로 옮겨 불리는 선가격투자, 후가치투자 방법으로 투자를 이어왔는데, 부동산이 하락장이든 상승장이든 그 어떠한 상황에서도

도 돈을 벌어야 했기에 단기간에 바로바로 문을 열어 꺼내 쓸 수 있는 냉장고 같은 투자를 계속해서 연구하고 만들어왔던 것 같다. 결국 나 또한 화려한 돈의 액수보다 안전하고 지속적으로 들어오는 확실한 돈을 더 좋아하고 더 추구해왔던 것이다. 지금은 연락을 안 한 지 오래되어 잘 지내고 계시는지 안부는 묻지 못했지만, 아마도 보이지 않는 곳에서 경·공매투자로 열심히 냉장고 문을 열고 닫으며 어떻게든 계속 돈을 벌고 계실 거라 생각한다.

대단한 일도 평범한 것에서 시작된다. 나는 12년 전 직장생활을 할 때 틈틈이 부자를 꿈꾸며 인근 서점에 들러 자주 책을 읽곤 했다. 어느 날 우연히 본 책에서 "우리나라의 부자들은 다들 부동산 투자를 한다."라는 한 구절을 읽고 난 후 바로 다니던 직장을 그만두고 부동산 투자로 전향했는데, 10년이 넘는 기간 동안 경매투자를 해오며 투자 또한 본인이 생각하고 실행하는 방향으로 흘러가는 모습을 많이 볼 수 있었다. 참고로 나는 지금도 부동산 경매가 너무나 재미있다. 아직도 경매물건을 조사할 때 생각보다 물건이 괜찮아 보이면 조사하면서도 가슴이 뛰고 입찰당일에는 결과가 나올 때까지 다른 일이 손에 안 잡힐 정도로 오로지 그 물건에 관한 생각뿐이다. 운 좋게 낙찰받아 명도 후 부동산에 매도계약을 하러 갈 때는 그동안의 고생했던 과정들을 보상받는 것 같아, 뭔가 좋은 깃을 밀로는 다 표현할 수 없는 기분이 들 때가 많았다.

만약 내가 12년 전 책을 보며 '우리나라의 부자들은 다들 부동산 투자를 하는구나.'라는 생각만으로 그치고 계속 직장생활을 이어갔다면, 아직까지도 돈에 허덕이며 돈에 대해 막연한 꿈만 꾸며 살아가고 있지 않을까 생각해본다. 어떤 일이 됐든 태어날 때부터 잘하는 사람은 지구상에 존재하지 않는다. 다들 그 일을 시작했고 그만두지 않고 계속해왔기 때문에 잘할 수 있는 것이다. 아무엇도 하지 않으면 아무 일도 일어나지 않는다. 이 책을 읽고 투자를 시작하는 모든 독자들의 성공 투자를 기원한다.

책을 마치며, 엠제이(장재호) 드림.